学前教育专业教育教研成果系列教材

亲子教育理论与实践

主　编　王晓娟

副主编　陈　铮　胡兆杰

　　　　龚云峰　杨兴保

北京理工大学出版社
BEIJING INSTITUTE OF TECHNOLOGY PRESS

内 容 简 介

本书立足于学前教育专业或者早期教育专业学生的培养和早教中心、托育机构教师的需求，以项目教学为依托进行内容讲述，结合实践教学，提供了比较多的操作视频和图片，为学员直观学习提供了范例和资源。

本书由六章构成，第一章介绍了亲子教育的相关概念、我国亲子教育发展的历史、国内外亲子教育相关理论研究；第二章对0～3岁婴幼儿身心发展特点及教养要点进行详细论述；第三章是亲子园筹备和课程设置方面的内容，主要对亲子园筹备的过程和内容进行详述；第四章是亲子教育活动设计的基本原理，主要讲述了亲子教育活动设计的流程，同时介绍了亲子教育活动的几种组织模式；第五章是亲子教育综合活动组织实践，重点讲述了亲子教育综合活动的七个环节的组织方法，亲子教育活动中的家长指导，以及如何进行亲子教育活动的评价；第六章提供了0～3岁不同年龄阶段的亲子教育综合活动的设计范例。

版权专有　侵权必究

图书在版编目（CIP）数据

亲子教育理论与实践 / 王晓娟主编. -- 北京：北京理工大学出版社，2020.8（2024.1重印）

ISBN 978-7-5682-8869-9

Ⅰ. ①亲… Ⅱ. ①王… Ⅲ. ①婴幼儿-家庭教育-研究 Ⅳ. ①G781

中国版本图书馆 CIP 数据核字（2020）第 143655 号

责任编辑：徐艳君	文案编辑：徐艳君
责任校对：周瑞红	责任印制：施胜娟

出版发行 /	北京理工大学出版社有限责任公司
社　　址 /	北京市丰台区四合庄路 6 号
邮　　编 /	100070
电　　话 /	（010）68914026（教材售后服务热线）
	（010）68944437（教材资源服务热线）
网　　址 /	http://www.bitpress.com.cn

版 印 次 /	2024 年 1 月第 1 版第 4 次印刷
印　　刷 /	定州市新华印刷有限公司
开　　本 /	787 mm × 1092 mm　1 / 16
印　　张 /	15
字　　数 /	335 千字
定　　价 /	49.00 元

前 言

2016年4月27日，国务院总理李克强主持召开国务院常务会议，部署加快中西部教育发展补"短板"，夯实发展基础、促进社会公平；提出办好农村学前教育，支持普惠性托儿所和幼儿园尤其是民办托幼机构发展。《国家中长期教育改革和发展规划纲要（2010—2020年）》指出"重视0～3岁婴幼儿教育"。2019年5月9日，国务院办公厅印发《关于促进3岁以下婴幼儿照护服务发展的指导意见》。2019年5月29日，李克强主持召开国务院常务会议，会议指出，按照《政府工作报告》部署，以社区为基本依托，加快发展养老、托幼、家政等服务业，是改善民生、应对人口老龄化、支撑实施全面二孩政策的重要举措，有利于较大力度增加就业、扩大服务消费促内需、推动社会合理分工和经济转型升级，会议决定加大对养老、托幼、家政等社区家庭服务业的税费政策优惠。2019年6月6日，住建部办公厅发布关于行业标准《托儿所、幼儿园建筑设计规范（征求意见稿）》公开征求意见的通知。2019年6月26日，国务院办公厅发布《关于促进家政服务业提质扩容的意见》，要求建立健全家政服务法律法规，促进家政服务业与养老、育幼、物业、快递等服务业融合发展。2019年7月8日，国家卫健委人口家庭司发布关于《托育机构设置标准（试行）（征求意见稿）》《托育机构管理规范（试行）（征求意见稿）》公开征求意见的公告。

以上文件政策的颁发彰显了国家对0～3岁婴幼儿教育的空前重视。

早教机构、托育中心的迅速发展需要更多更专业的亲子教师，而目前从事0～3岁婴幼儿教育的亲子教师有相当一部分比例不是早期教育专业的毕业生或学前教育专业早期教育方向的毕业生，因此，0～3岁婴幼儿亲子教师的系统理论研究和学习不够。本书能够为0～3岁婴幼儿亲子教师的职前培养和职后培训提供帮助，它可以作为职业院校早期教育专业和学前教育专业早期教育方向的教材，还可以作为0～3岁婴幼儿亲子教师的培训教材。

本书由鞍山师范学院王晓娟拟定编写大纲并统稿。第一章的第一节、第二节由鞍山师范学院胡兆杰编写，第三节由铁岭师范高等专科学校龚云峰编写；第二章由鞍山师范学院陈铮编写，前言、第三章、第四章、第五章的第一节和第三节、第六章由王晓娟编写，第五章的第二节由山东商务职业学院杨兴保编写。

本书的第六章0～3岁婴幼儿亲子教育综合活动范例的编写以及链接资源的准备，尤其是视频录制工作，得到了鞍山师范学院高职院学前教育专业2012级3+2专科学生、2016级本科早教方向学生的大力支持，在此向她们表示深深的感谢。

由于编者实践经验和编写水平的限制,而且0~3岁婴幼儿亲子教育活动理论和实践也在不断变化,本书还存在很多不足之处,编者希望在与读者的相互探讨中吸纳建议,不断修订本书的不足之处,不断提升自己的专业水平。

王晓娟

目 录

第一章 亲子教育概述 ……………………………………………………………（ 1 ）
　　第一节　亲子关系与亲子教育 …………………………………………………（ 1 ）
　　第二节　我国现代亲子教育的现状 ……………………………………………（ 6 ）
　　第三节　亲子教育理论综述 ……………………………………………………（ 8 ）

第二章 0～3岁婴幼儿身心发育特点及教养要点 ……………………………（ 25 ）
　　第一节　0～6个月婴儿发育特点及教养要点 …………………………………（ 26 ）
　　第二节　7～12个月婴儿发育特点及教养要点 ………………………………（ 30 ）
　　第三节　13～18个月幼儿发育特点及教养要点 ………………………………（ 35 ）
　　第四节　19～24个月幼儿发育特点及教养要点 ………………………………（ 40 ）
　　第五节　25～36个月幼儿发育特点及教养要点 ………………………………（ 44 ）

第三章 亲子园筹备及课程设置 ………………………………………………（ 52 ）
　　第一节　亲子园的筹备 …………………………………………………………（ 52 ）
　　第二节　亲子园课程设置及组织 ………………………………………………（ 65 ）

第四章 亲子教育活动设计的基本原理 ………………………………………（ 67 ）
　　第一节　亲子教育活动设计的原则 ……………………………………………（ 67 ）
　　第二节　亲子教育活动设计的一般流程 ………………………………………（ 69 ）
　　第三节　亲子教育活动的组织模式 ……………………………………………（ 83 ）

第五章 亲子教育综合活动组织实践 …………………………………………（110）
　　第一节　亲子教育综合活动的组织 ……………………………………………（111）
　　第二节　亲子教育活动中的家长指导 …………………………………………（147）
　　第三节　亲子教育活动评价 ……………………………………………………（153）

第六章 0～3岁婴幼儿亲子教育综合活动范例 ………………………………（160）
　　第一节　7～9个月婴儿亲子教育综合活动范例 ………………………………（160）
　　第二节　10～12个月婴儿亲子教育综合活动范例 ……………………………（172）
　　第三节　13～18个月幼儿亲子教育综合活动范例 ……………………………（183）
　　第四节　19～24个月幼儿亲子教育综合活动范例 ……………………………（195）
　　第五节　25～30个月幼儿亲子教育综合活动范例 ……………………………（207）
　　第六节　31～36个月幼儿亲子教育综合活动范例 ……………………………（218）

参考文献 ……………………………………………………………………………（231）

第一章

亲子教育概述

单元介绍

本章节围绕亲子教育的概念展开论述，讲述了亲子教育的特点、亲子教育的功能、亲子教育的形式，阐述了从20世纪末至今我国亲子教育的发展现状，最后对国内外亲子教育的理论流派进行了综述。

知识目标

了解我国亲子教育的发展历史。

能力目标

能根据所学知识对亲子教育的理论流派进行述评。

情感目标

愿意了解亲子教育的相关理论并在实践中主动借鉴国内外亲子教育家的思想精华。

第一节 亲子关系与亲子教育

随着时代的发展和进步，人们对婴幼儿的早期关心和发展不仅在理论上有了更深刻的认识，而且在科学育儿的理念和方法上也有了很大的提高。亲子教育的实践先于概念形成，其基础是家庭的早期教育，是儿童早期教育的重要组成部分，通过亲子教育可以有效地将孩子、家长和教师三者密切联系起来，通过早期的亲子教育有效实现父母、教师对婴幼儿潜能进行开发，对婴幼儿个性进行培养，进而提高婴幼儿整体素质。

一、亲子教育的概念

亲子教育是依据"PATP"（Parents as Teacher and Partner）的教育理念，倡导父母和孩子一起"亲子同乐"，认为"父母是幼儿早教中最重要的老师和玩伴"，进而促进和谐美满的家庭关系的形成，提升亲子间互动质量的活动。它是20世纪末在美国、日本和我国台湾等地日渐兴起的研究父母与孩子之间的关系及其教育的一个新课题。

亲子教育以亲缘关系为主要维系基础，根据我国特有的家庭状况，这种关系被扩展为所有与婴幼儿密切接触的人——看护人与婴幼儿之间的关系,从而形成看护人与婴幼儿之间的以互动为核心内容的亲子关系。所以,亲子教育是以爱护婴幼儿身心健康和开发婴幼儿潜能以及培养婴幼儿个性为目标,以不断提高新生人口的整体素质为宗旨的一种特殊形态的早期教育。

具体地说,亲子教育作为一种新型的、科学的家庭教育模式,强调父母与孩子在情感沟通的基础上实现双方互动,针对父母与孩子之间关系的协调而对父母进行培训,促其提升,使父母和孩子能够更好地沟通。"亲子教育"与一般意义的"家庭教育"和"幼儿园教育"及"儿童教育"有很大的不同,它是以脑科学发展为基础,推行从0岁开始教育的观念,打破了以往那种婴幼儿(0~3岁)只要吃得饱、吃得好的养育观念,强调全程教育、全程发展,形成婴幼儿早期性格和各种能力、习惯。

二、亲子教育的特点

亲子教育的主要目的是利用父母与孩子之间在态度、情感、行为等方面的相互作用、相互影响,通过一定的教育手段与方法,帮助父母形成正确的亲子观,形成良好的亲子关系,在游戏活动中促进孩子在体能、智能、个性、习惯等方面的全面和谐的发展。亲子教育主要包含健康教育、社会性教育、智能训练、审美教育、情感教育、家长教育,等等。亲子教育不同于一般意义上的"家庭教育"和"儿童教育",它是一种特殊的、专业化程度很高的新型教育模式,强调父母与孩子在情感沟通的基础上实现双向互动,促进婴幼儿形成健康的人格,使父母自身素质得到不断提高。应该说,亲子教育是家庭教育的基础与保障,将会令婴幼儿个体发展终身受用,对家庭幸福和民族发展更具有无法估量的作用。

亲子教育是根据婴幼儿身心发展规律的特点,在专业人员的指导下由孩子及其父母或其他看护人员共同参与完成的一项具有指导性、互动性的活动。从广义上讲,家长和孩子之间相互配合交流的活动都可以看作是亲子活动,科学的亲子活动应该具备以下特点:

1. 有效启发孩子的智慧

这就要求活动既能够利用和发挥孩子现有的能力,又能够引导和发展他们新的能力,从而促进孩子智能的开发与提高。

2. 家长要能和孩子平等地参与到活动当中

做亲子活动不是上课,家长不能高高在上,指手画脚,而应当是活动的参与者,并且跟孩子处于平等的地位,从而拉近与孩子之间的距离,让他们可以全方面地展示真实的自己。

3. 寓教于乐

亲子活动能够带给孩子和家长不同的乐趣,孩子在活动中体会到创造和成功的快乐,家长则能够体会到亲子交流的幸福。

三、亲子教育的地位和作用

随着现代化进程的加快、社会竞争的日益激烈以及计划生育的普遍实行,家庭对后代的教育比以往任何时候都更多地倾注了关怀与重视,特别是对0~3岁婴幼儿这样一个特殊的群体,更应给予特殊的关怀和教育。但在这一最关键时期,父母最缺乏经验,时常处于慌乱之中:我的孩子是不是说话晚了?他(她)为什么老撕东西?这些惶恐伴随着婴幼儿的每一个变化。许多家长不知道婴幼儿在发展中存在"敏感期",他们对婴幼儿由躺在床上,逐渐能够翻身、爬行、坐、站、走，其动作、语言、情感等方面的发展，时时都有惊喜，但又感到困惑，觉得在育儿实践中缺乏必要的对婴幼儿的了解。"孩子决不能输在起跑线上"，但面对"如何针对孩子的情况因材施教，促进孩子全面发展"这个问题，90%的家长承认自己煞费苦心仍找不到正确答案，而社会又缺乏对婴幼儿教育的指导。

实施亲子教育可以很好地解决这个问题。亲子教育使家庭教育的内涵深化和发展，将以父母权威管教为主转变为以关注发展和引导为主，使家长由单一的家长角色转为医生、护士、教师、朋友等多角色，使亲子教育由一味训斥转为参与交往中给予孩子关怀、发展和教育，为其人格完美奠定基础。

亲子教育采用现代育儿的最新理念，传播正确的育儿观，传授家庭早期教育的科学知识和方法，指导家长和孩子开展有情趣、有实效的亲子游戏活动，使广大家长逐步接受现代育儿的科学理念，掌握现代育儿的科学方法和技巧，促进了儿童的主动发展，从而建立起融洽的亲子关系。实践证明，亲子教育是年轻家长接受成人继续教育的一种良好形式，由于教育内容和指导方式融于开心心的游戏活动和平平常常的生活中，能使家长切身地感受和理解亲子教育的特殊意义。亲子活动有利于促进家长与孩子之间寓教于乐的亲情交流；有利于给婴幼儿提供良好的合作环境，促进其社会交往能力的培养；有利于通过年龄分班和个性化的家庭方案，促成家园互动，有效提高婴幼儿的综合智能；有利于为家长人员树立正确的教育观和儿童观，教会父母做第一位老师。

（一）亲子活动对于孩子的教育

1. 通过指导亲子游戏实现对孩子的教育

婴幼儿所需要的最重要的经验来自和那些有接触价值的成人、同伴和年龄较大的儿童之间的交互作用，以及在此基础上所提供的与婴幼儿年龄和水平相适应的活动。因此，与人交往，尤其是与更具知识的成人的关系是婴幼儿保教的关键、基石和核心。由此可见亲子依恋对婴幼儿来说具有重要的意义。

依恋是婴幼儿与特定对象之间的感情联结。亲子依恋即婴幼儿对父母持久而强烈的情感联结，是亲子关系稳定的标志。亲子依恋是在亲子互动中形成的，而亲子互动最重要的形式便是亲子游戏。游戏是亲子交往的良好方式，亲子游戏是0~3岁亲子教育活动的基本组织形式，可以有效地满足婴幼儿的各种需要。

首先，亲子游戏可以满足婴幼儿的安全需要、归属和爱的需要。亲子游戏是以亲子间的情感联系为基础的，在游戏中，父母与孩子围绕着共同的游戏主题，通过语言、手势、表情、动作等符号进行面对面的近距离的交流活动。这种交流是以融洽和喜爱为媒介的，它一方面给父母和孩子带来更大的"满意度"，为缩短交往双方的心理距离，强化相互影响的效果创造了有利氛围；另一方面消除了交往双方的情绪紧张性，尤其是能解除地位相对较低的婴幼儿一方的紧张性，使得孩子在父母面前可以不受拘束。亲子游戏传导给孩子的基本信息是爱和珍视，婴幼儿通过这种游戏形成和发展与父母之间的信任与依恋的关系，进而产生对父母和家庭的安全感与归属感。

其次，亲子游戏可以满足婴幼儿尊重的需要。父母与孩子以平等的玩伴关系共同参与游戏，共同遵守游戏规则，共同协商意见，双方保持一种彼此平等、互相尊重的关系；同时，父母的言语、表情和行为所表现出的鼓励与支持向孩子传达了父母对他的赞许与认可，表达了父母对他的肯定，这在无形中满足了婴幼儿自我尊重和尊重别人的需要。

最后，亲子游戏可以满足婴幼儿自我实现的需要。在与父母的共同游戏中，婴幼儿可以获得影响与控制环境的能力，当他通过自己的行动对物体或父母产生影响时，会感到自己是有能力的人，获得成功的喜悦，并体验到克服困难、达到目的的快乐。婴幼儿的这种成就感和自主感，可以有效地满足其自我实现的需要。

2. 创设群体环境发展孩子的社会性，为入园做准备

众所周知，几乎所有入托的新生都要经历一个或长或短的分离焦虑期，尤其近些年独生子女的入托适应期明显延长，给成人和儿童都带来了无尽的烦恼。幼教工作者为此做了种种研究，尝试如何减轻孩子的分离焦虑，缩短入园的适应期，但收效不大。大多数孩子很难在短期的家园沟通中明显降低分离焦虑，迅速适应新环境、新生活。0~3岁亲子教育可以有效地解决孩子入园焦虑问题。孩子在0~3岁亲子教育的活动里，在妈妈或其他亲人的陪伴下，学习老师带领的活动，接触到其他同龄孩子的家长，处在一种相互作用、相互影响的动态开放的环境中。在与其他人的交往过程中，他人的言谈、举止、态度等都对婴幼儿发生潜移默化的影响，社会规范、价值标准等通过活动这一媒介作用到婴幼儿身上，婴幼儿也以自身的言行去反馈和影响他人。在这种相互交往的过程中，婴幼儿懂得了如何与人交往，逐渐摆脱思维的自我中心化的倾向，学会适应与协调与自己不同的观点，从而促进和发展自身的社会性，由此逐渐适应幼儿园的生活方式。儿童心理学的研究证明，母亲是幼小孩子心理上的"安全基地"。孩子由寸步不能离开母亲到逐渐可以在看得见母亲的范围内和小朋友们一起玩，到最后能够离开母亲独立在集体中生活，这是一个发展适应的过程。0~3岁亲子教育正好给孩子提供了这种适应孩子发展进程的活动。事实证明，开展过0~3岁亲子教育的孩子非常容易适应正式的幼儿园生活。

（二）亲子活动对家长的教育，集中体现在提高家长的教养能力上

家庭是儿童成长过程中的第一站，是儿童早期教养的主要场所。家庭教养以它的启蒙性、普遍性和影响的久远性，在儿童成长过程中起着至关重要的作用。在0~3岁早期教育中，家庭对婴幼儿的发展有着更加直接、深厚的影响：婴幼儿大部分时间是在家庭中度过的，主要交往对象是家庭成员，许多外在影响要通过主要抚养人才能发挥教育价值。而且，婴幼儿通过与主要抚养人建立安全的依恋关系，才能获得认知、情感、社会性等各个方面的发展。《中国儿童发展纲要（2001—2010年）》指出：0~3岁婴幼儿家长的受指导率，应该成为发达地区基础教育现代化发展水平的重要指标。父母是创造未来的"雕塑家"，儿童成长的"基石"是父母双手奠定的。假如能够指导父母，使父母以建设性的、更为积极与主动的态度和孩子互动，与孩子进行双向交流和学习，掌握家庭教育的科学，走出家庭教育的误区，那么整个民族的素质和社会文明的程度必定大大提高。但是受教育意识与水平所限，家长的教育作用常常无法充分发挥。

目前，0~3岁亲子教育，正是以促进0~3岁婴幼儿的健康成长和提高主要抚养人的教养能力这个双重目标作为教育目标的。亲子活动就是由教师根据婴幼儿潜能开发的原理组织活动，帮助父母及其他抚育者在与孩子一起玩玩具、做游戏的过程中，引导孩子表现其潜能，并促进其潜能的发展；让父母把自己在0~3岁亲子教育中学到的互动方法，运用到日常家庭的亲子活动中，使日常的亲子互动成为科学育儿的过程。

教育家长，是为了更好地教育孩子。大量的研究表明，在影响儿童发展的众多因素中，家长的素质是影响儿童成长的最重要、最具决定性的因素。0~3岁亲子教育中家长教育的目标定位是提高家长的教养素质、提升家庭教育质量，从而让孩子受到科学的早期教育，最终实现家长、孩子共同发展。0~3岁亲子教育涵盖了父母教育和子女教育两方面，通过对父母的培训和提升而达到对亲子关系的调适，从而更好地促进婴幼儿身心健康和谐地发展。0~3岁亲子教育是通过亲子教师对婴幼儿的教育示范行为和问题咨询来实现这一目标的。亲子教师采取的主要是"指导孩子的活动中同时指导家长"的"双指导"模式，同时，还兼有直接支持（口头传授）和间接支持（给予书面资料、周围人的鼓励）的方式。家长一方面通过亲自参与0~3岁亲子教育安排的亲子游戏活动，观摩教师的教学指导，来学习促进孩子发展的具体技能；另一方面通过问题咨询解答来提升自己的教养素养。亲子游戏是父母与孩子之间的相互交流活动，它不仅对孩子有益，而且对家长也有好处。通过与孩子游戏，家长可以直接了解孩子的身心发展规律和特点，了解孩子的兴趣和爱好，进而采取适宜的教育方法，这在无形中提高了家长在家庭教育知识、教育手段及教育方法等方面的素质。同时，家长与孩子游戏的过程充满了欢乐，这种氛围有利于家长保持愉快的心情，促进家长良好心理素质的形成与发展。

同时，0~3岁亲子教育还可以有效地挖掘家长群体的教育资源。与教师一样，家长也是孩子的老师，而且是0~3岁孩子最可接受的老师。与教师教育相比，家长教育有一个非常特殊的方面，那就是教师掌握的是一般规律，而家长都是针对孩子发展的特殊性，在实践中带着问题学习迫切需要拿来即用的知识技能，不是一般规律所能奏效的。于是，受家长欢迎的教育者往往是家长群体本身。家长们经常会针对自己的孩子的各种问题，或者自己在教养上的一些困惑求教于其他家长。这些家长的孩子月龄有相同的也有不同的，相同月龄孩子的家长常常会互相比较孩子的发展情况，互相取经，他们常常会说"如果能再生一个孩子我就有经验了"，那些月龄大些的孩子的家长则显然比那些月龄小些的孩子的家长在有些问题上更有经验，他们甚至会比早教指导人员更加耐心、更加生动地向另一些家长传授经验。因此家长自身既可以做受教育者，也可以做教育者。由于家长的想法和做法容易引起其他家长的共鸣，所以也被看作是有效的教育主体资源。0~3岁亲子教育同时也给家长们提供了一个可以互相交流的机会，而且通过0~3岁亲子教育活动，家长本身对教育的理解、心得体会也得到了提升，具备了担当教育主体的能力。对于作为教育主体的家长自身而言，这一过程本身也非常利于其反省自己的教养行为，提高其教养孩子的专业程度。

总之，孩子需要从小就储存知识信息，构建学习的潜能，未来的学习是建立在早期学习基础之上的。家长在孩子成长的漫长过程中，要多多观察、理解、尊重孩子，不断地提高自身的修养，增强自信，利用亲子教育和孩子一起成长。

四、亲子教育的形式

亲子教育是20世纪末期开始在美国、日本和我国台湾等地兴起的一种新型教育模式。这一教育模式是通过对父母的培训和提升达到的对亲子关系的调适，从而更好地促进儿童身心健康、和谐地发展的一种培训方式。在这里，"子"是指孩子，"亲"就是指孩子以外的家庭内部成员，主要指孩子的双亲。亲子教育不同于我们通常理解的以家长为中心的"家庭教育"和以儿童为中心的"儿童教育"，其核心内容是父母与其子女相互尊重、共同教育、一起成长。目前，亲子教育基地通常是以幼儿园为依托，分小时班和半日班两种。小时班要求家长每周带孩子到基地活动一两次，一起玩小猫捉老鼠、钻山洞、包饺子等游戏，12~16

次为一个周期，家长可根据实际情况自主选择亲子活动时间。小时班的特点是活动时间短，孩子不觉得累，并会产生意犹未尽之感。同时，每次活动集中完成手眼协调能力、语言表达能力、人际交往能力等某一方面的训练，也有利于老师对家长进行指导。现在社会上，也出现了一些独立、专门的亲子教育学堂，如红黄蓝早教中心、聪明树快乐启智学堂等，这些正规的亲子教育机构也形成了完整、严密的亲子课程体系，借助于家长和孩子和谐的互动，实现亲子教育。

亲子教育的基本形式主要包括以下几种教育方式：

第一，亲子游戏方式。亲子游戏是一种亲子教育的新型方式方法。亲子游戏有别于一般的游戏，它是需要遵循婴幼儿身心发展规律，有效地针对婴幼儿提出的适用于年龄特点的一种游戏。它通过游戏的方式对婴幼儿进行教育，从而获得更好的教育效果。游戏不但能够拉近与婴幼儿之间的亲密关系，消除距离感，促进婴幼儿能力的提升，更能够发掘婴幼儿的想象力，对婴幼儿的性格养成和成长具有很重要的作用。

第二，亲子交谈方式。亲子交谈方式是根据婴幼儿年龄、身体、心智特点采取的一种随机化的聊天式的交流方式。这种聊天不是普通的聊天，它是在一种轻松自在的环境中与婴幼儿进行语言沟通，是亲子沟通的最基本的形式，也是一种简单有效的方式。家长认真聆听婴幼儿的学习和生活，设身处地地融入婴幼儿的快乐与烦恼中，轻松自在中实现对婴幼儿的关注与引导，进而实现教育目标。

第三，生活化的教育方式。生活化教育是亲情教育的重要途径。亲情教育不需要课堂，不需要很正式的环境，在日常生活中便可轻松实现对幼儿的教育。根据幼儿身心发展的特殊性，在此期间的教育主要在于关注和引导幼儿，发掘幼儿的兴趣，从而开发其潜能，使幼儿全面发展。这不是在课堂能够实现的，需要家长在日常生活中密切关注幼儿的言谈举止，根据其兴趣爱好进行重点教育。日常生活是最好的教育场所，也是最佳的教育途径，做好生活化的教育是开启亲子教育的重要基础。

第二节 我国现代亲子教育的现状

我国的亲子教育形式自20世纪90年代进驻大陆地区后，受到政府和社会的广泛关注。以2000年9月1日全国第一部关于学前教育的地方性法规《北京市学前教育条例》正式生效为起点，各地先后制定了一系列的法规、文件等，启动了"0~3岁教育工程""摇篮工程"等，使个体受教育的法定年龄前溯到出生那一刻，从而确立了从零岁开始的终身教育的起步阶段。

美国"波特奇"早教形式对我国亲子教育的影响很大。1969年，美国的威斯康星州的波特奇镇，推行了一种帮助致残儿童顺利入学的教育方法，并编写了"波特奇早教方案"。该方案由专业机构编写，供教师在家访时指导家长使用，适用于0~6岁的婴幼儿教育。该计划的指导手册内容详细、具体，更适合家长直接参与对婴幼儿的训练活动时使用。该方案的实施过程，是以家庭为单位的。

1975年，这种教育形式在全美推行，但教育对象已不仅局限于残障儿童，对正常的儿童也极为有效。每次活动场所不局限在一家一户，而是集中15个左右6个月以上的婴幼儿，由一位教师负责与众多幼儿和家长共同训练，每周进行一次，每次一个小时左右，活动的内容包括大肌肉训练、精细动作、认知、语言和社交行为及自理能力等方面，每次活动后留有家庭延伸作业。因为每次都在一个处所进行，故称之为"中心式"。这一家庭训练指导方案，在日本和中国台湾已被广泛运用。二十多年来这种教育模式已广泛使用于四十多个国家和地区，在东南亚一些国家和地区，这种模式被形象化地称为"三人行"，即教师、家长、孩子的三方互动。《波特奇的早期教育方法》在1992年进入我国，由人民教育出版社出版，供0~6岁婴幼儿家长使用，也可供早教工作者参考。

1994年，在北京师范大学英东楼的一个小房间里，对当今中国幼教发展产生过较大影响的两个人物——程淮和程跃，开始尝试将美国的亲子教育形式引进中国。因为只是探索，所以没有什么明确的名称，不知道会发展怎么样，也没什么明确的方向。两年后，他们基本放弃了这一探索。后来，程淮转而从事幼儿园教育，创办金色摇篮；而程跃则继续研究。1999年左右，程跃推出了"2049计划"，但推广不久因无力维持而停止，他也成为铺路人。

1996年，央视曾连续播放了"万婴跟踪"节目，指导家庭对婴幼儿进行系列化的早期教育训练，为亲子教育的发展起到了思想普及和造势的作用。其实，这个节目的推广也为中国亲子园的诞生提供了肥沃的土壤。中国亲子教育发展的车轮已经开始启动。两三年后，北京相继办起了若干个早期教育机构，这些机构虽未提出亲子园的名称，但实际上已经形成亲子教育的雏形。

1998年，国家教育部"开发儿童少年潜能研究"课题，将0~3岁的早期教育列为研究的重点项目，开始研究亲子园的办园模式。1998年下半年，北京、上海的"翻斗乐"从台湾引进全套的亲子园教材，开始开展相关的活动。但因为"翻斗乐"主营游乐和餐饮项目，亲子园课程只是作为儿童和家长的配套辅助项目，所以并没有受到很好的重视，人力、物力投放也较为有限，后来很快就停掉了，但是它却成为严格意义上的中国第一家亲子园。但正如好多"第一个"一样，"翻斗乐"在前进的路上，成为后来者的铺路石，所以知道的人也并不多，因为做得早远没有做得好来得更重要，加之目前我国关于亲子园有诸多个版本的第一家，于是也没有太多人过于在意这个第一家。在1998年到1999年之间，北京以"××爱婴"为代表的亲子园开始登上历史舞台，中国教育新篇章揭开了。

2001年，教育部颁发的《幼儿园教育指导纲要（试行）》明确提出，幼儿园教育要与0~3岁婴幼儿的保育教育相互衔接。

继北京之后，上海也立法。从1999年起，虹口区政府启动"让每个3岁以下的婴幼儿得到早期关心和发展指导"的研究工作。2002年，上海市教委部署并实施"0~3岁早期关心和发展的研究"，以强力推行早期教育。2002年，杨浦区"0~3岁婴幼儿早期教育中心"整合卫生、教育、托幼、宣传、妇联、计生委等职能部门的力量，依托街道与幼儿园优质教育资源，建立了多个亲子教育指导站。长宁区建了11个亲子中心，青浦区建了27个指导站，徐汇区建了健康教育中心、亲子活动中心、教研中心和信息交流中心四个中心和12个亲子活动点。政府的强力推动使上海一跃成为国内0~3岁早教最为普及的地方。

杭州市颁发《关于加快学前教育改革与发展的若干意见》，积极推进学前教育低龄化发展。要求在2007年，市区学前教育第四年幼儿入园率达50%以上，县市达到30%以上，各区、县至少办一所早教中心；2010年，全市学前教育第四年幼儿入园率达到50%以上，各区有1所以上示范性早教中心。依托社区开展0~6岁儿童家长和看护人员培训，城市受训率要达到90%以上，农村受训率要达到80%以上，基本形成0~3岁早期教育体制。探索符合0~3岁婴幼儿生理特点的课程体系和"托幼一体化"教学模式,编写0~6岁儿童家长、看护人员培训教材,逐步推进早期教育向低龄化、社会化发展。

一、起步阶段(1998—2002年)

起步阶段源于北京,当时以"以开发宝宝潜能""不能输在起跑线上"等口号为代表,过分夸大早期教育的功能而且商业性质较为突出。当时的一些早教机构主要以训练孩子精细动作为主,活动时间短、次数少、内容单一,而且学习内容在家中就可以实施。由于家园沟通较少,家庭教育的根本问题并不能得到解决。

此阶段早教机构的主要功能是成为早期教育的启蒙,唤醒整个社会对0~3岁早期教育的关注。家长普遍认为虽然效果是有的,但整体价格较高,许多家长还表示总的感觉是"说得比做得好"。

二、发展阶段(2002—2003年)

2001年以后,以北京、上海等地的学前教育立法为契机,加上妇联系统的支持,幼儿园自办亲子园和商业性亲子园大量兴起,数量虽多但良莠不齐。与此同时,关于早期教育的音像制品、图书、玩具大量涌现,加上网络的推广和普及,广大家长十分关注早期教育。

虽然亲子教育的前景很好,但由于亲子园对理论根基、师资素养都有其特殊的需求,所以只靠一些简单理念武装起来的亲子教师,不能满足家长对亲子教师的要求。但即便这样,亲子教育在这个阶段仍然得到进一步普及,从理论到实践更加深入。

三、逐步完善阶段(2003年至今)

2003年,中国经历了非典事件。这一年也是中国亲子园的一个分水岭,在这半年的时间里,大量缺乏实力和根基的亲子园相继倒闭,这也在幼教领域刮起了少见的"亲子园危机"。亲子园教育在这个阶段冷静了许多。正是这种冷静,让许多亲子园的筹办者开始思索、学习。经过了几年的积淀,一批有实践经验、有理论根基的亲子教育专业团队开始走上健康发展的道路。

这时,亲子教育开始回归理性。人们认识到,亲子教育只是教育的一个重要阶段和一种途径,早期教育的关键仍然是家庭。亲子园只是给家庭教育提供一个更加系统专业的平台。

环境的重视也再次完善了亲子园自身的发展。孩子具有吸收性心智,三岁之前的吸收是无意识的,所以环境创设是否合理就对孩子的发展至关重要。

亲子园的课程形式主要解决了家庭养育和教育分离问题,更注重孩子人格和情商的发展,帮助孩子养成良好的生活习惯,建立健全的人格,学会和周围环境建立融洽的关系,完成从家庭向幼儿园的过渡,也为以后的入园做好准备。

第三节 亲子教育理论综述

一、国外早教思想

1. 卡尔·威特的天才教育法

卡尔·威特是德国哈雷近郊洛赫村的教师,对教育有独到的见解。他的教育理念被后人誉为早期教育的楷模。他认为孩子的教育必须伴随孩子的智力曙光的出现开始，并将自己的理论实践于自己的儿子小卡尔·威特，使之成为传奇般的天才。1818年，老卡尔·威特写成《卡尔·威特的教育》一书，该书是世界上论述早期教育的最早文献。书中详细记述了这位父亲的核心理念，指出一个人最终能否有所成就，其禀赋固然起着一定的影响，但最主要的还是后天的教育。教育得当，普通的孩子也能成长为天才；教育不当，即使再好的天才也会被毁掉。这本书问世后并未引起人们重视，保留至今的只有很少的几部了，哈佛大学图书馆里藏有的一册据说是美国的唯一珍本。如今，老卡尔·威特的教育理论只散见于受他启发的一些教育论著，诸如《俗物与天才》《早期教育和天才》等书中。然而，正是由这些残章断片生发出的教育方法，培养出了近代像鲍里斯·席德斯、威纳·巴尔及维尼夫雷特等无数通过早期教育成长起来的世界级的典范。

上帝给了他一个痴呆的儿子，但是老卡尔·威特通过自己的教育，让儿子成为一个天才：8岁学会6种语言；9岁考入莱比锡大学；13岁发表数学论文，并获得哲学博士学位；16岁又获得法学博士学位，被柏林大学聘为法学教授。而这一切的奇迹都来自老卡尔·威特的天才教育法。

对孩子来说，最重要的是教育，而不是天赋。孩子成长为天才还是庸才，不是取决于天赋的条件，而是取决于五六岁时的教育。开展游戏，兴趣记忆。多种感官，尝试记忆。动作演示，准确记忆。善用比喻，理解记忆。找准异同，比较记忆。发散思维，创造记忆。综合归类，逻辑记忆。加强复习，强化记忆。

在老威特的持之以恒的教育下，虽然儿子天生痴呆，但长到四五岁时，在各方面的能力已大大超过同龄孩子，成为本地教育史上的惊人事件。正是老威特对儿子实施科学的全面化教育，小卡尔的成长才非常健康，学业进步也十分神速。

儿童的潜在能力是遵循递减法则的，如果从出生起就对他们进行理想的教育，那么他们潜在的能力就可能达到100%。为什么早期教育能够造就天才呢？要弄明白这个道理，就要从儿童的潜在能力谈起。根据生物学、生理学、心理学等学科的研究，人生来就具备一种特殊的能力，不过，这种能力是隐蔽地潜藏在人体内的，从表面上是看不出来的，这就是潜在的能力，也就是我们所说的天才能力。因此，天才并不是我们平常认为的那种只有少数人才具有的禀赋，而是潜藏在每个人的内心之中。如果所有的孩子都受到同样的教育，那么他们的命运就决定于其禀赋的多少，但是今天的孩子大都受到非常不完全的教育，所以他们的禀赋连一半都没有发挥。老威特坚信，教育的思想就在于使儿童的潜在能力达到十成。然而，教育开始得越晚，儿童潜在的能力实现的机会就越小。产生这种现象的原因是，这种潜在能力都有各自的发展期，如果错过这个时期，那么就几乎很难再发展。

因此对孩子的教育必须尽早开始，开始得越早，取得的效果就越显著，孩子就越有可能成为接近完美的人。因为即使是天生聪明的孩子，在出生时有很好的起点，但如果得不到正确的培养也不可能充分发挥其潜能，那么终究也不会成才。反之，即使天赋不好，但是后天得到合理的教育，他也能够成为优秀的人才。人如同瓷器一样，小时候形成其一生的雏形。幼儿期就好比瓷器的黏土，给予什么样的教育就会形成什么样的雏形。事实上，从出生到3岁，是一段最为重要的时期，因为在这段时期，孩子大脑接受事物的方法会影响其一生。婴儿对多次重复的事物不会厌烦，所以3岁以前也是硬灌时期。婴儿依靠动物的直觉，具有在一瞬间掌握整体的模式识别能力，这是成人远远不能及的。婴儿的大脑还处在一种空白状态,无法像成人那样进行分析,因此,可以说他具有一种不需要理解或领会的吸收能力。老威特的教育理论核心就是:对儿童的教育必须伴随儿童的智力曙光的出现同时开始。哈佛女孩刘亦婷的母亲刘卫华接受老威特这一教育思想,坚持早期教育,使女儿的记忆能力明显超越普通孩子。语言训练要从身边的事物开始,巧妙地教孩子新单词的发音和词义。当孩子稍微大点,父母要天天给其讲故事,但必须注意发音的准确性。

尽管小卡尔有许多兴趣,乐于从事各种活动,可带有偏见的人们还是认为他的生活除了坐在桌子前面,其他什么也不会干。他们甚至认为,小卡尔除了学究式的知识,还会一点儿英语,其他就一概不懂。可是实际情况并非如此。了解小卡尔的人都知道,他坐在书桌前的时间比任何同龄人都少。事实上,他把大量的时间尽情地花费在了玩耍和运动上,他是一个健康活泼的孩子。大家一定想知道老威特到底使用了怎样独特的教育方法,才使孩子能轻松愉快地学到了如此丰富的知识,其实很简单,老威特的教育秘诀在于:唤起孩子的兴趣和让孩子提出问题。老威特有一个教育原则,就是教育不能强迫。

孩子的不良行为是因为精力不知道往何处使的缘故,这其实也是一种精力浪费。在创造力方面,老威特鼓励儿子多动手、多思考、多提问题。两岁时,威特夫人每天坚持给他讲故事,并且让他参与猜测情节。在游玩、散步和吃饭时,老威特总是想方设法地丰富小卡尔的知识。即使是普通孩子,只要教育得法,也会成为不平凡的人。

隔代教育代替不了亲子教育。迫于激烈的生存竞争,许多年轻的父母忙于工作,而将孩子全权交给老人,然而老人思想相对僵化,素质参差不齐。有的偏重于教孩子认字,以孩子能背唐诗宋词为自豪;有的认为教育是孩子上学以后的事,只要现在不饿着、不冻着就行;有的无限溺爱,一切以孩子为中心,把孩子惯得浑身都是毛病。

在培养孩子的行为习惯方面,老威特的一条基本经验就是:是非分明,始终如一。有家长问,为何自己的孩子很聪明,但是学习却不好?老威特认为有一点可以肯定,那就是多数孩子没有从小养成良好的学习习惯。威特先生从不认为自己的儿子有多么高的天赋,也不相信成绩差的孩子是因为他们天生智商低。老威特严格规定儿子的学习时间和游玩时间,培养他专心致志的学习精神。他严禁儿子在学习语言和数学等知识上敷衍了事,而要他养成精益求精的精神。他还注意培养小卡尔做事敏捷灵巧的习惯。正是由于在学习专业知识时专心致志,效率极高,小卡尔才赢得了很多从事运动、休息、参加社交活动等的时间。

教育孩子的最重要一点就在于要不适时机地给孩子以发展其能力的机会,也就是说要让孩子尽早发挥其能力。给3岁以前的孩子的教育内容:一方面是反复灌输语言、音乐、文字、计算和图形等奠定智力的大脑活动基础模式,另一方面则是输入人生的基本准则和态度。人类的强弱,并非取决于人种或血统等因素,而是要依后天的教育与环境而定。

父母对孩子的早期教育绝不是一种无效劳动。虽然在某些年月里,被教育者好像处于沉睡状态,但是,终有一天,会大有好处的。伏尔泰曾说:"忙是幸福的秘诀。"这也适用于孩子。总有事儿干的孩子是幸福的。

培养观察力是一切灵感的源泉。发展孩子的色彩感觉,培养孩子的记忆力。大自然是孩子的学习宝库。3岁以前,是孩子语言发展的最佳期,因为语言既是进行思维的工具,也是接受知识的工具。若孩子能在6岁以前掌握准确的语言,那么这个孩子的发展速度一定会很快,而且其速度是其他孩子无论如何也赶不上的。人的一生中,1至5岁是最富有语言才能的时期,父母千万别让孩子的这种才能白白枯死。

对于孩子的教育，首先要考虑发展孩子先天的个性，培养其独特见解和首创精神。对事物强烈的求知欲，对事物的好奇心和探索是开启智慧之门的钥匙。在创造力方面，要鼓励孩子多动手、多思考、多提问题。不论孩子提出什么样的问题，都要耐心地给予解答。心理学家早就解读出人的智能结构是由观察力、记忆力、注意力、想象力、思维力、语言表达力以及动手操作能力构成，其中思维能力是智能活动的核心。思维超常的孩子经常表现出良好的思维品质，思维具有独立性和创新性。

2. MS 斯特娜的自然教育法

MS 斯特娜是美国宾夕法尼亚州匹兹堡大学语法学教授，毕业于拉德克利夫女子大学。她在推崇卡尔·威特教育法的同时，提倡根据孩子自身的习性，用自然的方法教育孩子，取得了非凡的成就。1914 年，她写成《MS 斯特娜的自然教育》一书，在书中，她结合自己教育女儿的亲身经历阐述了自己的教育方法。

"3 岁开始写诗，4 岁用世界语写剧本，5 岁前用 8 国语言表达思想，同时在音乐、美术、文史、数学方面才能超群，身心健康发展，富有爱心。"——这是一个令人惊叹的"神童"女孩，更令人惊叹的是，她的"天才"不是天生的智力超群，而是由她的母亲培养出来的。这种脱胎于卡尔·威特的早期教育方法被她的母亲斯特娜称为自然教育法。斯特娜从不用强迫的方式教育孩子，所有教育都是以游戏或者故事的形式进行的。她的女儿通过故事自然而然地学习，不知不觉就学会了知识，加强了记忆力、操作能力，丰富了想象力，开阔了视野，促进了智力发展。

"神童"女孩维尼夫雷特的卓越表现无疑是斯特娜自然教育法最好的成功证明和典型范例，斯特娜用自己的教育实践向世人证明：神童不是天生的，任何一个孩子，只要教育得法，都可以成才；教育应当从孩子诞生的第一天开始，母亲应对孩子的早期教育负主要责任；教育孩子，最重要的是引导，而不是强迫，给孩子提供一个良好的人文环境，设计一些孩子喜欢的游戏和活动，让孩子在毫无精神负担的前提下学习是取得成功的关键。直至今日，自然教育法仍值得望子成龙的父母参考和借鉴。

（1）教育从训练五官开始。斯特娜对女儿的早期教育是从训练她的五种感觉入手，充分利用丰富的生活环境，也就是现在常用的音乐、色彩、故事、图片、玩具、户外活动等，来刺激和促进女儿各种感觉的发展。在她看来，一切能力如果不利用与开发，就永远不会得到发展。因此，孩子的五官必须尽早开始训练。当女儿还处于对世界懵懂无知的婴儿期时，斯特娜就给女儿轻轻地朗读威吉尔的诗《艾丽绩斯》，以此来训练她的听觉。日复一日，斯特娜的坚持不懈收获了女儿 1 周岁时就能背诵《艾丽绩斯》第一卷的前 10 行和《他的逝世》的成果。对此，斯特娜强调，让女儿背诗绝不是强制性的硬灌，而是她在母亲每日的朗读中顺其自然地学会的。

为了培养女儿的色彩感，斯特娜在家中布置了大量的色彩丰富的画，并准备了许多美丽的花草鸟兽的画儿和有美丽图画的小人书给她看，同时自己在一旁充当解说者，帮助女儿识别名画的名称、理解名画的含义、了解小人书的故事。色彩玩具，如检查色盲用的"测验色系"、五颜六色的非常美丽的小球和木片、穿着色彩鲜艳的服装的各种布娃娃、蜡笔等，也是培养色彩感的好助手。斯特娜的陪伴和参与让女儿对色彩和绘画产生了浓厚的兴趣。斯特娜有意地利用生活中的每个契机来发展出各种有趣的游戏对女儿进行教育。如路过商店门口时，她们玩一种叫作"留神看"的游戏，斯特娜问女儿商店的橱窗内陈列着哪些物品，并让她在记忆中搜寻这些物品。女儿能说出的物品当然越多越好，如果女儿记住的物品还没有她能记住的多，就要挨批评。这样的游戏对维尼夫雷特专心注意某些事物，养成敏锐观察事物的习惯十分有效。得益于这一游戏，维尼夫雷特仅5岁就能在纽约州肖特卡大学的教授们面前，把《共和国战歌》中美国有名的军歌朗读一遍后一字不差地复述下来，使教授们大吃一惊。

（2）完整的语言可以事半功倍。斯特娜认为语言教育不仅能促进智力发展，也有利于孩子身心健康发展，将影响孩子的一生，所以应该加强幼儿的语言教育。从女儿出生时起，斯特娜就尽可能地对她说准确而漂亮的英语，绝对不教给孩子不完整的话。这种完整的语言教育从一开始就起到了很明显的效果。维尼夫雷特还不到1岁时，有位朋友对她说："维尼夫雷特，我想看看你的汪汪。"她立刻纠正说："这不是汪汪，是狗。"这位朋友对此大为惊讶。

斯特娜坚信，婴儿期的语言教育将决定孩子一生的语言发展，因此她非常注意用准确的发音、精选的词句和语法对女儿说话。她认为，在教孩子语言时，语法不是最重要的，特别是对于孩子来说，更是没有多大必要，应当通过听和说来教。利用孩子喜欢把学到的单词反复地说着玩的倾向，斯特娜把孩子能理解的有趣的故事，用精选的词句组成短文，让女儿记住，女儿不仅能很快地记住，并总是高兴地复述着。

在女儿尚未很好地掌握英语之前，斯特娜不教她其他的外语。尽管有些语言学家认为，孩子能同时学会两三国语言，但根据她的经验，这可能会使孩子苦恼，而且弄得不好孩子哪一国语言也学不好。但是，在维尼能流利地说英语之后，斯特娜便不失时机地马上教她学西班牙语，同教她英语一样，仍然先从训练听力开始。这样，维尼在5岁时，实际上已能用8个国家的语言表达自己的思想了。斯特娜甚至感到，假如她继续教的话，女儿可能会学会10个，甚至20个国家的语言。斯特娜对女儿的教育是采取游戏的方式进行的，在游戏中，女儿的身心都得到了良好的发展。在这个过程中，斯特娜充分发挥了作为母亲的责任感，亲身参与、关注、推动了女儿的每一步成长和每一点进步。她认为，母亲的作用在教育的过程中是不可替代的，人类的命运掌握在母亲手中，一个人能不能成为伟人，完全取决于母亲的教育如何。因此作为母亲，尽力提升自己，在孩子的早期教育中充分发挥作用是十分重要的。斯特娜甚至建议母亲们：抚育孩子时，母亲自己更应当记日记，来记载孩子的进步和发育情况。这也是留给子孙后代的贵重遗产，使他们在培育孩子时，能够从中得到教益。

3. 蒙台梭利的特殊教育法

蒙台梭利于1870年8月出生在意大利安科地区的基亚拉瓦莱，自小受过良好的家庭教育。1907年，她开始在各地建立蒙台梭利儿童之家，致力于为孩子提供发展机会与环境的教育方法。她不仅是伟大的教育家，还是著名的科学家，为了儿童和人类精神的复兴奉献了一生，著有《蒙台梭利教育法》《蒙台梭利手册》《教育人类法》《高级蒙台梭利方法》《童年的秘密》《儿童的发现》等书。

特殊教育法是由蒙台梭利提出的一种建立专门的教育场所"儿童之家"培养孩子的方法。这一方法要求仔细研究每一个孩子的个体差异，使其接受正规的语言训练，培养良好的生活礼仪以及必要的感官训练，使其生理和心理都获得长足发展；在整个教育过程中，贯彻要为孩子提供足够的教具满足孩子的"工作欲"，在"工作"中开启孩子的智慧，挖掘孩子潜能的教育理念。

玛利亚·蒙台梭利5岁那年，因为父家长务上的关系，全家迁往罗马。在那儿，蒙台梭利开始了她多姿多彩的求学生涯。13岁时，她进入工科学校工科组就读（当时极少有女孩子进入工科组）并对数学产生了极大的兴趣，这也是日后她认为发展"数学心理""培养抽象思考能力最好途径"的思想来源。20岁那年，她从达文奇理工学院毕业，接着便执意到医科学院继续深造。尽管蒙台梭利以杰出的个人能力突破了道道难关，于26岁这年成为意大利首位医学女博士，然而世俗的偏见使她仅仅获得了在罗马学院的精神病医院担任医师助理的职位。在此期间，她和白痴幼儿有了接触。她发现："除食物外，这些孩子会伸手抓摸室内任何一样可由双手控制的物体，练习自己动手的能力。"她意识到"双手的动作可影响智力发育"。

1898年，蒙台梭利在一次演讲会上指出："儿童在心理方面的缺陷实际上属于教育的问题，而非医学上的问题，因此训练和教育比治疗更加必要。"蒙台梭利为此设计了一套"特别观察细则"，用于观察了解低智商儿童的需要，以帮助促使其智力的提高，鼓励这些儿童通过"手脑协作"来锻炼自己。仅仅两年之后，这些儿童不但学会了读与写，并且能如正常儿童一样完成所应掌握的知识考试。

由此，蒙台梭利思维的触角逐渐转向了正常儿童。既然低能儿童通过锻炼能赶上正常儿童的水平，那么健康的儿童能否通过锻炼达到更高标准呢？她坚信教育的不断进步可以提高人类的智慧。可是现实的情况是，许多健康儿童的智慧发展水平，要么是被压抑了，要么是被错误的教育理念贻误了，或者二者影响都有。为此，她于1901年重新回到罗马大学学习，放弃了令人羡慕的名校校长的高位。历经七年的努力，用于实践其具有开创性教育理论的"儿童之家"在罗马贫民区成立了，紧接着，仅仅三个月后，第二个"儿童之家"也宣告成立。

由于"儿童之家"的场地及资金主要靠当地居民，因而无形中家和学校便融为一体，二者逐渐形成了统一的教育理念及目标。从这个方面看，这是常规学校无法比拟的。为了使儿童的生理和心理都获得长足发展，教育者仔细研究了每一个孩子的个体差异，使其接受正规的语言训练，培养良好的生活礼仪以及必要的感官训练。正是因为学习的环境像家庭一样，因而在整个教程中，才能保证为儿童提供足够的教具。这些教具为开启儿童的智慧，挖掘他们的潜能发挥了重要作用。

在"儿童之家"，所有设施都是根据儿童的尺寸设计的，它成为儿童接受教育的最佳场所。在这里工作的人常常花心思改善环境，使其更利于儿童学会相互关爱和帮助，更有利于他们的健康成长。由蒙台梭利创建的"儿童之家"逐渐显现出令人震惊的成绩，它像一股清新之风吹遍欧洲大陆。伴随着各国媒体的广泛报道，前来取经者络绎不绝。仅以美国为例，自1913年起，以蒙台梭利教学法为教育理念的学校就多达200所。就连玛露葛莉女王也称赞"蒙台梭利对教育事业的贡献已超过了电报的发明"。

长久以来，还不曾有过一个教育家，能将儿童期当作一个独立的主体来研究。蒙台梭利以科学精神发现的"童年之秘"，也就成为幼儿教育史上的重要里程碑，它告诉我们的不仅是一些崭新的知识，更重要的是它带来了"态度"上的启示和方法上的引导，使"教育"幼儿成为真正的可能。

蒙台梭利教育思想的结晶和集中体现，概括起来包括9大方面：

（1）"工作"是人性的表现，也是人性的特征，只有人类才具有这种能够"开创生命、发扬生命"的特性。

（2）儿童喜欢"工作"甚于游戏。

（3）"独立"是儿童成长的主要目的，也是成长的必要条件——孩子们渴望摆脱大人的摆布和干涉，发展他自己的生命，成为一个未来的强人。

（4）儿童能够自由选择所能、所喜的事物来探索，才会有兴趣学习，也才能产生学习意愿。因为儿童们所选择的，一定代表着他们内在有某种特别的需要和兴趣。

（5）儿童的成长是有规律的，这种规律在生命的开始就已经存在。在这伟大的规律中，儿童个体为了成长，会不断地显露出"内在需要"来，驱使着儿童主动地去接触环境，以满足成长的目的。

（6）"适应环境"是儿童一切智能成长的原因。

（7）儿童在智力的发展上，有各种官能的"敏感期"出现，在特定的敏感显露期内，官能如果能够得到"及时的"满足，就会快速地发展。当然这种敏感显露时间的长短和出现的迟早，因人而异，不能一概而论，也无法使之提前或延迟，因此也就成为儿童教育所重视的"个别差异"理论的根据之一。

（8）说话和阅读都是自发性行为，有其一定的发展规律，而且儿童书写行为的发展其实早于阅读。

（9）奖惩对儿童的学习不能产生"诱因"，不但无效，而且有害。

所有这些思想归结于一点，就是蒙台梭利所认为的，教育的最终目的，就是追求孩子的行为和思想趋向正常，使教育呈现全面性的秩序化，从而从根本上改变以往孩子的缺点：杂乱、不听话、自私、吵闹、心神不定、幻想、爱说话、撒娇、贪玩、模仿、好奇心等，转而成为一位具有自我统驭能力、有自信心与安定感、诚实、慎重、不使自己犯错、品格优良、富于正义感、拥有自发性纪律、在自由中守规律、听话、懂礼貌、能够正确使用自由、守规矩的好孩子。

这种思想构成了蒙台梭利的教学基础，并由此产生了举世闻名的蒙台梭利教学法。蒙台梭利全部的教育理念归纳起来就是：教育是为了给儿童的思想和行为提供正确的导向，使其思想和行为秩序化。这是切中儿童常见的一些缺点，如自私自利、吵闹、不听劝告、喜欢讲话等提出来的。这些常见的缺点都可以通过教育转化为自我控制力强、有礼貌、充满正义感、既懂得享受自由又讲规矩等优点。

4. 铃木镇一的才能教育法

铃木镇一于1898年出生于名古屋，其父经营着世界上最大的小提琴工厂。22岁时，他赴德国学习音乐，回国后对如何通过小提琴去开发和提高孩子的能力充满了坚定的信心。他秉持每个孩子的能力成长都有一种培养方法的信念，立志于孩子的天才教育，并培养出大批的天才儿童。为了进一步发扬才能教育法，他著有《早期教育和能力培养》一书。

作为日本著名的教育家、爱因斯坦的同窗好友，铃木镇一坚信音乐可以开发幼儿智力。20世纪30年代初，他开始从事幼儿早期教育事业，并且形成了举世闻名的"铃木教育法"。据报道，现在世界上用铃木早期教育法训练出来的杰出"铃木儿童"已经有30多万人，其中不少人成了世界各地的音乐大学教授、著名乐团指挥和第一小提琴手。

铃木早期教育法有很丰富的内容，对早期教育有很多创造性的发展。它主要有以下特点：

第一，铃木认为，任何才能都不是天生的，而是后天培养和教育的结果。任何一个孩子，只要教育得法，都会有发展，成为一个有才能的人。

第二，铃木的才能教育学校主要学音乐和背诵俳句（一种日本诗歌）。铃木认为，掌握某个领域最高水平能力的人，在其他领域也可以达到同样的高度，孩子在音乐方面达到了很高的水平，也会在其他领域显示出很高的能力水平。所以，铃木一再申明，他对孩子进行的才能教育，目的不是要把孩子培养成音乐家，而是引导孩子成为一个有卓越能力的人、一个心灵美好的人、一个会走上幸福的人生道路的人。他坚信，通过小提琴的训练可以有效地提高孩子的直觉能力或灵感，这种能力或灵感可以转移到其他方面。

第三，铃木认为，一个孩子的才能如何，主要取决于0岁开始的教育情况。过去铃木认为孩子四五岁开始学小提琴是最适当的，但是后来他不断降低学琴的年龄，让孩子从3岁甚至从2岁就开始学琴。他说开始学习时间越早越好，再早些也可以。铃木认为，问题不在于孩子拿小提琴的时间，拿小提琴要受身体发育的限制，不能太早，关键是在拿小提琴之前要让孩子听音乐，使孩子大脑神经网络接受音乐刺激而具备音乐的乐感和分析能力。这一点从0岁就可以开始，而且越早越好。孩子具备了这种音乐能力，智力就可以相应得到开发，为学小提琴奠定基础，至于拿小提琴早几个月或晚几个月倒无关紧要。

第四，铃木非常讲究教育的方式方法。他认为重要的是循循善诱，创造条件激发幼儿的学习热情，耐心等待幼儿涌现出自发的跃跃欲试的强烈愿望。

第五，要求严格。铃木认为孩子处于什么样的环境，受什么样的教育，会决定他发展什么样的能力。铃木要求学校要为学生创造最优化的教育环境，由最优秀的教师来教，学习最优秀的名曲，来培养出最优秀的人才。

第六，在铃木的学校里，3～5岁的孩子都在一起学习，不论年龄、年级、学龄，全组织在一个班里训练。后来的较小的孩子，可时时见到和听到哥哥、姐姐们的学习情况，这样就能比哥哥、姐姐们进步更快，更好地磨炼出才能。经过这样的训练，他们的能力就会比相同年龄的孩子强得多。

无论是国语还是算术，大家都在教室里反反复复地练习学过的东西，而且每天逐渐增加训练内容。通过每天训练，在国语方面，当一册学完时，每个孩子都能合上书背诵如流，并且准确无误地写出来，当然不考试，也不留作业，只是每天让孩子们记日记。做算术也是同样，每个孩子都能迅速准确无误地写出答案，通过充分的重复训练都能愉快地进行潜智开发。

在实验教育过程中，的确没有出现过一个孩子掉队的情况，甚至连3个数都数不清的孩子竟会变为发挥出色才能的孩子。但这个现实未受到重视，因为它不是传统的教育方法而被葬送。为了进一步发扬光大才能教育法，铃木先生写成了一本书——《早期教育与能力培养》，对才能教育进行了理论总结。概括起来包括以下几个要点：

第一，采用灵活的培养方法，任何孩子的智能都会提高；
第二，为所有孩子提供受最高水平教育的可能性；
第三，若在幼儿时期培养智能失败，那就无法挽救了；
第四，生命力是培养一切智能的原动力；
第五，教育越早实施，其效果就越好；
第六，在反复训练过程中能培养优越的能力；

第七，培养能力的好坏与大小是由教育工作者的素质优劣决定的；

第八，教育培养能力，光教不能培养能力；

第九，创造更加优越的环境条件。

铃木对能力遗传的说法得出如下结论：

第一，遗传有遗传法则，能力有能力法则。能力与遗传法则无关，能力是在不断适应生存环境的过程中获得的。所有孩子由于遗传造成生理上的千差万别，这是事实。但不管怎样，各种能力都是根据出生后的环境条件获得的。与遗传有关的只不过是像哭声有大有小那样对环境条件的感受程度和适应速度的不同而已。尽管这样，这些不同也会随着环境的影响而逐渐消失。这就是铃木的能力法则，该法则对所有孩子都是适用的。

第二，每个孩子除了身体条件有所不同，他们所处的环境——家庭结构、父母与孩子的关系、兄弟姐妹的关系、家族的阶层关系以及气候、风土、文化等也不同，因而对孩子的影响也绝不一样。在这种错综复杂的环境中，孩子们的能力也是千差万别的。

纵观铃木的教育思想，可以归结为五大核心理念：

第一，没有天生的天才，孩子的能力是后天培养出来的。只要不断努力，每个孩子都能够激发出生命的潜能。

第二，早期教育对孩子潜能的开发意义重大。对孩子实施教育越早，才能开发的效果就越好。

第三，要重视孩子的能力教育。

第四，培养孩子纯洁的心灵，是提高孩子能力的最佳途径。他说："生命力是培养一切能力的原动力。"在他看来，实施才能教育的目标就是努力培养孩子的纯洁心灵，将孩子培养成心灵美的人、人格高尚的人。

第五，父母应该为孩子创造良好的成长环境。他指出，愉快温暖的家庭是培养孩子能力必不可少的最佳环境。

5. 多湖辉的实践教育法

多湖辉是日本"二战"以后杰出的教育家，对儿童心理和脑力开发研究造诣颇深。与许多以理论见长的学者不一样，多湖辉的教育思想更具实践性，直指儿童教育的具体实际问题，认为增强孩子能力的最好办法，就是使父母成为教育的实践者。他著有《母爱促进身心健康》《管理孩子的技巧》《使孩子聪明的心理战术》《学习指导法》等书。多湖辉曾经担任过大学附属小学的校长，这使他有机会接触许多小学生，并开始考察围绕现代儿童的社会环境及家庭环境问题。多湖辉认为增强孩子能力的最好办法，就是使父母成为"教育的实践者"，不仅要了解孩子独特的心理动态，而且应该针对不同孩子的个性特征，不断地从生活和学习实践中摸索了解、教育孩子的方法。每一个父母对子女的培养和教育都十分用心，为了培养孩子成才，他们甘愿不辞辛劳，费尽心血，但是却往往没有取得相应的成效，其原因就在于父母没有以一个实践者的心态来教育孩子，他们既缺乏教育的具体行为，又缺乏教育的艺术和好技巧。

多湖辉强调，胎教是新事物，胎儿的灵性与母体息息相通。母亲的生活习惯、饮食、健康、情绪对胎儿的健康成长有着直接的影响，母亲切不可掉以轻心。胎动是胎儿向母亲发出的各种信号，母亲不可不知。遗传对人的智力有很大的影响，但并非一切已注定。后天的环境和教育对人的影响更大，即使先天不足，只要教育及时得法，本人不懈努力，同样可以取得重大的成就。母亲是婴幼儿的启蒙老师和引路人，责任十分重大。一般的母亲对"育"能尽到责任，但对"教"的认识往往不足。常言道"人看从小""3岁看到大，7岁看到老"，说明幼儿期的教育极其重要。幼儿的可塑性很大，问题在于怎样去塑造。对3岁前的教育等闲视之，是一大失误。

（1）教导孩子思考。使孩子的头脑变聪明的最重要的一点是给孩子思考的机会，让其自己动脑筋思考问题。大脑不运动就会生锈。那么如何做才能使孩子动脑筋想问题呢？多湖辉认为应该寻找机会迫使孩子进入思考问题的状态。

人的大脑本来是很好用的，带有节约思考组织。比如说，如果今天以与昨天相同的方法顺利度过，那么我们就不需要动脑筋思考什么，只要以昨天相同的方法就可以处理今天的事情。我们的大脑之所以开始活跃，是因为今天遇到了用昨天的方法解决不了的事情。照这样考虑，不知这个"节约思考组织"平时为我们做了多少好事。

如果每人每天从刷牙开始到吃饭，对每件事都从头到尾一一进行思考和处理，那么即便有几个脑袋也装不下。因为对于习惯的事情不需要特殊考虑就可以做，所以可以把精力用于应付我们身边突然出现的新事态，能够保持头脑的清醒。

美国心理学家布鲁姆对幼儿到成人的智力发育情况进行研究，结果表明，0~4岁儿童的智力发育程度完全可以决定18岁以前的智力最高值。即0~4岁智力直线上升的孩子，其以后也会保持这个速度，到了18岁高峰期时达到最高水平。相反，智力缓慢上升的孩子，到了18岁高峰期时，也完全处于低水平。并且，决定这个智力上升程度的绝大部分因素在于孩子周围有多大的刺激，促使孩子智力发育的大部分责任在于母亲。开发智力工作做得越好，孩子的头脑越聪明，在这方面也许对母亲的要求过高了，但是所有的母亲都应该成为"教育担当者"。所谓"教育担当者"，即是设法给孩子创造有利于智力发育的思考机会，有目的地营造智力环境，使孩子的头脑变聪明的具体操作者。

为了让孩子养成经常用自己的头脑去思考问题的习惯，在说"好好想想""努力"之前，首先让孩子自己认识到思考的意义很重要。与父母强迫孩子在学校获得好成绩相比，孩子希望认字，希望能够阅读电视节目表，这对于孩子来说更实际得多。孩子能够自己确定这样更具体的实际目标，才能产生想要认定的热情。由父母一方施加的目标，很有可能使孩子忘掉思考的重要性。比如，某小学在带学生到百货店去买东西时，要求每位学生只能带50日元，尽量用这些钱多买有用的东西。他们平时用50日元买一块巧克力还常常不够，这次拿50日元到高级物品齐全的老字号商店去用，学生们最初感到不知所措。过了两个小时之后，他们左思又想终于想出了买东西的窍门，最后完成任务回家了。强行要求的作用恰恰可以发现孩子头脑的灵活性。因此，多湖辉告诫家长们，当孩子遇到困难时，切勿代替孩子作出"结论"，对于孩子来说，遇到困难恰好是思考的最佳机会。

那么这个时候父母是否做旁观者呢？从旁边做适当的指导是必要的，但也有不同的处理方式。比如，当孩子在马路上摔倒时，美国的母亲大多数只说三言两语，然后，看着孩子直到他站起来为止。日本的母亲大多数会马上跑过去把孩子扶起来。在非洲，有的民族是模仿孩子，反复与孩子一起摔倒，然而即使在这种情况下也不去扶他。

美国人以鼓励的语言帮助孩子站起来，非洲人以父母摔倒后自己站起来的无声的实际行动教育孩子，从侧面帮助孩子自己站起来，决不像日本人这样亲自帮助孩子解决困难。因为孩子具有自我思考的能力，所以大人只要让孩子做好充分利用思考能力的准备就可以了，切勿代替孩子作出"结论"。

（2）如何与孩子交流。多湖辉发现，母亲当中经常有人从开始就以限制孩子自由发言的语气跟孩子谈话："那边是邮筒吧？"这么一问，孩子能够回答的范围就完全被固定了，没有思考的余地。在这种情况下，至少应该把"什么""在哪里""何时""为什么""你认为怎么样"等作为能够让孩子回答的提问，从增强孩子的思考能力、表达能力等方面来看，这也是有用的。不仅向孩子提问要讲究技巧，对于孩子的问题，父母也要非常认真地回答。大多数父母在跟孩子谈话时，使用孩子的语言，似乎有一种把自己降到孩子智力水平的感觉，特别是当孩子向父母提出荒唐的问题时，父母常常不由自主地笑起来，这样会使孩子感到受了嘲笑。

有一次，多湖辉在美国街头看见一个约四五岁的男孩子，抓住一位留着乱蓬蓬胡须的嬉皮士问："对不起，你为什么赤着脚走路呢？脚不痛吗？"那位男子注视着孩子的脸慢慢地、像对大人一样的说："这是我的哲学，不想隔着鞋，想直接与地球接触。"这个孩子像是终于理解了，于是小声地说："好，是哲学。"这个时候，这个孩子必定是切身了解了"哲学"这句话。所以，通过这位男子像对待普通人一样认真地回答问题，孩子感受到了自己的提问得到了回答的价值。相反，如果父母采取不认真的态度，孩子的问题最终也得不到回答，很可能会导致孩子缩手缩脚。有时候，父母经常以为如果不能完整地回答孩子的问题有失身价，就容易把回答问题想得很复杂。因此，当孩子问自己不知道的问题时，父母就会含糊地回答说："以后再告诉你吧。""大概是这么回事吧。"相反，对于自己会的问题就想全部告诉孩子。多湖辉认为，即便是父母知道的事情，也不能全部告诉孩子，因为这样做会使孩子完全失去自我思考的余地，对于孩子的提问只做逻辑性和科学性回答，这才是最佳回答。

孩子到了3岁，每天都会提出"为什么""怎么办"等一连串的问题，这说明孩子开始萌发了求知欲。这个时候，父母首先应该意识到不能马马虎虎回答孩子提的问题，要尽量拿出合乎道理的解答方法。父母采用的有逻辑性的、科学的回答方式，是想让孩子正确认识问题。但是在孩子看来，无论对其做什么样的回答，并不能全部消除其疑问，因此，父母就没有必要一定坚持完成的正确性。相反，父母可以反过来对孩子的提问进行"如果"的反问。通过这样的提问和对问的解答，必然会拓宽孩子的思维世界。这种办法并不是对孩子随意的提问马上直接回答，而是让孩子更清楚地认识自己所提问题的本身，并且促其自己找出答案。比如，对于其"为什么夜里必须睡觉"的问题，就可以反过来问："那么，你认为不睡觉会怎么样呢？"这个时候孩子就会自己思考"如果不睡觉会怎么样"的问题，因此就促使孩子从各方面探讨所产生的可能性，于是，孩子就想出了"不睡觉就发困""不睡觉就会疲乏""不睡觉早晨就起不来"等答案。这样通过反问的方式，让孩子对自己提出的问题思考各种各样的可能性，效果非常好，可以暗示孩子自己去找答案。

（3）消除孩子的反抗情绪。反抗是孩子精神成熟的重要标志。从根本上讲，孩子自立、有主见就意味着要脱离父母并且开始具有与父母相异的想法，当然，其中有些想法可能会与父母近似。然而，即使这样，他们也不会囫囵吞枣地听信父母，而是将其纳入自己的思维框架中进行选择性地接受自己认为可以接受的部分。

孩子进入反抗期以后，动不动就会顶撞父母，以至于有些家长感到纳闷："为什么事事都要对着干呢？"当家长提醒他时，他反而振振有词："妈妈您不也在做着同样的事情吗？为什么只说我？"反倒指责起自己的父母来了。即使再有耐心的家长，听到这些话，也会勃然大怒。但是，冷静地想一下，父母也并非完美无缺，而且能看到父母的不足，说明孩子已经具备了对事物进行评判的能力。所以，与其生气，到不如应该感到高兴。事实上，在我们不经意中孩子已经一天天地长大，一天天地走向脱离父母、属于自己的人生轨道。顶撞父母意味着孩子的成长，我们没有必要悲观，而应感到高兴。从某种意义上讲，开始顶撞父母和老师是孩子精神成熟的一个重要标志。不服从父母，甚至与父母发生争执顶撞，都是伴随着孩子的独立性增强而自然发生的现象。孩子再长大一点，长成真正的大人以后，他就能够站在别人的立场上思考，就能够理解、认同别人，对问题的反应也会变得十分从容。

孩子在未长大之前，做事情总是欠考虑，往往采取较为激进的做法，比如激烈地反驳父母。有一段时期孩子总是感情用事，这时做父母的也不要与他计较，而要在孩子面前保持冷静克制。这一点对于孩子的成长极为重要。

关于孩子听话的问题，应是先创造"接收条件"之后再加以说服。一般有如下一些方法：

第一，设法扭转或事先打消妨碍接受父母管教的反抗感。为了避免发生正面冲突，可利用第三者和写信、写日记及介绍自己的经验之谈，用言语使之缓和下来，说"你的心情我理解"，表示理解对方的感情。反过来，装作漠不关心，也是一种做法。

第二，创造一种首先尊重对方，接纳对方，同时让对方也能接纳自己的气氛。不是用指责、命令的口气，而是用建议或商量的口气说，如果对方顶嘴，就耐心听完对方的所有辩解。

第三，先减轻孩子的精神压力，孩子心里自然就有了听取责备的准备，然后对孩子说："无论如何你让我说两句话。"父母一开始就创造出孩子听的气氛，这样即使稍有些刺激的劝告，孩子也能听得进去。此外，父母还可以以期待和信赖的口气对孩子说"你一定能行"，避免用易于受刺激的不该说的话，还可以用促进其行动的话，根据孩子过错的程度灵活地劝告他。

当然，最有效的办法还是让孩子自己消除心中的不满。迅速成长时期的孩子会对父母怀有不平与不满。成长起来的孩子自我产生的要求，与父母要求的规范不断地产生不相容之处，经过这种冲突，孩子则会成长为更加成熟的大人。因此，无视和压制孩子的不平和不满，或者反过来采取因为令人厌烦而完全接受的随便应付的办法，孩子就不能如家长所期望的那样成长。

为了使不能接受的不平和不满不在孩子的心中留下伤疤，只有妥善地处理，孩子才能健康地成长。

巧妙地避开孩子的不平和不满的方法大致可以遵循两种原则：第一个原则是不让不满产生或增强，即从根本上杜绝不满的产生；第二个原则是选择不与这种能量产生正面冲突的方法。

第一个原则是采取阻吓的办法。即使孩子怀着不满作出了某种决定，也要从一开始就让孩子参加，让其感到是自己作出的决定。父母事先拿出几种方案，让孩子自由地从中选择，可以采取下面这种方法。让一个人将水分别倒入两个杯子里，直到这个人认为完全公平为止。接着另一个人自由选择一杯。因为分的人认为拿哪一杯都是公平的，挑选的人拿着自己认为最划算的那一杯。所以每当出现不公平时，父母就要想办法巧妙地阻止不平和不满的能量的产生。

第二个原则是在避免与孩子的不平和不满的能量进行正面冲突中，首先让对方把能量释放出来。要重视这个能量释放问题，将其从不同的层面加以解决；或者说"现在不行，可以在某某时候解决"，这是一种把时间错开的"转移目标"的方法。

二、国内亲子教育思想

1. 现代政治思想品德派

现代政治思想品德派代表人物是卢勤、孙云晓等。

（1）卢勤，1948年9月12日出生，北京人，高级编辑。20岁赴吉林省插队，后担任白城地区知青办副主任；30岁调入中国少年报社，34岁起担任《中国少年报》"知心姐姐"栏目主持人，52岁创办《知心姐姐》杂志，并任杂志编委会主任。

卢勤有饱满的政治热情和坚定的政治立场，开创了有中国特点的家庭教育，影响了新一代家长的教育理念。她的思想能够帮助父母了解孩子的真实境遇和想法。在具体的家教过程中，父母们都有很多难题，也存在种种误区，所有的难题卢勤都有办法。针对种种误区，她也提出了全新的家长施教观念，并结合大量生动鲜活的实例，提供了富有操作性的教育方法。

卢勤提出"爱生长、好品德"的教育理念，提出家庭教育中包含了5大冲突：
①期望的冲突——过高的期望，带来孩子的无望；
②保护的冲突——过度的保护，带来孩子的无能；
③爱的冲突——过分的溺爱，带来孩子的无情；
④交往的冲突——过多的干涉，带来孩子的无奈；
⑤评价的冲突——过多的指责，带来孩子的无措。

卢勤提出了爱孩子的8种办法：
①亮点要放大——用爱的眼睛发现孩子；
②鼓励要及时——用爱的鼓励调动孩子；
③有人在爱我——用爱的感受滋养孩子；
④榜样胜过言语——用爱的行为影响孩子；
⑤娇生不能惯养——用爱的理由拒绝孩子；
⑥自作必须自受——用爱的责任惩罚孩子；
⑦独立必须自主——用爱的意志磨炼孩子；
⑧爱是不能忘记的——用爱的激情回报孩子。

（2）孙云晓，1955年2月生于山东青岛，现为中国青少年研究中心副主任、研究员，中国青少年研究会副会长，中国作家协会全国委员会委员，《少年儿童研究》杂志总编辑。

孙云晓自1972年起，从事青少年教育与研究至今。1993年7月，他采写的报告文学中日少年《夏令营中的较量》一经发表即震撼全国，引发一场社会各界参与的教育大讨论。1995年以来，他先后主持了"中国城市独生子女人格发展与教育""杰出青年的童年与教育""向孩子学习""21世纪教育四大支柱的理论与实践""当代中国少年儿童发展状况系列调查"等多项课题研究，尤其是他主持的全国教育科学"十五"规划课题——"少年儿童行为习惯与人格关系的研究"，5年来取得突破性的科研成果。孙云晓主要作品有中日少年《夏令营中的较量》《孙云晓教育作品集》（8卷）、《忠告天下父母丛书》（5册）、《我的家怎么了》《好父母好方法》《好孩子好习惯》《习惯决定孩子命运》、儿童文学代表作《16岁的思索》等。

孙云晓的一系列教育观点受到广泛关注。如："教育的核心是培养健康人格""儿童教育的全部使命是发现儿童、解放儿童""应试教育必然导致教育荒废""好的关系胜过许多教育""21世纪是两代人相互学习共同成长的世纪""无批评教育是伪教育""良好习惯是健康人格之基""尊重生命是一切教育的核心理念"等。

孙云晓提出了"五元家庭教育法"：

①现代教育观念——培养健康的人格。要捍卫童年意识，认为教育的核心，不是传授知识，而是培养健康的人格。他在教育思想中列举了"卢纲事件"、未成年砍杀父母、北大等高校学子屡屡发生自杀事件等大量悲剧验证他的说法。

②科学的教育方法——培养良好的习惯。教育不是说出来的，最重要的是培养习惯，习惯的培养最好是以身作则，做孩子的榜样。培养好习惯用加法，改掉坏习惯用减法。例如：a. 不能让孩子"吃独食"。孔子曰："少成如天性，习惯如自然。"b. 晚上睡觉前"确认"为第二天要做的事情做好准备。c. 写完作业检查的习惯。d. 读书的习惯。

③健康的心理。适当的表扬在孩子心里会起到极大的促进作用。千方百计让孩子相信自己是个好人，主张积极的自我改变。弱智的孩子都比猴子聪明，要相信孩子，这也是作为家长和老师必须要有的心理，不要放弃任何一个孩子。总要相信再坏的孩子，也比大人可爱。但他也注意到了：对于小学生来说，老师摸他们的脑袋，像活佛摸顶一样。但中学生不能摸脑袋，中学生摸脑袋，会浑身起鸡皮疙瘩，这就是要针对不同年龄段的学生提出不同的教育方式方法。

适当的批评对教育孩子总起一定的积极作用。没有惩罚的教育是不完整的，孩子是在体验中成长的，孩子要在挫折中学会承担责任，慢慢"经得起事来"。

④良好的生活方式。再好的父母也不能代替孩子的伙伴。现在是个独生子女时代，家家户户要联合起来，为孩子创造一个充满伙伴的环境。

⑤平等和谐的亲子关系。对孩子的爱不能用分数去衡量，要全方面看待孩子。在实践中我们可以看出孩子喜欢某个老师，老师说什么都爱听，所以关系好，一切都有可能。一等父母用眼睛教育孩子，二等父母用嘴巴教育孩子，三等父母用拳头教育孩子。

家庭要给孩子提供情感支撑。让孩子多回家吃饭，给孩子提供情绪稳定的环境，吃饭是传递一种亲和力，情感支撑。孩子越小，情感需要越大。

"五元"、五个方面密不可分，家长掌握到什么水平，你就是什么水平的父母。"五元"素质就是上岗执照。教育孩子虽然辛苦一点，但也能从孩子身上享受无穷的快乐。

2. 赏识教育派——周弘

周弘，一个普通的父亲，用其20年的生命探索出的赏识教育，不仅把双耳全聋的女儿周婷婷培养成留美博士，而且改变了成千上万孩子和家庭的命运。国内外近千家媒体争相报道他创造的教育奇迹。周弘被誉为"赏识老爸"，他创立的赏识教育被称为"中国家庭教育第一品牌"。在世界最著名的六种教育方法中，只有赏识教育是中国土生土长的，它是中华民族的教育瑰宝，是中国人民的骄傲。

周弘用赏识教育培养了一批早慧儿童，并将这套方法向世人推广，让健全孩子分享，使成千上万的孩子受益，使许多因孩子教育问题走入困惑的父母从他身上感到了希望。一大批中小学和幼儿园的老师从此改变教育观念,学校的校风迅速好转,教育质量直线上升。赏识教育唤醒了许多望子成龙的父母,改变了许多健全孩子的命运。

赏识理念能促进每一个人的自身和谐、夫妻间的婚姻和谐,家庭中的亲子和谐。赏识教育是使人将自身能力发展至极限的最好方法。教师对孩子的点滴进步能否给予充分的肯定与热情的鼓励,不仅仅是一个方法的问题,更是一个教育观念的问题。幼儿教育不单单是幼儿园教育,还包括家庭教育。如何在幼儿教育中进行赏识教育呢?

(1)爱是教师最美的语言。"生命如水,赏识人生,学会赏识,爱满天下。"赏识教育的实施途径是"发现优点""欣赏优点"。通过这一途径,可以培养幼儿的自信心以及学习的积极性、主动性和创造性,从而达到教育的目的。无论哪个孩子,只要我们耐心寻找,必定能发现他的优点,即使他做错了事,我们也可以从中找到闪光点,关键是一个"爱"字。爱,是人类所特有的、最伟大的情感。如果说亲子之爱是基于血缘关系的本能的爱,那么老师的爱则更多的是博爱。因为教育是无选择性的,所有的孩子都有责任获得爱,爱才是老师最美的语言。

(2)"赏识——成功"教育。"赏识——成功"教育的核心含义是"赏识导致成功,抱怨导致失败"。用通俗的话来说就是一种"教孩子说话、走路"的教育方法。"赏识"体现了父母教孩子说话时的最大奥秘——承认差异;而"成功"则体现了父母教孩子做事时的最大奥秘——允许失败。

(3)多方引导,培养幼儿自赏能力。这是赏识教育的本质。赏识教育是生命的教育,是爱的教育,是充满人情味、富有生命力的教育。人性中最本质的需求就是渴望得到赏识、尊重、理解和爱。就精神生命而言,每个孩子都是为得到赏识而来到人世间的,赏识教育的特点是注重孩子的优点和长处,逐步形成燎原之势,让孩子在"我是好孩子"的心态中觉醒;而抱怨教育的特点是注重孩子的弱点和短处——小题大做、无限夸张,使孩子自暴自弃,在"我是坏孩子"的意念中沉沦。不是好孩子需要赏识,而是赏识使他们变得越来越好;不是坏孩子需要抱怨,而是抱怨使坏孩子越来越坏。

赏识教育派认为没有种不好的庄稼,只有不会种庄稼的农民;没有教不好的孩子,只有不会教的父母!农民怎样对待庄稼,决定了庄稼的命运;家长怎样对待孩子,决定了孩子的一生!农民希望庄稼快快成长的心情和家长希望孩子早日成才的心情完全一样,但做法却截然不同:庄稼长势不好时,农民从未埋怨庄稼,相反总是从自己身上找原因;而我们的孩子学习不行时,家长却更多的是抱怨和指责,很少反思自己的过错!

3. 心理咨询派

心理咨询派主要提出家长教育训练和NLP(身心语言程序学)教育理念。

(1)家长教育训练提出了"孩子是症状,家庭是病人"的教育观点。如果孩子是花蕾,母亲是花土,父亲是花盆,那么"花蕾"的问题一定与花土与花盆息息相关。父母千万别说自己教子失败。所谓失败,不过是父母的教育方法没能跟上孩子身体和心灵的迅猛发展,从而让孩子的学习和生活缺少了方向感和内动力。

通过家长教育团体训练课程来达到一定的目的。在团体训练课程中可以了解、明确父母自身的角色,体会教子的意义和乐趣,感受教子的意义,建立教子的信心,以微笑面对孩子、面对生活;感受亲子沟通的乐趣;建立和谐的亲子关系,让父母真爱的付出得到真爱的回报。

（2）NLP就是从破解成功人士的语言及思维模式入手，独创性地将他们的思维模式进行解码，发现人类思想、情绪和行为背后的规律，并将其归结为一套可复制、可模仿的程式。这种理念是为了满足所有有爱心的父母，如何爱孩子、关爱孩子，如何与孩子建立良好的亲子关系，以及如何培养孩子正面的思维、建立良好的学习习惯，如何培养孩子具有自主精神和创造性。

①N——Neuro，神经，意为"身心"，指的是我们的头脑和身体经由我们的脑神经系统连接在一起；我们的脑神经系统控制我们的感觉器官去维持与世界的联系。

②L——Linguistic，语言的，指的是我们运用语言与别人相互影响，经由姿势、手势、习惯等无声语言显示我们的思考模式、信念及内心种种状态，以及我们的头脑与身体之间的联系机制所用的语言模式。

③P——Programming，程序，借用电脑科学的字眼指出我们的意念、感觉和行为只不过是习惯性的程序，可以经由提升我们"思想"的软件而得以改善。

NLP可以解释为研究我们的脑如何工作的学问。NLP学者认为，知道脑如何工作，我们就可以配合和提升它，因而使人生更成功快乐。把NLP译成"身心语言程序学"依托的是NLP作为亲子关系改善的手段，主要面对亲子关系的以下内容：第一，正确有效的亲子关系信念；第二，亲子关系沟通技巧；第三，亲子关系情绪处理技巧；第四，亲子关系技巧融合。

心理咨询派重视亲子沟通技巧和学习能力训练，但是学习能力训练对学习动力不足的学生缺乏可持续的效果。其实，亲子关系才是本，有了良好的亲子关系才能治本，请家教和学习能力训练只能治标，建立良性的亲子关系才能最终解决学习问题。

4. 传统文化派

传统文化派提出了"中国式"的亲子关系和"2+1+N"模式的教育理念。

（1）"中国式"的亲子关系是用中国传统文化（儒家文化）分析亲子关系的类型、误区、原则，建构良好亲子关系的途径，强调言传身教的重要性。这种传统文化派重视上慈下孝的亲子关系的形成，让子女在家庭目标下自觉地努力学习，实现人生理想，造福家庭，贡献社会，有利于发扬良好的传统文化。但是其弊端必然凸显而生，这种言传身教针对现在的儿童来说不利于他们发散性思维的培养，对于幼儿的创造力培养有所减弱。

（2）亲子成长是一个系统性工程，通过设计三个培训来解决系统问题，分别面对家长、学生、老师，即"2+1+N"模式。"2+1+N"模式认为孩子有问题，百分之百是家长有问题，百分之百是孩子成长环境这个系统出现了问题。比如说一个孩子出现了厌学，迷恋网络游戏问题，那么我们首先从家庭这个系统找原因：父母和孩子的关系怎么样，是不是很紧张，父母在孩子眼里是否扮演着警察的角色，或者唠叨不休，让孩子不厌其烦，孩子在家里感受不到父母无条件的爱，得不到接纳和欣赏。从学校系统来看，孩子一定在学习上遇到了自己难以克服的障碍，找不到学习的快乐，和班主任或任课教师的关系处不好，或者特别讨厌某个老师，得不到老师的鼓励和表扬，缺乏学习动力。在这种情况下孩子会怎么办？他没有能力改变周围的一切，便走进了网吧，在网络游戏中，纵横驰骋，恣意妄为，找到了前所未有的快感，找回了所谓的自我价值，于是便沉迷其中，不能自拔。那么，我们要改变孩子的现状，就要改变这个孩子的家庭系统和学校系统中父母和教师的行为模式，用爱、接纳、激励的办法激发出孩子的学习兴趣，引发其成长动力。

董进宇博士说过："一个人潜能的激发需要三个条件，一是要被激活，二是要有环境支持，三是要经过系统化的训练。"孩子在特殊训练后潜能被激活了，但是孩子回到家和学校中，这些环境不能给孩子有效的支持的话，那么孩子的潜能就不能得到有效的释放，有时还会更加泄气，因为他们在特殊训练中，感受到了无条件的爱、欣赏、鼓励等，回到家庭和学校体会不到了，他们会产生很大的心理落差。

家长和老师如果不能在观念上有所改变的话，孩子是断然不能改变的，家长和老师都要学习、改变和成长。家长和老师好好学习，学生方能天天向上。

练 一 练

1. 我国亲子教育的发展主要经历了哪几个阶段？
2. 简述孙云晓的五元家庭教育法的内容。
3. 对国外亲子教育的理论观点进行述评。
4. 对国内亲子教育家的观点进行述评。

读 一 读

1. 卡尔·威特. 卡尔·威特的教育．[M]．刘恒新，译．北京：朝华出版社，2004.
2. 孙云晓．习惯决定孩子一生［M］．北京：北京师范大学出版社，2013.
3. 蒙台梭利．童年的秘密［M］．方舟，译．北京：中华工商联出版社，2015.
4. 周弘．赏识你的孩子［M］．广州：广东科技出版社，2019.

第二章

0~3岁婴幼儿身心发育特点及教养要点

单元介绍

随着人们对教育的重视，教育扩展到0~3岁是教育发展的必然趋势，但早期教育发展的适宜性与科学性必须有据可依。0~3岁婴幼儿身心发育特点相关研究可以为婴儿的早期教育提供全面的、系统的、科学的心理依据，否则，早期教育将偏离科学发展的道路。

本章围绕0~3岁婴幼儿在动作、认知、语言、情绪情感等方面呈现出的发育特点，为保教人员了解和评估婴幼儿提供参照，同时为他们制定课程和创设保教环境提供依据，避免工作中的盲目性，提高亲子教育的工作成效，科学地教育儿童。

知识目标

了解不同月龄婴儿的动作、认知、语言、情绪情感、社会适应等发展特点。

能力目标

能根据不同月龄婴儿身心发育特点设计相关活动，适宜教育。

情感目标

愿意观察不同月龄婴儿的表现，围绕身心发展特点积极探索教育方法。

情境案例

2020年4月，一则"婴儿趴睡窒息"的消息在网上引发关注。一名新手妈妈在"某付费睡眠引导群"提问，称3月大的宝宝翻身趴着睡觉一直哭，想向群内的老师寻求帮助，有群友答"不是大哭就没事"，然而约两小时后，这位妈妈在群内表示孩子嘴唇发紫，最终孩子不幸身亡。据媒体报道，涉事机构提供训练婴儿独立睡觉的"指导"，让婴儿跟母亲分房睡，并且睡在完全漆黑的空间里。训练孩子的独立性、分房睡觉、娃哭不哄等都成为新手父母的热门话题，很多所谓的育儿平台都声称是从国外引进的先进理论和指导方法，但这些理论和方法真的科学吗？不遵从婴幼儿的身心发展特点进行强行训练，对宝宝不会有任何好处，甚至会威胁宝宝的生命安全。学习了本章内容，也许在育儿中遇到的"被贩卖焦虑"的可能性就会随之降低。

第一节 0~6个月婴儿发育特点及教养要点

一、动作发展特点

生命最初几个月里早期动作发展的重要组成部分是婴儿期的反射动作。反射动作从个体胎儿期就开始出现，这是一种无条件的反射动作，是人类一生动作中的最早形式，对个体生存和发展有着重要的意义，用以适应将来的生存和生活。这种无条件反射动作主要包括：吸吮反射、觅食反射、眨眼反射、怀抱反射、惊跳反射、巴布金反射、蜷缩反射、迈步反射、抓握反射、游泳反射、巴宾斯基反射等。这些反射动作是本能性的，是固定的神经联系。有研究表明，0~3个月的婴儿早期共存在73种无条件反射，新生儿阶段反射活动有40多种。比如一些基本的无条件反射，眨眼和呼吸，都是新生儿与生俱来的；迈步反射和震惊反射，逐渐会被后天习得的动作所取代。

1. 觅食反射

新生儿的觅食反射活动，主要是吸吮，一有什么东西碰到他的小嘴，他立即就会做出吸吮的状态，还经常会将自己的小手放入口中吸吮，并且运用这些行为来安慰自己。仔细观察一下，会发现新生儿蜷缩在小毯子中，试图咬自己的手，这时可以给他一个人工乳头或者帮助他寻找大拇指，鼓励这种安慰行为，可以让他安静下来。

2. 惊跳反射（摩罗反射）

惊跳反射又叫摩罗反射，新生儿在出生后的前几周会有一种惊跳反射的本能，这是一种非常有趣的反射。如果他的头部突然移动，或者向后跌倒，或者因某些大声或突然的动作吃惊时，他的反应是手脚张开，颈部伸直，然后快速将手臂抱在一起，开始大声哭泣。一般来说，这种反射在第一个月达到高峰，约在出生后4个月消失。

3. 迈步反射（踏步反射）

虽然这时候新生儿还不能支持自己的体重，但如果你用手臂托着他扶好他的头部或平躺，让他的足底接触一个平面，你会发现他会将一只脚放在另一只前面，其姿势好像在迈步。婴儿做出的迈步的动作，到2个月左右反射消失。

4. 抓握反射（达尔文反射）

抓握反射也叫达尔文反射，用一个小棒或者一根手指碰新生儿的手掌，他会把小棒或者手指紧紧抓住，以至足以把自己的身体吊起来。这种反射在出生后3个月左右消失。

5. 游泳反射

把不满6个月的婴儿放在水里，他会表现出协调性很好的不随意的游泳动作，或者托住婴儿的腹部，他就会做出像游泳一样的动作。

婴儿的这些运动本领是令人惊叹的，这些本领还将在亲子交往中继续发展。这些自发的动作虽然简单，但一点一滴都代表着婴儿身体的发展与成长。

（一）大动作能力

1. 头颈部动作

婴儿在2~3个月的时候就开始出现一些局部的动作，学会抬头。3个月时，婴儿可以在坐和直立的状态下自主将头竖直。

抬头运动是婴儿动作训练中首要的一课，及时对婴儿进行抬头训练可以锻炼他的颈、背部肌肉，有利于婴儿早一点将头抬起来，也可以扩大婴儿的视野。训练婴儿的抬头能力，有以下方法：

（1）俯卧抬头。一般在婴儿出生10天左右就可以进行，时间最好选在两次喂奶之间，每天让婴儿俯卧一会儿，并用玩具逗引他抬头，注意床面要尽量硬一些，但时间不要太长，以免婴儿太累。

（2）竖抱抬头。在喂奶后，可竖抱婴儿，使他的头部靠在你的肩上，并轻轻地拍几下背部，促使婴儿打个嗝，以防止婴儿因刚吃饱而溢乳。不要扶住头部，要让婴儿的头部自然立直片刻，每天4~5次，可以促进婴儿颈部肌力的发展，使头能早日抬起。

（3）俯腹抬头。在婴儿空腹时，将他放在你的胸腹前，并使他自然地俯卧在你的腹部，然后把双手放在婴儿的背部进行按摩，逗引他抬头，婴儿有时会真的抬起头来。

2. 躯干部动作

（1）翻身。婴儿在4~5个月出现了翻身，一般先学会仰卧翻身，如果家长在一边用玩具逗引，婴儿能动作熟练地从仰卧位自行翻滚到俯卧位。然后逐渐在可以翻身的同时，自主转动头部。接着可以灵活地仰卧翻身、俯卧翻身交替进行。6个月的婴儿在俯卧时，前臂可以伸直，手可以撑起，胸及上腹可以离开床面，开始会自己从俯卧位翻成仰卧位。

（2）坐。婴儿在5~6个月学会坐，从扶髋能坐—身体前倾独坐，并用手支撑—自如独坐—卧位坐起。亲子间前期可以互动，对婴儿进行拉腕坐起的练习，训练婴儿的颈肌、背肌力量，促进婴儿早日坐起。具体训练方法：将婴儿置于仰卧位，双手握住婴儿的手腕，轻轻地将婴儿拉起，婴儿的头一般是呈前倾和下垂的状态。每天可练习2~3次。这种运动可以锻炼他的颈部和背部肌力，促进婴儿的坐卧能力发展。

还可以进行"扭扭操"的游戏。先让婴儿平躺着，握住婴儿的双脚；再将左脚抬起，交叠于右脚上，注意婴儿的腰部应该微微扭转；最后让婴儿恢复平躺，再换右脚交叠于左脚上，各重复10次。

（二）精细动作能力

婴儿精细动作主要表现为不随意的手的抚摸动作—自主随意抓握—有目的抓握、手眼协调。

2~3个月婴儿只会抚摸放在他手上的东西，但是还不能自主抓握，无方向、无目的，是纯粹的无意识动作。如果把东西放到3~4个月婴儿的手上，婴儿虽不会进行抓握，但是还具有先天抓握反射的特征，主要表现为眼手不协调，看到东西但是不能准确抓到，或者能抓握，但是不能拾起，手指不能灵活配合。4~5个月的婴儿，手的动作已经有了大的发展，开始有了随意的抓握动作，并出现手眼协调和五指动作的分化，能将视觉、触觉、动觉配合行动，从而准确地抓住物体。但是5个月的婴儿还不知道把左手的东西移到右手或者将右手的东西移到左手。5~6个月的婴儿，很喜欢在自己胸前玩弄和观看双手，对自己的双手产生了浓厚的兴趣，喜欢把两只手握在一起，抓了东西喜欢放到嘴里，喜欢抓东西，抓起来后又喜欢放下或扔掉，把东西抓在手里敲打。

训练婴儿的手部动作，可以在婴儿的周围放一些玩具或在小床上方悬挂一些玩具，如拨浪鼓、响铃、圆环等，让婴儿能看到并伸手可以抓到，以锻炼其手部抓握的能力及手眼协调的能力。

二、认知发展特点

（一）视觉

婴儿从一出生开始不但有活跃的视觉能力，在觉醒时，还能自然地观看周围的世界，并且喜欢看复杂的、运动的物体，0~6个月婴儿的视力改善极其迅速，是视力发展的关键期。

0~3周的婴儿能将视觉集中在1~1.5米远的物体，集中时间可以保持5秒钟，但是只能对距离眼睛20厘米内的物体产生清晰的反应，婴儿的视线已经可以跟踪运动的物体。婴儿平躺时，可以将直径大于12厘米的鲜艳的玩具放置在离婴儿双眼平面上方20~30厘米处，训练婴儿视线随物体上下、左右、圆圈、远近、斜线等方向运动，以发展眼球运动的灵活性及协调性。婴儿3个月时就已经能辨别彩色与单色了，4个月已经能在可见光谱中辨认各种颜色，并接近成人水平，但这个时候他们最感兴趣的还是对比强烈的黑白两色，尤其是黑白相间的图案，所以此时最好在距离婴儿20~38厘米处放一些具有黑白对比色的玩具。

（二）听觉

人在胎儿期就对声音有特别敏感的反应，胎儿早在6个月时就能听到声音了。婴儿对高频声音比对低频声音敏感。出生3天的新生儿，当他正在大哭时，如果能听到高频率的持续的声音在呼唤他，便会把头慢慢地侧向呼唤声的一侧，且能暂时地停止哭声。从3个月开始，婴儿对声音表现出浓厚的兴趣，这时我们可以让婴儿听不同的声音以丰富其听觉经验。母亲的声音是婴儿最喜爱的声音之一，母亲说话时应配合脸部的表情和肢体语言；还可以利用生活中或大自然中的声源训练听觉，让婴儿体验这些声音的差异；与此同时，可以增强婴儿对声音的分辨能力，如可以在婴儿手腕和脚踝上系上铃铛，让婴儿去确认声音的位置。

（三）味觉、嗅觉

出生后的婴儿，已经可以对各种气味作出相应的反应。比如，喜爱好闻的气味，讨厌或躲避不好闻的气味。婴儿的嗅觉也相当灵敏，能区别不同的气味，尤其对来自母亲身上的气味特别敏感。婴儿还有良好的味觉，出生后不久就能够辨别不同的味道，他们喜欢品尝带有甜味的水，对咸的、酸的或苦味的水表示出痛苦、不愉快的表情。成人可以让婴儿尝试各种味道的食物、闻闻不同物体的气味，促进婴儿味觉和嗅觉的发展。

（四）触觉

婴儿具有很强的感受能力，并对不同的温度、湿度、物体的质地和疼痛都有触觉感受，也就是说他们有冷热、疼痛、舒服或不舒服的感觉，并且他们非常喜欢接触那些质地柔软的物体。亲子拥抱可以帮助婴儿建立基本信任，也可以促进婴儿多感官的整合。这个时期，抚触是很好的触觉运动。成人配合抚触音乐的旋律，轻柔或轻敲婴儿头面部、背部或摆动婴儿手脚，可以增强婴儿的触觉经验。

这个阶段适宜的游戏有：闻气味游戏、拉钩手指、触摸玩具、抚触游戏、移动玩具、笑脸说话、看画报或鲜艳图画、声响玩具、呼唤乳名、听音乐等。

三、语言发展特点

0~6月的婴儿处于前语言阶段，初步发展辨音和变调能力，是语音的理解阶段。婴儿出生1周内就能区分人的语音和其他声音。在24天左右能够对男人和女人的声音、抚养者和不熟悉者的声音作出明显不同的反应，对母亲的声音明显偏爱。约在2个月后，婴儿开始比较清楚地感知因发音位置和方法而造成的语音差别。总之，在出生后的4个月内，婴儿基本上掌握了感知、辨别单一语音的能力。4个月的婴儿能用微笑和喁喁发音对语调的升扬变化作出反应。6个月的婴儿，已经能听懂一些成人的话语，如辨别家人的称呼、指认日常物体等，但是此时的理解具有很强的情境性，他们并不懂得成人话语的真正含义，只是对成人说话时不同语调和手势的一种条件反射。

在发音方面，婴儿一出生就具有发音能力，哭叫是婴儿最初发出的声音，1个月内的新生儿的哭声是未分化的，哭声基本无差别；出生1个月后，婴儿的哭声开始分化，成人可以从不同的线索推断哭叫的原因。2个月开始，在成人逗引或者心情愉快时，婴儿能发出非哭叫的声音，最初发出的类似元音"a、o、u、e"，随后出现辅音"h、k、p、m"等，这些没有任何符号意义的反射性发音，主要是一些单音节，是婴儿玩弄自己的发音器官而发出的声音。大约从4个月起，婴儿发音出现明显变化，能发出更多的元音和辅音，并能把元音和辅音结合起来，发出第一批重复性连续音节，并且能用语音与成人进行"轮流对话"，可以用一个或者几个音主动引起成人的注意。6个月左右，婴儿开始发出和语音极为相似的咿咿呀呀的声音，如ba-ba，ma-ma，da-da等，婴儿只是以发音作为游戏，并没有意义，爸爸妈妈要抓住时机与婴儿进行对话互动，在婴儿愉快时引导婴儿叫出"ma-ma、ba-ba"等，如果婴儿模仿得清晰准确，应该及时以笑语或亲吻表示鼓励。

0~6个月，对婴儿的语言教育目标主要是：一是培养婴儿对语音的感知，0~4个月主要是训练声音的辨别，可进行丰富的声音刺激，多与婴儿交流，4~6个月，可以训练语音辨别，用不同语调和语气与婴儿交流，玩唤名游戏；二是进行语音表达培养，0~4个月时进行"反射性发音"训练，如单音节模仿练习、逗笑，4~6个月，以语音模仿能力训练为主，进行连续音节模仿练习、模仿动物叫声。

四、情绪情感发展特点

婴儿在出生后就有情绪，这种情绪反应与生理需求是否得到满足有直接的关系。新生儿一出生就会啼哭，这是新生儿与外界沟通的第一种方式。新生儿啼哭的原因主要是饿、冷、痛、睡眠被打扰和活动被限制等。后来，婴儿出现饥饿的啼哭、发怒的啼哭、疼痛性的啼哭、恐惧和惊吓的啼哭、不称心的啼哭、招引别人的啼哭等，随着年龄增长，婴儿啼哭会减少。6个月大的婴儿，能觉察正在玩的玩具被别人拿走，并会以哭表示反抗。

相关链接

当婴儿哭泣时要立即抱起他吗？

答案是肯定的，因为婴儿的哭泣就是在向母亲传达自己的需求。此时，母亲如果因为喂奶的时间还没到，觉得让他哭一下，可以培养婴儿独立性而不管他，也许过一会婴儿就不哭了，但这样一来，婴儿不知道用什么方法来向外界传递自己的心情，也无法学会忍耐，更不能和母亲建立良好的关系。

（引自：[日]七田真.21世纪最佳育儿法[M].北京：中国轻工业出版社，2001.）

婴儿的笑比哭发生得晚，0~5周的婴儿最初的笑是自发性的，这是一种生理表现，吃饱或者听到柔和的声音时，会本能性地嫣然一笑，这是反射性微笑。5周之后，婴儿对社会性物体和非社会性物体的反应不同，人的出现容易引起婴儿的笑，婴儿开始出现"社会性微笑"。三四个月前的诱发性社会性微笑是无差别的，婴儿不分对象，对所有人的笑都是一样的；4个月左右，婴儿出现有差别的微笑，只对亲近的人笑，对熟悉的人脸比对不熟悉的人脸笑得更多。

恐惧是一种消极的情绪体验，会引起人的紧张感，造成其逃避和退缩。婴儿最初的恐惧可以由巨大的声响或身体失重状态引起。4个月左右，婴儿出现与知觉和经验相联系的恐惧，如没有被火烧灼过的婴儿，对火不会产生害怕情绪，而被火烧灼过的婴儿则会产生害怕的情绪。六七个月婴儿开始怕生，对陌生的刺激物产生恐惧的反应。

这个时候，让婴儿多接触人，可以缓解其认生的恐惧心理。如抱着婴儿，主动和陌生人打招呼、聊天，让婴儿感到这个陌生人是友好的；平时要多带婴儿到户外去，多接触陌生人和各种各样的有趣事物，开拓婴儿的视野；遇到婴儿认生时，妈妈要马上让婴儿回到安全的环境，比如抱到自己怀里或放回到婴儿车里，不要强迫他接受陌生人的亲热，这样只会让他更加紧张，因此，要及时安抚婴儿的情绪。

五、社会适应能力发展特点

刚出生的婴儿是没有自我意识的。3个月时，婴儿已经可以区分出"我"和"他（它）"，主要体现在婴儿触摸自己的身体和接触别人的身体时有不同的感受。5个月大的婴儿显示出对镜像的兴趣，他们会接近镜像，注视并抚摸它，与之咿呀对话。但是此时的婴儿还未意识到自己与他人的区别，还没有萌生出自我认识。

亲子关系是婴儿阶段最主要的社会关系，其中亲子依恋开始于最早的母婴交往，是母婴交往过程中的一种亲密的、持久的情绪关系联结。0~3个月，是无差别的依恋阶段，即婴儿对所有人都作出相同的反应，任何人的拥抱和抚触都能给婴儿以愉悦的感受；3~6个月，婴儿对人的反应有了区别，对熟悉的人尤其是母亲逐渐显示出偏爱，更愿意与之接近、微笑，面对陌生人时，反应行为减少。

婴儿很早就对同伴发生兴趣，大约2个月时，同伴的出现会引起婴儿的注意，并且相互注视；3~4个月时，婴儿能够相互触摸和观望；6个月时能向同伴微笑和发出"呀呀"声。

亲子间可以增加互动性，促进婴儿和别人的互动交往能力。父母可以和婴儿一起坐在地面上进行亲子游戏。首先，爸爸妈妈和婴儿保持着面对面的姿势，把球滚给婴儿，然后拉着婴儿的手，告诉他怎样把球再滚回来。婴儿会觉得很有趣，只要对他稍加鼓励，他就会很快学会将球滚回来。在游戏进行过程中，一旦婴儿学会将球抛出很远，就意味着他已经开始喜欢上这个游戏了。

第二节 7~12个月婴儿发育特点及教养要点

一、动作发展特点

（一）大动作能力

6~7个月的婴儿，在大动作能力上，可以独自坐在床上，并且能独坐10分钟，无须用手支撑身体，可以进行用手和膝盖爬行、用手和脚爬行、独立爬行等训练。在教婴儿学爬时，爸爸妈妈可以一个拉着婴儿的双手，另一个推起婴儿的双脚，拉左手的时候推右脚，拉右手的时候推左脚，让婴儿的四肢被动协调起来。这样教导一段时间，等婴儿的四肢协调得非常好以后，他就可以立起来用手和膝爬了。8个月左右，婴儿会灵活爬行，平衡能力也越来越强，逐渐可以从趴着转变成坐姿，此时婴儿同时能够较好地支持身体，搀扶时能站立片刻，背、腰、臀部也能伸直了。9~10个月，婴儿在扶立时背、髋、腿均能伸直，搀扶着能站立片刻，可以拉着栏杆自己站立起来，扶住婴儿站立后松开手，婴儿能独站2秒以上，如果让婴儿扶着椅子、床沿或小推车，鼓励其迈步，能迈3步以上。10个月左右时，婴儿就能独自站立了。11个月时，我们就可以拉住婴儿的双手或单手，让他向前迈步。若看到时机成熟，就可以进行单手扶物、蹲下站起、扶持迈步、独自行动等训练。当婴儿会开始独立迈步时，说明他已跨入重要的发展阶段。能做到这一点，说明婴儿已学会变换重心，具备独立行走的能力了。12个月左右，婴儿学习独立行走，颤颤巍巍向前迈步，身体前倾，能独自行走5步以上。这个时期父母一定要给予婴儿适宜的游戏，如让婴儿自己识画片、沿着彩条走等训练。

(二) 精细动作能力

此阶段婴儿在反复使用手的过程中积累了相当的经验，逐渐能够灵活而有效地使用自己的双手。7个月左右的婴儿清醒时经常在玩自己的双手；手指乱动，喜欢抓脸或抓衣服。这个时候婴儿逐渐学会自己拿东西，能够用拇指与食指、中指三个指头配合一起抓握东西。7~8个月随着手部动作的进一步发展，婴儿学会传递东西，用两只手同时玩玩具，进行双手拉、双手抱、双手撕等双手配合动作，也能从一只手递到另一只手（倒手）。9个月时，婴儿可以用拇、食指捏起小丸，能将积木拿起投入较大的容器里。手眼协调能力进一步发展，能联合行动，学会反复从容器中取物、放物。婴儿在摆弄物体的过程中，逐步提高了对事物的感知能力，如大小、长短、轻重等。在10~11个月时，婴儿拇指和食指的动作能较好地协调，能有意识寻找积木块，将积木拿到手。这时婴儿往往会捏取一些小东西后，还会用手去抠小东西，拿起杯子，打开抽屉，搭积木，翻书等。家长可以让婴儿进行自己打开瓶盖、向瓶中投物、玩具放进去和拿出来等训练。12个月的婴儿手部的动作已发展得相当娴熟了，这时婴儿已经能用全掌握笔在白纸上画出线条来，并且可以用拇指和食指的指端捏小东西，手部拿捏能力的程度发展较好。

二、认知发展特点

在视觉能力方面，从7个月开始，婴儿随着坐、爬动作的发展，大大开阔了视野，能灵活地转动上半身，上下左右地环视，注视环境中一切感兴趣的事物。8个月，婴儿的视觉集中和视觉追随能力已经达到成人水平，这时是视听能力发展的良好时期。9个月，婴儿的视线能随移动的物体上下左右地移动，能追随落下的物体，寻找掉下的玩具，还能看到小物体。10~11个月是婴儿视觉的色彩期，这时婴儿能准确地分辨红、黄、蓝、绿4个颜色，积极地运用视觉器官观察周围环境，但是这时婴儿视觉器官运动不够协调、灵活，当婴儿注意观察某一事物时，常会出现一只眼偏左、一只眼偏右或两眼对在一起的情况。12个月的婴儿，视觉发育已相当精确，这时的婴儿开始对一些细小物体产生兴趣，并且能区别简单的几何图形。为了婴儿视觉的发育，爸爸妈妈可针对这时期婴儿的视觉特点对其进行充分训练。

在听觉能力发展上，7~8个月，婴儿的听觉也越来越灵敏，能确定声音发出的方向，能区别语言的意义，能辨别各种声音，对严厉或和蔼的声调会作出不同的反应。这个时期可以进行听音找物、听音乐和儿歌、扩大视觉范围等训练。9个月，婴儿在听觉上更是越来越灵敏，能确定声音发出的方向，能区别语言的意义，能辨别各种声音，对严厉或和蔼的声调会作出不同的反应。11个月之后，婴儿在听力上能够听了一段音乐之后模仿其中的一些，并且在听了动物的叫声以后，也可以模仿动物的叫声。12个月，婴儿已经能较准确地判断声源的方向，并能用两眼看声源，开始学发音，能听懂几个字，包括对家庭成员的称呼，而且逐渐可以根据大人说话的声调来调节、控制自己的行动。

总之，这个时期的婴儿，认知能力进一步发展。6个月以后婴儿已经出现"客体永存性"的概念，能找出在他眼前刚被隐藏的或部分被遮盖的玩具，并开始认识自己的身体部位，尤其是对自己的"五官"能非常清晰地记住。这时，可以进行一些视觉或听觉记忆的游戏，如躲猫猫、藏藏找找等。9个月以后，婴儿已能够认识自己的身体部位，对自己的五官——眼睛、耳朵、鼻子、嘴巴等，认识得很清楚，且能够指出来，这说明婴儿的认知能力进一步得到发展，可以进行摸摸五官、看图认物等游戏。

三、语言发展特点

6个月以后，婴儿能用身体姿势来表达自己的意愿，如伸手要抱、以点头表示"要"，高兴时往往手舞足蹈，生气时则捶拳踢腿，难过时还会号啕大哭等。因此，肢体语言就成了婴儿在学会词汇表达以前的沟通工具。

6~8个月的婴儿对词义的理解处于情境性理解阶段，这个时期婴儿虽然不会说话，但是能够借助成人的手势听懂话语，并对之作出恰当的动作反应，如成人一边说"再见"，一边对婴儿挥手，婴儿就会做出挥手的动作。8个月时婴儿已经能够听懂一些词义，这时候家长可以将语言与实物、图片、动作结合，建立语音与实体之间的联系，培养婴儿理解语言的能力。9个月左右是婴儿模仿能力发展的关键期，婴儿在发音上出现了不同音节连续发音（如da－da－da－da），并且有了音调的变化，能模仿和重复成人的发音，如弹舌、咂嘴和一些单字音。10个月开始，婴儿会说出第一个有意义的单词，婴儿逐渐学会使用语音和语调（伴随一定动作和表情）来表达某一种意思，如嘴里发出"wu－wu"声，手指着玩具汽车，告诉别人"这是汽车"，这是真正发出语音的阶段，这时婴儿的发音是有所指的，这就是有意义的音节。到12个月左右，婴儿开始说出第一批词汇，这个时候婴儿正式发出标准化的语音，言语真正发生了。

总之，此阶段是学话的萌芽阶段，婴儿开始真正理解成人的语言。本阶段进行语言教育的目标：一是语义理解训练，主要是名词、动词的理解，包括辨别家人的称呼，指认日常物品，学习五官的名称，执行简单的动作指令，听懂禁令等；二是单字模仿发音训练，同时进行动作表达能力训练，如伸手要抱、再见等手势，以点头表示"要"，以摇头或推开表示"不要"，指向某物或者做手势表明愿望和需要等。家长可以对婴儿进行如下具体训练：

1. 口唇训练

经常跟婴儿做一些发音器官运动和口型练习，有助于婴儿发音能力的提高，如张嘴、伸舌、弹舌等嘴唇游戏，以及玩吹泡泡、学老虎叫、鸭子叫、火车叫等。

2. 模仿发音

婴儿口语刚萌芽，处于模仿发音阶段，家长可以教婴儿称呼家人或常见物，如"爸爸""妈妈""灯灯"，也可以引导婴儿注意常见动物的叫声，模仿"汪汪""喵喵"等，多重复发音。

3. 名词动词的理解

培养婴儿理解的名词主要是婴儿周围生活中所熟悉的家用物品、人物称谓、动物名词和特征较明显的身体器官名称等。在教婴儿认识五官时，可以握住婴儿的小手，让他的小手在母亲的脸上轻轻地抚摸，并告诉他摸到的是什么，如摸到鼻子就说"鼻子鼻子，婴儿摸到的是妈妈的鼻子"，使得婴儿的感知与相应的语言建立联系。婴儿对动词的理解最先掌握的是表示身体动作的行为动词，家长在与婴儿进行日常交谈时，要配合一定的动作，并且同样的话要配合同样的动作，如碰碰头、握握手。

4. 动作执行

可以与婴儿玩这样的游戏，"婴儿，亲妈妈一下"，如果婴儿不会，可以一边说"妈妈亲你一下"一边亲一下婴儿的脸，再向婴儿提出要求"亲妈妈一下"，并把脸靠近婴儿的嘴。"坐下""拿来"等也可以用这样的方式学习，坚持一段时间婴儿就会听懂简单的动作指令了。

5. 简单句理解

此阶段婴儿能逐渐学会理解禁令，听懂祈使句和简单问句，并能完成一个简单的动作指令。家长可以先选择婴儿认识的物品，把该物品放置在婴儿可以拿到的地方，问："勺子在哪里？"观察婴儿的反应。当婴儿指出后，告诉婴儿"把勺子给妈妈"。

相关链接

早期阅读能提高婴儿听说读能力

艾琳出生后的4个月内，都是看一些软软厚厚的幼儿书，或者是用又厚又硬的纸板制成的童书，这些书除了看，还可以当玩具玩。艾琳4个月之后开始喜欢各类立体书，她总是每天看2至3次这样的书，而且每次长达45分钟。她也听我们唱歌或念诗，总是高兴得手舞足蹈。

到艾琳8个月时，她渐渐对立体书失去兴趣，开始到处爬来爬去，寻找吸引她的新玩意儿。这期间，她很喜欢撕纸，所以我们给她一大堆杂志去玩，而这时给她看的书必须是很结实的。到她10个月大时，我决定将她放在儿童用餐的高脚椅上听我读故事书（这样才能防止她撕书），这么做效果很好。我读故事时，艾琳通常自己拿着小零食吃，我也会喂她一些婴儿食品，她的用餐时间通常都是趣味盎然而且有意义的。往往最后她还会用手指着书架，要求我读另一本书。到17个月大时，她会在听熟悉的故事时，主动说出其中的一些字，这使得原本已经很愉快的读故事时间变得更有趣了。当她21个月时，她就可以说出完整的句子；到了24个月时，她已经知道1000个词。这样的成就并没有借助任何识字卡片来完成。艾琳的父亲事实上也参与了读故事，我们有一些藏书被艾琳贴上了"爸爸的书"的标签，表示那些是爸爸读的书。

（引自：［美］吉姆·崔利斯，沙永玲等译．朗读手册［M］．海口：南海出版公司，2009．）

四、情绪情感发展特点

7~12个月的婴儿在情绪表达方面，愤怒、恐惧和悲伤等消极的基本情绪更经常地出现。在情绪调节方面，婴儿通过滚动、撕咬或远离令人不安的刺激物等方式对情绪进行调节。这个阶段的婴儿能更好地辨认他人的基本情绪，出现了社会参照。

7个月左右的婴儿开始害怕陌生人，8~10个月时最为严重。婴儿怕生的阶段，妈妈应该多带婴儿接触新鲜的事物，比如去邻居家做客，接触新玩具，到公园去玩等。大部分婴儿从七八个月起，就会明显表现出亲子分离焦虑，这时期爸爸妈妈要尽量陪伴婴儿，不要长期离开自己的婴儿，在对爸爸妈妈依恋的基础上，婴儿会渐渐建立起对环境的信任感，巩固早期建立的亲子关系。婴儿怕生的程度和持续时间的长短与教养方式有关，如果平时爸爸妈妈能经常带婴儿出去接触外界，多和陌生人交往，经常给婴儿摆弄新奇的玩具，那么怕生的程度就会轻一些，持续的时间也会短些。7~10个月，婴儿已经学会识别他人的表情并影响自身行为，使得情绪成为信息交流的方式。例如8个月的婴儿面对母亲的微笑表现出相应的微笑，对母亲的悲伤表情表现出呆视或哭泣，对母亲的漠无表情表现出犹豫等。10个月的婴儿为了得到爸爸妈妈或其他人的拥抱，甚至会主动拥抱你，这时的婴儿不再是一个被动的感情接受者了。在这个阶段，家长要更多地关爱婴儿、拥抱婴儿，让他时刻知道爸爸妈妈对他的爱，并且懂得回报、表达自己的爱。

此阶段，家长要注意对婴儿的个性及情绪进行合理的调教。比如说婴儿喜欢将鞋柜门拉开，并将里面的鞋子一只只拿出来，直到全部拿出来才罢休；但若是家长不让他做或让他做自己不想做的，他马上就哇哇乱叫、大哭大闹，甚至打起滚来，这就是不良个性的雏形。对此，家长要对婴儿进行情绪调教，爸爸妈妈在疼爱的同时还必须让婴儿学会自制、忍耐，不能做的事情不让婴儿做，可以采用给婴儿一些其他的玩具转移其注意力的方式。

五、社会适应能力发展特点

8个月之前的婴儿还没有萌生出自我认识，没有意识到自己与他人的区别，也没有意识到自己是一个独立的个体。大约从9个月开始，婴儿开始意识到自己的动作和主观感觉的关系，意识到自己的动作和动作产生结果的关系，出现了试误行为，表现在以自己的动作与镜像动作相匹配，此时的婴儿能区分自己与他人动作的区别。

10~11个月的婴儿喜欢用语言和动作与熟悉的人进行交流，但见到生人会有害羞、恐惧的表现，更加依恋妈妈。这时期婴儿会模仿捏有响声的玩具。妈妈当着婴儿面用手捏带响声的玩具，使之发出响声，然后把玩具给婴儿，婴儿拿到后会模仿捏。家长可以与婴儿进行平行游戏，让婴儿模仿拍娃娃等。

11~12个月，大部分的婴儿可以用招手表示"再见"，用作揖表示"谢谢"，并且还会摇头。家长可以引导婴儿进行主动发话等训练，训练婴儿模仿大人交往，如见到邻居和亲友，爸爸拍手给婴儿看，妈妈把着婴儿的双手拍，边拍边说"欢迎"，反复练习，然后逐渐放手，让婴儿自己鼓掌欢迎，训练婴儿的与人交往能力。

第三节 13～18个月幼儿发育特点及教养要点

一、动作发展特点

(一) 大动作能力

幼儿在12月之后,已经会蹒跚地走路,在动作能力上能用脚尖行走数步,脚跟可不着地,并且可以手扶楼梯栏杆熟练地上3个以上的台阶。

12～15个月的幼儿大多能独自行走,有些幼儿的步伐渐渐稳定,开始会小跑步,但是也有比较晚才开始走路的,只要在18个月之前会走就可以了。

这个阶段,家长可以训练幼儿独立走路。在初练行走时,幼儿常常不免有些胆怯,想迈步,又迈不开。家长应伸出双手做迎接的样子,幼儿就会大胆地跟跟跄跄走几步,然后赶快扑进家长怀里,非常高兴。如果家长站得很远,幼儿因没有安全感而不敢向前迈步,这时家长就要靠近些给予协助。有时,幼儿迈开步子以后,仍不能走稳,好像醉汉一样左右摇晃,有时步履很慌忙、很僵硬,头向前,腿在后,步子不协调,常常跌倒,这时仍需家长的细心照料。总之,在这个阶段,应鼓励幼儿走路,创造条件,使幼儿安全地走来走去。尤其对那些稍胖的幼儿和不爱活动的幼儿更该多加帮助,使他早些学会走路。

15～18个月的幼儿以步行为主,幼儿已经会起步、停步、转弯、蹲下、站起来、向前走、向后退,以及跑步、上下台阶、走平衡木、原地跳、钻圈、爬攀登架、自己坐在小凳子上、扔球、踢球、随音乐跳舞等,身体平衡力和灵活性进一步发展起来。这个时期,家长应积极鼓励和帮助幼儿行走,但要注意适当休息,不要使幼儿过于疲劳。同时应注意安全,防止幼儿走时摔倒、碰伤。家长可让幼儿在行走中做游戏,提高幼儿的行走能力和行走速度。

(二) 精细动作能力

13～18个月幼儿手部的精细动作进一步发展,可以动手做游戏,搭积木2～5块,涂画,学会翻书、撕纸等。在这一时期,家长在生活及游戏中要尽早地训练幼儿左右手握、捏等精细动作,随时训练幼儿手部的精细动作能力,如拾积木、穿珠子、穿扣眼儿、拼扳、串塑料管、捏泥塑等。亲子之间具体可以进行以下几个游戏:

1. 穿珠子比赛

妈妈准备一些珠子和一些绳子,和幼儿比赛穿珠子。妈妈可以先做一次示范,告诉幼儿必须在孔的另一侧将绳子提起,否则将前功尽弃。这个动作要经过反复练习才能熟练,渐渐可加快速度,并提高准确性。这个游戏是手、眼、脑协调训练的好方法。

2. 小胳膊的力量

家长带幼儿走到单杠的所在地,把幼儿举起来,引导幼儿用双手抓紧单杠,然后家长可以慢慢松开手,先用手臂在下面托着幼儿的小屁股,再慢慢撤掉力量,让幼儿靠自己的小手臂的力量和手掌的力量抓紧单杠,让其慢慢体验在空中荡的感觉。这个游戏训练幼儿抓握能力,并且强化手臂部分肌肉的能力和强度。

3. 捡豆子

妈妈将小豆子散在地板上,面积要大一些,大概两平方米左右,然后给幼儿一只比较轻巧的小碗,告诉幼儿:"把地上的豆豆捡起来,放到这个小碗里,宝宝很乖,你看马上就去捡了。"幼儿会蹲下来捡豆子，可能捡几颗后会站起来挪动一下接着捡，或者把碗放在一旁，捡几颗后跑过去放进碗里再捡，这时妈妈要教幼儿一手端着碗，一手边捡边往里面放，并教幼儿蹲着身子往前挪动脚步。妈妈要时刻鼓励幼儿："哇，捡了这么多了呀，宝宝真厉害哦！"增加幼儿游戏的兴趣。

4. 开盖、配盖

将用过的各种各样的盒子、瓶子等收集起来当玩具，这些盒子、瓶子的盖，有的可拧开，有的可掰开等。爸爸拿出大小不同的3个瓶子放在小桌子上，最好是塑料的，或其他轻巧的、不易摔碎的，棱角要光滑，告诉幼儿："爸爸要打开瓶盖了，宝宝看，开了！"当着幼儿的面一个个拧开或掰开，然后将盖子和瓶子混在一起，让幼儿摆弄着玩一小会儿，告诉幼儿："宝宝，给瓶子盖上盖好吗？"并指导幼儿配盖子，教幼儿如何拧紧盖子，如何用力向下套。爸爸可边做示范边讲解，如："你看，放在瓶口，用手压下去""用手指捏住，然后向这边转动"等。鼓励幼儿自己将盖子再打开，然后鼓励幼儿自己动手配盖子。反复游戏。刚开始不要给幼儿太多瓶子，3个就够了，随着幼儿长大，可适当增加到4~5个。幼儿在这种开开、盖上、配盖的简单游戏中，大大促进了精细动作的发展。

二、认知发展特点

12~18个月是幼儿感知运动智慧阶段。在这一时期，幼儿似乎通过实施小型实验来观察行为的后果，而不是通过之前的经验仅仅去重复喜爱的活动。例如，一个玩具放在毯子上幼儿拿不到的地方，幼儿试图直接取得这个玩具，失败以后，偶然地抓住了毯子的一角，由此发现毯子的运动同物体运动之间的关系，于是开始拖动毯子，希望取到玩具。幼儿从此开始探索达到目的的新手段，对情境进行反复试验，方法的变换似乎开始带有系统性。

这个阶段，幼儿最感兴趣的是不可预测事件，他们觉得无法预期的事件不仅是有趣的而且是可以解释和理解的，开始用新的方式来探索物体的特性。幼儿的发现能够导致新技能的产生，例如一名14个月大的幼儿非常喜欢从高椅子上往下扔食物，也会扔玩具、勺子以及任何东西，他似乎只是想看看这些东西是如何碰撞到地面的，看看他扔的不同的东西会制造出什么样的噪声，或飞溅成什么样子。

这个阶段，幼儿的认知已经出现了概括性。幼儿对手中的物体不再只是无目的的敲打，而开始按照物体的性质进行操作，如会给娃娃喂饭，而不会给汽车喂饭。幼儿对物品已经有了初步的分类，并且能够将物体按类似成人的分类标准进行归类，比如将物体分成食品、动物、车辆等，能将人分为女人和男人，能够分辨喜、怒不同的表情，能区别日常活动和其他活动。同时，幼儿能够根据物品的用途来给物品配对，比如茶壶和茶壶盖子是放在一起的，洋娃娃和项链是放在一起的。这些都是幼儿认知能力发展的表现，说明幼儿开始为周围世界中的不同物品分类并根据它们的用途来理解其相互关系。幼儿在12个月之前，会认为"汪汪"叫的小毛狗和那只"喵喵"叫的小花猫看起来几乎是一样的，到18个月左右幼儿就能够分辨狗和猫的差异、卡车和公共汽车的差异。

这个阶段，幼儿的记忆力日渐增强，为幼儿的对话、模仿、假想游戏等起到了巨大的推动作用。这时的幼儿已经能够记忆更多的内容，记忆的内容也能保存比较长的时间，幼儿可以认识自己的东西、指认图片、模仿操作、认识一些基本的图形等。有研究表明，13个月大的幼儿可以指认出红、绿、蓝、黑、黄、白六种颜色，16个月大的幼儿可以说出这六种颜色的名称。

这个阶段，幼儿已具有关于数量关系的模糊概念。16个月大的幼儿对数量的多少有了概念。生活中离不开数字，家长可以培养幼儿对数的理解，发展幼儿的思维能力。因此可以在马路上引导幼儿数路边的树，上楼时数台阶等，让幼儿帮助家长拿水果，边拿边数数，增加幼儿对数字的兴趣，同时理解数字的实际意义。

这个阶段亲子间增强幼儿的认知能力的活动有：

1. 配对

家长先将两个相同的玩具放在一起，再将完全相同的小图卡放在一起，让幼儿学习配对。配对的卡片中可画上圆形、方形和三角形，让幼儿按图形配对，以巩固已学过的图形；用相同颜色配对以巩固认识的颜色。

2. 大和小

将幼儿喜欢的蛋糕大小各一块放在桌上，告诉幼儿，"这是大的""这是小的"，并用口令让他拿大的或小的，拿对了就让他吃，拿错了就不让他吃，这样幼儿很快就能学会分辨大和小；也可以摆两个玩具给幼儿看，边指着玩具边说："这是大的，这是小的。"

3. 百宝篮

将不同软硬、重量和质地的玩具放进篮子内，让幼儿寻找心爱的玩具来玩，或者由妈妈说出一种玩具让幼儿找出来。每天更换玩具筐中的玩具，让幼儿保持兴趣，提高幼儿利用触觉辨别不同物体的能力，促进其智能发展。

4. 彩色小飞机

家长和幼儿一起折叠各种颜色的纸飞机若干个，叠好后教幼儿如何将纸飞机高高地扔出去，让它们飞得更高更远。飞出后家长说出一种颜色，陪幼儿一起将相应颜色的飞机捡回来。还可以让幼儿选出一种颜色的纸飞机，说出周围哪一种颜色和这一种的颜色相同，培养幼儿的颜色区分和感知能力。

5. 小小的演奏家

妈妈先敲几下"小鼓"，然后让幼儿模仿，或者反过来，幼儿敲几下"小鼓"，妈妈再模仿；然后就进入妈妈敲几下，幼儿也必须敲几下的阶段，反过来，幼儿敲几下，妈妈也必须敲几下。这个游戏不但培养幼儿音乐的节奏感，还可以提高幼儿的模仿能力和记忆能力。

三、语言发展特点

13~18个月为单词句阶段，就是用一个词表达比这个词意义更为丰富的意思，常以词代句。在通常情况下，这个阶段的幼儿可以理解一些简短的语句，能理解和执行家长的简单命令；能够跟着家长的话语进行重复，谈话时会使用一些别人听不懂的话；经常说出的单词有20个左右，能理解的词语数量比能说出的词语数量要多得多；喜欢翻看图画书，并会在图画书上面指指点点；会为他看到的物体命名，如用"圆圆"称呼橘子等形状类似的东西。

这个阶段幼儿说的单词句所表现的特点是：

①和动作紧密结合。如要妈妈抱时，在说出"抱抱"的同时会向妈妈的方向伸出双臂，身体前倾。

②意义不明确，语音不清晰，语言的情境性强。当幼儿说"球球"时，随着不同情境可能表示不同的意思，如"这是球球""我要球球""球球滚开了"等。

③词性不确定。语言理解能力胜于语言表达能力，会给常见物体命名，但常出现用词不准现象，如"嘟嘟"可作为名称来称呼汽车，也可以作为动词表示开车。

④多用重叠音词。如使用"妈妈""饼饼""娃娃""抱抱"等叠音词。

此阶段语言教育目标：一是名词、动词理解，指出身体部位（眼、耳、鼻），懂得常见食物、玩具、动物的名称和用途，执行1~2步动作的指令，听懂表示身体动作的动词，如走、跑、飞、爬等。二是单词句训练，会叫爸爸、妈妈，会称呼家人；说出常见物如食物、玩具、动物名称；说出五官名称；会使用表示各种动作的词（拿、吃、打、走等）。

13~18个月的幼儿语言教育要点与方法如下：

1. 名词、动词的理解与表达

幼儿开口说话后，经过2周左右的强化，对该词的使用已较成熟，此时家长可以及时扩展幼儿的词汇。以积累词汇的游戏为主，可以是理解词汇，也可以是说出词汇。

名词主要集中在幼儿常见的物品名、身体器官名称、图片名称等。如家长可以和幼儿玩"认识五官"的游戏。准备一张广告纸，在中间剪个洞，家长拿出中间有洞的广告纸，告诉幼儿"妈妈请你看电影了"。家长将广告纸遮在自己脸上露出嘴巴并说"嘴巴"，然后一一露出眼、耳朵等，边演示边说。家长将广告纸遮在自己脸上露出眼睛，问："这是什么呀？"让幼儿一一回答。家长也可以问："耳朵呢？"幼儿用广告纸将自己遮住，只露出耳朵。

动词练习的方法是：家长先做动作，然后指导幼儿做，并告诉其名称，或幼儿做某动作时，家长告诉其动作的名称。妈妈试着对幼儿说出一些动作名称，例如"宝贝，摸摸头""宝贝，拍拍手吧"！妈妈让幼儿根据自己的指令做出相应的动作。如果刚开始幼儿做得准确度不够，妈妈要和幼儿一起做，在游戏可提高幼儿对语言的理解能力。

2. 单词句表达

主要练习用一个单词表达，如饭后出门散步，家长可以对幼儿说："走，出去散步，出去玩，我们去做什么呀？"引导幼儿说"走"或"玩"。当幼儿明显表现想要某个东西时，可以问："你要什么？"引导幼儿说出东西的名称，可以是叠音词，也可以在适当的时候引导幼儿使用礼貌用语，如"谢谢"。

总而言之，在这一阶段家长对于幼儿的语言智能训练，首先应该为他创造出一个良好的轻松对话交流的环境，并将主要的训练内容集中在培养他从单音节词语的过渡上，让幼儿轻松自然地讲话，及时纠正幼儿错误的发音，鼓励幼儿自己学着多说话。有的家长没等幼儿说话，就会将幼儿想要的东西送过来，使幼儿没有了说话的机会，久而久之，幼儿从用不着说到懒得说，最后到不用开口讲话了，也就是说过分的照顾使幼儿错过了用言语表达需求的时机。为了鼓励幼儿开口讲话，自己主动地表达需求，一定要和蔼地、耐心地给他时间去反应，不要急于去完成任务。当幼儿要喝水时，必须先鼓励他说出"水"字来，然后你再把水瓶或水碗给他才行。如果幼儿性子急，不肯开口说话，就应该适当地等待，促使幼儿开口说话。

这一阶段，要选择适当的儿童读物，为幼儿朗读，或给幼儿讲故事。耐心反复地教育幼儿认识事物，增加词汇。

四、情绪情感发展特点

这个阶段的幼儿不仅能识别出成人的情绪，同时也能表现自我意识的情绪，如惭愧、内疚和害羞等，能向最初的看护者以外的人表达喜欢之情。幼儿此时可以对几种情绪进行命名，而且将自己的感觉和情绪更多地与社会性行为联系起来，开始了解复杂的行为模式，懂得"察言观色"。如家长的鼓励和表扬，会引起幼儿的开心；家长的批评会引起其不悦。

幼儿此时的情绪自控能力较弱，易受挫，且比较外露，常常因为自己要求得不到满足导致情绪失控和发脾气，能对自己不需要的一些东西说"不"以表现自主性。

这个阶段，家长要锻炼幼儿健康的情感表达能力。如当幼儿得到帮助时，要提醒他说"谢谢"，这种感谢心理会让幼儿终身受益，也是幼儿人际关系建立的纽带。另外，培养幼儿健康的情感关系，有爱心、会关心他人。如家长可以和幼儿一起种植花草、饲养小动物，培养幼儿对花草、动物的珍爱之情；让幼儿模仿家长的行为，给布娃娃盖被子、哄娃娃睡觉或者给妈妈捶背等，并及时给幼儿鼓励，给幼儿提供表现关心他人的机会。

五、社会适应能力发展特点

12~15个月，幼儿越来越意识到自己是一个独立的个体，已经能区分由自己做出的活动与他人做出活动的区别，对自己镜像与自己活动之间的联系和关系有了清楚的觉知，说明幼儿已经会把自己与他人分开，有了对自己的身体活动的认识。15~18个月的幼儿对自己的面部特征已经有了比较明确的认知，具体表现在：当把鼻子上涂了红点的幼儿放在镜子前面时，他会出现明确地指向红点的行为。由于幼儿能清楚地指出不属于自己面部特征的东西来，所以此时的幼儿具备了区分自己与其他幼儿照片的能力。

同伴交往方面，12~18个月的幼儿与同伴间开始出现某些带有应答性特征的交往行为。此时，幼儿已经能对同伴的行为作出反应，如互相拍对方或给拿玩具等，并试图去控制对方的行为。比如A宝宝由于不小心碰着自己的手而大哭起来，B宝宝看见A宝宝哭了，也跟着大哭，这时，A宝宝看见B宝宝跟着他哭，似乎觉得很好玩，哭声就更大了。

幼儿往往在熟悉的环境里非常活跃，但在生疏的环境中则会显得拘谨甚至胆怯，这是由于宝宝对外部环境缺乏足够的认知和心理准备，此阶段的幼儿对环境的适应能力较弱，缺少早期的社交能力。因此，家长尽量多给幼儿创造机会适应，培养其人际交往能力。例如，在遇到其他幼儿时，引导幼儿说出"你好！"，离开时要与幼儿一起对其他幼儿挥挥手说"再见"。还可以指导幼儿用行动来表示友好，比如告诉幼儿要把自己最喜欢的巧克力糖拿出来招待客人，或者让别人玩他心爱的玩具，即使是让别人碰一碰自己喜欢的东西，都体现了幼儿的友好态度，家长应及时表示肯定和鼓励。幼儿和同伴在一起时，经常会出现争吵、打斗、抢玩具等行为，家长应该正确对待，尽量让幼儿用自己的方式解决。有的家长怕别人欺侮自己的宝宝，不让他合群，结果会使幼儿形成孤独、自私的心理，幼儿想不到别人，更不懂得关心别人，这对幼儿个性的健康发展是不利的。

这个阶段的幼儿在社会适应行为方面有了进步。进食能力方面，15个月以后的幼儿具备了自己拿杯喝水不弄洒的能力。18个月左右的幼儿能自己手握勺子吃饭，但不能保证桌面干净。在穿衣能力发展方面，幼儿能主动配合家长为其穿衣，到15个月左右，他们基本可以完成自己脱帽、戴帽的动作。这时家长引导幼儿进行自己吃饭、认路回家、控制大小便、脱掉鞋帽、用勺子和拿杯子、练习穿脱衣、照料布娃娃等训练。

第四节　19～24个月幼儿发育特点及教养要点

一、动作发展特点

（一）大动作能力

此阶段的幼儿运动能力增强，不但走路自如，还能独立上楼梯，可以一次走一个台阶，能迈过8～10厘米高的障碍。此阶段幼儿正处于最活泼、最好动的年龄阶段，他们的动作已经很平衡，可以连续跑5～6米，并能双脚连续跳，也是单腿站立的关键期。这个阶段幼儿喜欢攀登，在家长的保护下能在小攀登架上、下2层。幼儿的上肢力量同时得到发展，能将50克重的沙包投出约家长的一臂远。家长要及时锻炼宝宝的身体平衡和协调能力，发展运动统合能力。具体可以从以下几个方面进行练习：

1. 倒退走

幼儿走稳后，可以让幼儿学着倒退走。倒退走完全是依靠身体的平衡和本体感觉来控制。在游戏的控制中，家长在幼儿身后叫幼儿的名字，引导其倒退走，但要注意安全，防止幼儿摔伤。

2. 按方位扔球

让幼儿按照家长的要求，把球扔到前方、左边或右边，或者扔给爸爸、奶奶等各种方向。幼儿能够按照要求把球扔进指定方向，不仅锻炼幼儿的控制力及判断力，同时还能培养幼儿的方位感。

3. 越障碍行走

让幼儿走平衡木，开始时让幼儿牵着家长的手，逐渐过渡到独立走，在这个过程中要注意幼儿的安全。也可以带领幼儿在高低不平或弯弯曲曲的道路上走，让幼儿在不同的情况下来保持身体的平衡，锻炼幼儿的专注、身体的空间感、本体感及平衡能力。

4. 踢球

单脚站立踢球是为了训练幼儿的身体平衡、下肢的灵活性及身体的控制力，同时也能很好地锻炼幼儿的注意力。开始踢球时不要要求具体的方向，只要把球踢出去就可以了，然后让幼儿按照家长的要求把球踢向各个方向，双脚交替进行。

5. 跳起来够物

准备一些细长线和几样质地柔软的玩具，如毛绒动物、布娃娃、彩球等，用细线将这些玩具挂在屋子里，高度以幼儿跳起来可以够到为标准。周围要宽敞，清除障碍物和危险物品。家长鼓励幼儿够玩具，还可以给幼儿演示一下跳起来伸手够物的动作，让幼儿模仿。幼儿会学着跳起来够玩具，偶尔手碰到玩具时，家长要给予鼓励，让他继续够。

（二）精细动作能力

19～24个月，幼儿的手指操作更为灵活，这是幼儿手部串、二指捏、套叠、旋转、镶嵌等动作的发展时期，幼儿能够拼3块组成的拼图，能把6块积木垒起来。这个阶段还可以观察到幼儿出现用某只手做事情的偏好，在家长的带领下，初步学会握笔能在纸上画出线条。这个阶段，家长要提供串珠、二指捏镶嵌板、套碗、套装、套塔、开锁模具、2～4片简易拼图等玩具练习幼儿的精细动作。通过练习一些活动促进其手部动作的稳定性、协调性和灵活性。

1. 搭积木

给幼儿 8~10 块或更多的积木，让幼儿任意垒起来，引导幼儿变化摆放的方式，增加幼儿的兴趣，锻炼幼儿的空间感觉及专注力。

2. 画横线

学会握笔的正确姿势，一手扶着纸，一手握笔，模仿家长画线，以锻炼幼儿手的控制力。有时候幼儿愿意随意地乱画，不听家长的指挥，因此家长应把学习作为一种游戏，不给幼儿增加负担。可以为幼儿画的东西起个名字，保留起来或做展示，以激发幼儿学习的积极性。

3. 倒米和倒水

用两只小塑料碗，其中一只放 1/3 量的大米或黄豆，让幼儿从一只碗倒进另一只碗内，练习至完全不撒出来为止。家长先给幼儿示范倒几次，然后再让幼儿自己做，幼儿撒了不要责骂或不高兴，应鼓励幼儿不断尝试。熟练了倒大米或黄豆后，再让他学习用碗倒水。

二、认知发展特点

19~24 个月，幼儿的思维开始萌芽。根据皮亚杰认知发展阶段理论，19~24 个月的幼儿的认知发展处于智慧的综合阶段，这一阶段主要成就在于心理表征或者象征性思维能力的获得。心理表征是指对过去事件或客体的内部意象，这个阶段幼儿能够想象出看不到的物体可能在哪儿，甚至能够在自己的脑海中描绘出看不见的物体运动轨迹，能找出不在眼前的物体，能用内在图式解决问题。例如，把一个幼儿玩过的链条放在火柴盒内，火柴盒稍开着口，他首先使用外部动作，用手指伸进缝隙试图去拿链条，如果手指伸不进去，就会停止动作细心观察情况，同时把自己的嘴巴一张一合重复多次。这就是在头脑中进行了使火柴盒的口张开的动作，最后他突然把手指插进盒口，成功地打开了盒子，取得了链条。这种头脑中完成的内部动作的出现，说明幼儿产生了智力的最初形态。幼儿的智力活动对具体的实物和具体的动作的依赖逐渐减少，而对表象的利用逐渐增加，不需通过实际的尝试，而只要利用关于事物的表象就可以建立解决问题的新方式。

这个阶段幼儿已经能根据形状和颜色分类、配对，理解大小与多少，并能排序，如两个苹果知道哪个大哪个小，一粒糖和一堆糖果，知道一堆糖果较多等。幼儿开始能口头数数，比较喜欢唱"一、二、三、四、五，上山打老虎……"等儿歌。下面呈现几个促进幼儿认知能力的活动：

1. 配对

准备相同的水果和相同的颜色及形状的三种物品，让幼儿给这些物品配对。给物品配对，需要幼儿有良好的鉴别能力，从不同方面观察事物本身的相同性，锻炼幼儿的观察力，发展其思维判断力。

2. 区别大小

给幼儿提供大小、高矮、长短不一的物品，让幼儿按照家长的要求拿出相对应的物品。这样的练习可以让幼儿了解大小、高矮、长短等不同的概念，同时发展幼儿的空间知觉能力。

3. 指认和说出图片的名字

给幼儿提供熟悉或不熟悉的图片，让他指认和说出图片和食物的名称。认识图片是幼儿成长过程中认知能力发展的重要阶段。

4. 涂颜色

给幼儿一组没有颜色的图片，让幼儿根据自己的想象往上涂颜色。通过涂抹颜色，增加幼儿对颜色的认知，同时锻炼幼儿手、眼、脑的协调能力，发展空间知觉。

> **知识拓展**
>
> 皮亚杰是儿童心理学、发生认识论的开创者。他把认知发展区分为四个主要阶段。感知运动阶段：出生至2岁，儿童利用感知觉和运动与外界交流。在这个阶段儿童不能利用心理符号进行推理。前运算阶段：2~7岁，在这一阶段儿童具有符号思维的能力，然而这种思维仍与成人不同，属于"非逻辑"方式，常常是前运算认知的独特性。具体运算阶段：7~11岁，在童年中期，除了抽象概念，如公平、无限或生命的意义外，儿童在各个方面已经具有类似于成人的推理能力。形式运算阶段：11岁之后，到童年期结束时，大多数个体都进展到完全具有成人的认知阶段，其中包括使用抽象概念进行推理的能力。
>
> （引自［美］本杰明·B. 莱希. 心理学导论［M］. 11版. 吴庆麟，等译. 上海：上海人民出版社，2016）

三、语言发展特点

这个阶段幼儿的口语处于简单句阶段，这一阶段的主要特点是句子简单、不完整、词序颠倒、词类逐渐增多。此阶段幼儿话语基本上在单词句的基础上加一个字或者一个词。比如，"妈妈抱""爸爸背""奶奶球球""爷爷走"。这种句子非常简略、不完整，也通常被称为电报句或者双词句。

这个阶段，幼儿说出的简单句，也常有各类词序颠倒的现象。因为这个时候，幼儿在模仿的同时，也开始自己"产生"一些未模仿的新句子，而这些新句子刚出现的时候，就有可能是颠倒词序的。比如"袜袜姐姐""饭饭吃""帽帽戴""脸脸洗"等。此时，在注意引导的同时，切不可笑话幼儿，以免打击他们讲话的积极性。

这个阶段幼儿出现的词类也逐渐增多，不仅名词继续增多，而且增加了大量的动词，如"鱼鱼游""花花开""果果吃""猫猫叫"等，也逐渐出现了形容词，如"瓜瓜大""车车坏""书书重""糖糖甜"等，开始学会使用疑问句和否定句。这些词类的增加，与幼儿的脑发育、生活经验的增加和家长的教导等有关。

19~24个月的幼儿的语言教育目标：一是以简单问句理解训练为主，同时进行形容词、代词理解训练，能理解"是什么、是谁、干什么、在哪里"，能理解"怎么办"的问题；二是学说简单句（双词句，3~5个字句子），说出儿歌的开头或结尾的几个字，或说两句以上儿歌。这个阶段的幼儿教养要点如下：

1. 简单问句理解

家长提问让幼儿回答，主要有"是什么""在干什么""在哪里""怎么办"等问题。具体方法：家长指某物问"这是什么"或问"爸爸在做什么"，让幼儿回答。选择一些只有几句话的简短故事图书跟幼儿一起阅读，注意故事的每句话都简短（简单句型），可以问幼儿"这是谁？"等了解幼儿是否理解。

2. 儿歌练习

念儿歌是锻炼听力和丰富、规范幼儿语言的好方法。重复的节拍、生动的语言再配合一些夸张的动作非常容易吸引幼儿。如儿歌："背萝卜，背钉耙，翻萝卜，（将幼儿背在身上，身体左右夸张地摇晃）翻到一个红萝卜；（背着幼儿向前弯腰成鞠躬状）背萝卜，背钉耙，翻萝卜，翻到一个白萝卜。（将幼儿放下来）来，咬一口。（对着幼儿做咬一口状）"幼儿会乐得哈哈大笑，无形中提高了幼儿的听说能力。

3. 简单句表达

19 个月开始可以教幼儿学习说主谓句或谓宾句，也称为两个词组成的句子。如"妈妈吃""走街街"。如饭后出门散步，家长可以对幼儿说："走，出去散步，出去玩，我们去做什么呀？"引导幼儿说"走街街"或"玩车车"。也可以在适当的时候引导幼儿使用稍长的礼貌用语，如"阿姨早上好"。

总之，此阶段幼儿的语言表达是从"被动"转向"主动"的活动时期，这时幼儿非常爱说话，整天叽叽喳喳说个不停，表现得极其主动。因此，这时家长要因势利导，除了在日常生活中巩固已学会的词句，还要让幼儿多接触自然和社会环境，在认识事物的过程中启发幼儿表达自己的情感，鼓励幼儿说话。家长还应该为幼儿提供良好的语言环境，增加幼儿与陌生人交往的机会，并注意自己的语言，尽量做到发音正确，口齿清楚，语句完整，语法合理，使幼儿易懂、易模仿。还可以在日常生活中进行引导，如"说自己的名字"，在与幼儿交流时，要经常告诉家人的名字，让幼儿反复地记忆，同时也要让幼儿说自己的名字。

四、情绪情感发展特点

幼儿此阶段喜欢对他人表达喜欢之情，并在他人悲伤时会出现安慰的行为，开始对他人表现出同情心，能表达自豪和尴尬的情绪，在对话或游戏中主动使用情绪词语。

这个阶段，幼儿能识别出别人对他的态度和情绪，能将面部表情和简单的情绪词语联系起来。幼儿的情绪自控能力较弱，不能意识到自己情绪的外部表现，他们的情绪完全表露在外，很难加以控制和掩饰，如想哭就哭，想笑就笑，不认为这有什么不合理。还会很容易因为受到批评而受伤，当没有达到目的的时候，会发脾气。家长要让幼儿学会控制和尽快排除不愉快的情绪，如当幼儿经常把玩具乱丢时，如果家长给出反对的表示，并告诉他不能这样做，他就不再乱丢，并逐渐学会控制自己不发怒。

这个阶段，亲子依恋行为比较稳定，对父母的情感进一步增强，可以让幼儿更好地认识自己的爸爸妈妈还有其他的亲人。可以开展一些小游戏，如可以先让妈妈和幼儿一起看照片说："这是爸爸呀！"然后把爸爸的照片放在地毯或床的对面，诱导幼儿朝照片爬。妈妈用手移动照片，鼓励幼儿继续爬，夸张地给幼儿加油，鼓励幼儿。在幼儿手触到照片的时候说："找到啦，亲亲爸爸！"同时，也可以开展一些增强幼儿自信感的游戏，家长可以发现幼儿的特长，通过唱歌、跳舞、画画、模仿等形式挖掘和培养幼儿在这方面的能力，先创造机会让他在家人面前展示，当幼儿为得到赞赏兴奋不已时，家长可以趁机说："宝宝唱得这么好，我们喜欢听！"加以热情鼓励，树立其信心。

五、社会适应能力发展特点

此阶段幼儿的自我意识增强，通过照片或镜子认识自己，同时具有用语言表示自己的能力，具体表现为从了解自己的名字到使用代名词"我""你"，并且具有用适当的人称代词称呼某个形象的能力，常常出现"我的、我要"或"宝宝走、宝宝吃"等词语，来表达自己的愿望与要求。自我意识增强，有时候当家长让他干什么时，他会说出"不、不要……"这时幼儿已经敢于向家长说"不"，想按自己的意愿去干。这个阶段的幼儿喜欢参与各种活动，因此家长可以让他帮忙送东西，分担一些工作，从中体验一些乐趣。

此阶段幼儿看到陌生人不再那么害怕，对他人的陪伴表现出热情。幼儿更喜欢独自游戏或在家长附近游戏。同伴间的社会交往更为复杂，模仿行为普遍出现，能与其他幼儿进行积极的互动，但是还会伴有消极的行为，如抓脸、揪头发、争玩具，维护自己的物品。这个阶段，幼儿会从别人的语言评价中理解"乖"和"不乖"的含义，知道发脾气、抢别人玩具、爱哭闹是"不乖"的行为，从家长的评价中逐渐学会简单的判断。

幼儿在生活适应方面，自理能力增强，可以自己手握勺子独立吃饭，自己端着杯子喝水不弄洒。幼儿在白天会控制大小便，排尿前会告诉家长，并且自己能坐在坐便器上完成大小便。这个阶段要培养幼儿的自理能力，建立幼儿的生活秩序感，家长给幼儿利于自我照顾的环境，在卫生间或幼儿的房间，准备幼儿适合放东西的衣柜或挂钩，让幼儿把自己用过的东西随时放回原处，这样才能让幼儿建立自我照顾的良好习惯；还可以准备一个可以穿脱衣服的娃娃，让幼儿试着给娃娃穿脱衣服，在这个过程中培养幼儿的自我照顾能力。

第五节 25~36个月幼儿发育特点及教养要点

一、动作发展特点

(一) 大动作能力

25个月左右，幼儿学会了双脚原地跳和原地站立踢球，学会了跑和攀登，并且很少摔跤。之后，幼儿又陆续学会了单独上下楼梯，灵活越过小障碍行走，双脚学小兔子向前跳。到了36个月，幼儿还学会了独脚跳等比较复杂的动作。跑步的姿势接近成人，还可以随着音乐的节奏行走，能用脚蹬动有轮子的玩具。上臂力量增强，可以把球扔到想扔的地方去。这个阶段的幼儿开始以技能运动为主，包括跑（追逐跑、障碍跑）、跳（原地向上跳、向前跳）、投掷（投远、投向目标）、单脚站立、翻滚、走平衡木、抛物接物、玩运动器械（坐滑梯、荡秋千、蹬童车）等。这个阶段在进行大运动能力的训练时，可以适当提高动作的难度，如：走——训练宝宝较快地走，能踮着脚尖碎步走，能跨过小沟、石砖等障碍物，双脚交替上下楼梯，独自上下小山坡等；跑——训练幼儿要跑得平稳，两臂曲肘于体侧，两手握拳，手臂的摆动与脚的跑步相协调，灵活向前跑，能转弯跑；跳——双脚向上跳，并离开地面；站——独脚站一会儿，5~10秒钟；钻、爬、攀登——训练幼儿在桌下、大型纸盒中钻、爬，向上攀登小型攀登架；投掷——训练幼儿举起手臂，有方向地投掷，练习投球入篮、入筒或入纸盒等，以及两人在一起相互抛球、接球；模仿动作——训练幼儿做各种模仿动作，如鸟飞、兔跳等。在大动作的练习中，家长最好通过亲子互动游戏的方式进行。

1. 踢球射门

家长为幼儿设置一个固定位置，让幼儿把球踢向这个位置。这个阶段是幼儿单脚站立发展的关键期，这个游戏可以锻炼幼儿控制自己双腿、双脚的力量，锻炼幼儿身体的控制力及方位感。

2. 钻山洞

父母两人可以用自己的身体弯曲或用双臂做出高低不一的洞让幼儿钻，刚开始时，幼儿会不经意地碰到头，但是几次过后幼儿就会有经验了，可以缩小自己的身体，顺利地钻过去而不再碰头。这一游戏可以锻炼幼儿的身体平衡能力和控制力。

3. 小松鼠摘松果

家长用轮胎搭建栅栏，用沙发搭建小山坡，用纸箱搭建大树，让幼儿扮演小松鼠，在有趣的环境中翻过栅栏，登上小山，攀爬上大树，摘到松果。这一游戏增强幼儿的腿部肌肉力量，发展其平衡能力和协调能力、灵敏性以及耐力等综合运动能力。

(二) 精细动作能力

这个阶段，幼儿手部动作灵活，是构造组合、拼拆、捏、搓、折、画画等较为精细动作的发展时期。能把8块或8块以上的积木垒起来；可以进行6~12片拼图；可以折纸长方形、正方形；能模仿着画圆形、垂直线和平行线；能手指协调地拿起小的物体；可以一手端碗；能用鞋带把大珠子串成一串。

家长要为幼儿准备丰富的动手操作玩具，例如拼插玩具、积木、橡皮泥、折纸、蜡笔、画纸等。利用玩教具以及生活中常见材料进行训练：捡豆——将蚕豆若干放在桌上，另放一塑料碗，让幼儿将豆子用拇指、食指，一粒一粒地捡起来，放在小碗中，可以让幼儿与大人进行捡豆比赛，要求1分钟捡20~25粒，看谁捡得快；穿塑料管——将有颜色的塑料管剪成粒状管，让幼儿用绳子自己串成项链；翻书——训练幼儿用手指一页一页地翻书；生活中的用手训练——拽门把手开门，开关电灯的按钮，叠手帕、纸巾等。还可以设计一些情境开展游戏：

1. 搓萝卜

准备一块红色橡皮泥，一块塑料垫板，一个塑料萝卜玩具，一个小兔手偶。家长出示小兔子手偶和萝卜玩具，说："兔子肚子饿了，请幼儿用橡皮泥帮助兔子做萝卜。"然后让幼儿观察萝卜的形状，一头粗，一头细，家长用橡皮泥示范搓萝卜，幼儿在家长指导下学习搓萝卜，最后用搓好的萝卜喂兔子。这个游戏学习借助橡皮泥搓长的动作，初步能根据萝卜形状搓出上粗下细。

2. 折手绢

准备彩色正方形毛边纸或者手绢一张。家长对幼儿说："天气太热了，出了好多汗，用手绢擦擦汗吧。"擦完后，让幼儿跟着家长折"手绢"：先边对边折成长方形，强调要对齐，转个方向，再边对边折成正方形，最后让幼儿欣赏自己折的方形"手绢"。这个游戏帮助幼儿学习边对边对折的动作，训练手眼的协调性。

二、认知发展特点

幼儿在这个阶段应用视觉、听觉、触觉的能力有了提高，通过观看图片、参观、听语言描述等方式来了解事物，认知方式更加丰富。这个阶段是语言调节型直观行动思维时期。

24~30个月，幼儿的思维更多地依赖于直观和动作。幼儿身旁有个布娃娃，他拿起来做"给布娃娃喂饭"的游戏；布娃娃被拿走了，布娃娃的游戏也就停止了。幼儿还不能离开眼前的物体和自身的操作行为去思考和计划，思维只能伴随着动作和感知展开。而30~

36个月的幼儿，词、语言的概括调节作用开始变得比较明显。30~36个月是幼儿从直观行动思维向具体形象思维转化的关键时期，积累了一些经验，与成人语言交流增多，思维开始逐渐摆脱动作和感知的限制，凭借头脑中的表象解决问题，"词"开始进入幼儿的认识领域，此时幼儿才具备了"三思而后行"等能力，如幼儿会有目的地而非随意地使用物体。

在分类水平上，24个月以后的幼儿对事物的分类开始变成概念性的，即根据物体的共同功能和行为进行分类，如玩具车与积木；去动物园观察动物以后，幼儿在成人启发下根据观察到的动物特点，按照鱼、鸟、兽进行分类。

这个阶段幼儿已经能进行口头数数和按物点数。36个月时，幼儿已经能口数20以内的数。最初的口头数数只具有一种顺口溜式的唱数，对数字和量的关系并不懂。具体表现为一般从1开始数，不会从任意数开始数，更不会倒数；经常漏数数字或多数数字，口数到进位部分时，常出现错误。后期，幼儿能在口头数数的基础上，把数字和物体一一对应进行按物点数，一般此阶段幼儿可以正确地按物点数5~6个物体，一般不会超过10个物体，点数后无法说出总数。

幼儿能较长时间地专注于或者参与到那些自选的活动中去，如可以较长时间地翻看绘本，在阅读时能自发地对物体进行指认或命名。

形状知觉方面，幼儿能够认识简单的几何图形，并且可以用配对的方法正确地匹配圆形、正方形、长方形、半圆形、三角形图板，并可以在成人的指导下学会用正确的名称指认几何图形。

大小知觉方面，这个阶段也是幼儿辨别平面图形大小能力急剧发展的时期。幼儿先能辨别同样形状的两个圆形、正方形、等边三角形的大小，然后才能辨别两个同样形状的椭圆、长方形、菱形、五角星的大小。在对体积大小的分辨中，绝大多数的幼儿可以按照语言提示拿出大皮球和小皮球。

方位知觉方面，幼儿能理解体外方位和以自身为参照物的上下方位，在教育的影响下可以理解以他物为参照物的上下方位和以自身为参照的前后方位。

时间概念方面，幼儿在今天、明天和昨天的一日生活节奏中逐渐感受到时间的概念，对"固定性时序"有了朦胧的概念，如知道吃午饭后要午睡。这个阶段的幼儿可以按照成人的要求依序做完三件事，如"去书架那里、拿书、递给我"，说明已经有了固定时序的概念。

日常生活中要注意发展幼儿的以下认知能力：

1. 了解物体的用途

在日常生活中，让幼儿观察不同物体的用途，如交通工具、电话、雨伞等，让幼儿正常选择自己的需要，了解生活常识。

2. 对数字的理解

这个阶段的宝宝对数字已经有了一定的概念，可以分清楚数量的多少。如果幼儿还不会分辨，那么家长就让他从3以下学起，因为此时幼儿最少能点数到3。可以把5个苹果和2个苹果分别放在2个盘子内，让幼儿指出哪个多哪个少，学习数字最好要结合实物，这样幼儿才能更好地理解，才能记得牢固。

3. 认识季节

家长在平时和幼儿交流时，注意给他一些常用知识，比如让他知道春天暖和，花儿开，夏天炎热，知了叫，秋天凉爽，树叶落，冬天寒冷，雪花飘，培养幼儿对周围环境的认识和适应能力。

4. 做律动

让幼儿听音乐节奏，模仿动作。如学兔跳，两手在头两侧上做耳朵，双脚并拢，一起轻轻向上跳。学马跑，两手臂向前伸直、半握拳，做拉绳状，两脚按音乐节拍向前跑步。学大象走，身体前驱，两臂下垂，两手相握，左右摇摆，随音乐节奏慢步向前走等。

三、语言发展特点

25~36个月是幼儿出现完整句阶段，这一阶段的主要特点为：一是能说出完整的简单句，并出现复合句，逐渐终止婴儿语，开始能够表达过去、将来的内容；二是词汇量急剧增加；三是从陈述句到非陈述句。

此阶段的幼儿说出来的句子基本上已经完整了。比如，"我想吃饭了"，主谓宾已经齐全。之后，在此基础上发展出了复合句，比如"我饿了，我想吃饭了"。此阶段以词代句、一词多义的婴儿语逐渐减少并终止。一些幼儿即便所用概念并不准确，但是也逐渐开始能够表达过去、将来的内容。比如，一名35个月的宝宝说："我昨天去打预防针了，可疼了。"仔细询问其教养人才知道，这宝宝原来是半个月以前打了预防针，并非"昨天"。但是他的话语，能够反映过去的内容了，这也是一种很大的进步。这个阶段的幼儿对于大人的"承诺"也记得越来越清楚了，他们有时会说："妈妈，你们说好明天到公园玩的，可别忘了啊。"

完整句的出现，意味着掌握了更多的字词，至36个月，幼儿大约掌握了1000个词。可以说到这一阶段结束，幼儿已经能够使用语言进行日常的交流，言语已经真正形成。

从句子功能来看，幼儿最初掌握的是陈述句，逐渐掌握疑问句、祈使句、感叹句等。24个月左右是幼儿疑问句的主要产生期，25~36个月幼儿开始进入"好问期"（如"干吗？""这是什么呀？"），随着年龄的增长，幼儿的疑问句逐渐增加，他们不断向家长提问，总是要求告知各种事物的有关信息，如名称、特征、用途等。

25~36个月的幼儿，语言教育要点如下：

1. 礼貌用语练习

日常生活中，家长应树立良好榜样，并在平时教幼儿使用礼貌用语"谢谢""您好""不用谢"等。

2. 故事理解

给幼儿讲故事，听完后家长问："故事里有谁呀？他们在什么呀？"或"发生什么事了？"幼儿能说出有关人物和相关情节。经常给幼儿讲故事有利于幼儿的语言理解和表达能力的发展。

3. 词汇积累

这个阶段在幼儿的名词、动词迅速增长的同时，也是积累代词、形容词、副词、量词、连词、介词的时候了。这些词汇通常要结合具体情境和句子更易理解和掌握。以代词为例，具体做法：家长结合具体情境用代词提问，让幼儿用代词回答，或指导幼儿用代词提问。如家长问："这是什么？"指导幼儿回答："这是××。"

4. 复合句表达

这主要是并列复合句与偏正复合句练习。家长根据情境讲一句复合句，让幼儿模仿说一个复合句。如说"妈妈喜欢吃鱼,爸爸喜欢吃牛肉",让幼儿模仿说出"爷爷喜欢××,奶奶喜欢××"。

四、情绪情感发展特点

25个月左右的幼儿随着想象的发展,出现了预测性恐惧的情绪,如怕黑、怕坏人等。这些都是和想象相联系的恐惧情绪,往往是由环境的不良影响形成的。与此同时,由于语言在幼儿心理发展中作用的增加,也可以通过家长讲解及其肯定、鼓励等来帮助幼儿克服这种恐惧心理。

这个阶段幼儿正处于目标调整的伙伴关系阶段。24个月以后,幼儿能够认识并理解母亲的情感、需要、愿望,知道她爱自己,不会抛弃自己,这时幼儿把母亲作为一个交往的伙伴,并知道交往时要考虑到她的需要和兴趣,据此调整自己的情绪和行为反应。这时与母亲空间上的邻近性就变得不那么重要了,例如,母亲需要干别的事情,要离开一段距离,幼儿会表现出能理解,而不会大声哭闹。

这个阶段幼儿的情绪有三大特点:一是易变性,因幼儿缺乏情感控制力,很容易变化,如破涕为笑是常有的事;二是易感性,幼儿的情感很容易受别人的感染,别人笑他也跟着笑,别人哭他也哭;三是冲动性,幼儿的情感是外露的,常在达不到目的或者自己的行为受到别人阻挠时,出现情绪冲动,开始表现自己的主张。但是幼儿从25个月开始,从日常生活中逐渐了解了一些初步的行为规范,知道了有些行为是要加以克制的。例如,一个幼儿摔倒会引起本能的哭泣,但刚一哭,马上就自己对自己说:"我不哭!我不哭!"这时的幼儿脸上还挂着泪珠,甚至还在继续哭。这种矛盾的情况,说明幼儿开始产生调节自己情绪表现的意识,但由于自我控制的能力差,还不能完全控制自己的情绪表现。

这个阶段由于语言和思维的发展,在家长教育下,幼儿开始萌芽三种高级情感。一是道德感。如抢同伴玩具时会感到不对,将自己的糖果给同伴分享会感到高兴。幼儿开始评价自己乖不乖,特别是在集体生活环境中,幼儿逐渐掌握了各种行为规范,他们的自豪感、羞愧感、委屈感、友谊感和同情感以及妒忌的情感等道德感也逐步发展起来。二是理智感。如幼儿知道打针疼痛,但家长鼓励后,能控制自己不怕疼痛的情感而不哭。三是美感。爱美之心人皆有之,幼儿穿上一件美丽的新衣服,照着镜子,感到高兴,产生了美的情感。

五、社会适应能力发展特点

在社会交往方面,这个阶段的幼儿对其他小朋友更感兴趣,同伴间的玩耍和交流增多,互相调整社会性的互动。在游戏中,幼儿主要进行独自或平行游戏,开始玩角色游戏。这个阶段,幼儿开始了自主感,开始"有意志"地决定做什么或不做什么,希望自己独立做事情,如自己动手吃饭,通过不断地说"不"来表示独立,向父母、监护人和看护者提出要求甚至是"指挥"他们。幼儿对自己的心理活动开始认识,开始懂得"我想做"和"我应该做"的区别,做错事后知道脸红害羞。这个阶段是幼儿性格最初的形成阶段,36个月左右最初表现出性格的差异,如合群性、独立性、自制力、活动性。

1. 合群性

在幼儿与伙伴的关系方面,可以看出明显的区别。如有的幼儿比较随和,富于同情心,看到小伙伴哭了会主动上前安慰,当发生争执时,较容易让步;而另一些幼儿则存在明显的攻击行为，如在托管班级中都有几个爱咬人、打人、指人的幼儿。

2. 独立性

独立性是幼儿期发展较快的一种性格特征，其表现在这个阶段变得比较明显。独立性强的幼儿可以做很多事情，如有的幼儿在24个月左右就可以用筷子吃饭、自己洗手等，而有些幼儿吃饭还得大人追着喂；有些幼儿可以独睡，而有些幼儿离不开妈妈，表现出很强的依赖性。

3. 自制力

在正确的教育下，有些幼儿在36个月左右已经掌握了初步的行为规范，并学会了自我控制，如不随便要东西，不抢别人的玩具，当要求得不到满足时也不会无休止地哭闹；而另一些幼儿则不能控制自己，当要求得不到满足时就以哭闹为手段来要挟父母。

4. 活动性

有的幼儿活泼好动，手脚不停，对任何事物都表现出很强的兴趣，且精力充沛；而有的幼儿则好静，喜欢做安静的游戏，一个人看书或看电视等。

这个阶段幼儿开始知道自己的性别，并初步掌握性别角色知识。幼儿能区别出一个人是男的还是女的，就说明他已经具有了性别概念。幼儿的性别概念包括两方面：一是对自己性别的认识，二是对他人性别的认识。幼儿对他人性别的认识是从24个月开始的，但这时还不能准确地说出自己是男孩还是女孩。30~36个月，绝大多数幼儿能准确地说出自己的性别。同时，这个年龄的幼儿已经有了一些关于性别角色的初步认识，如女孩要玩娃娃，男孩要玩汽车等。女孩就表现出更喜欢与其他女孩玩，而不喜欢跟吵吵闹闹的男孩玩；女孩对于父母和其他成人的要求就有更多的遵从，而男孩对父母要求的反应更趋向多样化。

这个阶段，幼儿的生活适应行为得到快速发展。进食能力方面，幼儿可以自己用勺子吃饭，有的幼儿还学会了用筷子夹菜；在穿衣能力方面，幼儿可以解开或扣上衣服上的扣子，从最初简单地脱衣服逐渐发展到稍复杂地穿，可以穿上不用系鞋带的鞋子；在梳洗能力方面，幼儿能够模仿家长在饭后用面巾擦嘴，自己擦鼻子，能够自己梳头、洗脸、洗手，在家长的引导下自行刷牙，36个月时可以自己用双手绞干毛巾；在大小便控制能力方面，幼儿的控制能力增强，可以自行去排泄，36个月时大多数幼儿在夜里不再尿床，在夜里知道告诉家长自己的大小便要求。

这个阶段，家长要继续使幼儿安心，支持、提供照料，对幼儿的自我控制和独立行为进行鼓励，培养幼儿的良好生活习惯，提供自我服务的机会，力所能及参加一些劳动。多让幼儿接触其他同伴，参加一些集体活动。可以开展以下游戏：

1. 木偶游戏

家长可以买些木偶，家长蹲在沙发后面，假装两个木偶，给幼儿讲故事、唱歌，每个木偶用不同的声音。也可以问幼儿问题，并鼓励他交谈。此时的幼儿喜欢把人类特征与玩具联系起来，把它们看作最好的朋友。给幼儿讲故事，和他交谈，从而提高幼儿的社交能力。

2. 协同合作

家长要想办法为幼儿创造一起玩的条件。为幼儿提供与同伴一起玩的机会，如到邻居家串门，再安排需要两人合作的游戏，如盖房子、拍手、拉大锯等，训练幼儿与同伴一起玩。

3. 分享食物和玩具

经常讲小动物分享物品的故事给幼儿听，让幼儿知道食物应该大家一起分享。在幼儿情绪好的时候，给他两块糖，告诉他拿一块给小朋友与同伴吃。

4. 客人来了

妈妈扮演客人的角色，来幼儿家串门。让幼儿开门，然后给客人倒杯茶。鼓励幼儿跟客人谈话。妈妈可以多做几次示范，让幼儿知道如何有礼貌地接待客人，培养幼儿的社交能力。

议 一 议

18个月的洋洋特别爱吃蛋糕。一天早餐前，她看到饭桌上放着面包，就激动地叫起来："啊，糕糕，糕糕！"然后牵着妈妈的手，指向饭桌。妈妈笑了笑，柔声地鼓励她："洋洋长大了，洋洋想办法拿到蛋糕，好吗？"洋洋一手撑着饭桌的边沿，一手使劲地伸向蛋糕，可是够不着。洋洋着急了，大声地叫道："妈妈，妈妈，拿，拿！"妈妈再次鼓励，洋洋就继续扑腾。突然，她无意中扯到了桌布，带动了桌上的面包。洋洋愣了一下，看看蛋糕，看看桌布，然后直接将桌布扯向自己的方向，拿到了蛋糕。她大咬一口，看着妈妈，一脸的自豪。

思考：洋洋的动作意味着她什么心理成分已经出现了？

练 一 练

1. 举例论述0~6个月婴儿动作发展的特点。
2. 简述13~18个月幼儿语言发展特点。
3. 25~36个月的幼儿，语言教育要点有哪些？
4. 举例说说幼儿性格的差异有哪些表现。

做 一 做

理解并掌握不同月龄段婴幼儿发展特点，并分别设计出符合其发育发展特点的培养婴幼儿动作、认知、语言、情绪情感、社会适应等方面的亲子游戏。

读 一 读

1. 庞丽娟，李辉. 婴儿心理学[M]. 杭州：浙江教育出版社，1998.
2. 陈帼眉. 学前心理学[M]. 北京：人民教育出版社，2001.
3. 孟昭兰. 婴儿心理学[M]. 北京：北京大学出版社，2001.
4. 劳拉. E. 贝克. 儿童发展[M]. 南京：江苏教育出版社，2002.
5. 文颐. 婴儿心理与教育[M]. 北京：北京师范大学出版社，2015.
6. 鲍秀兰. 0~3岁儿童最佳的人生开端[M]. 北京：中国发展出版社，2006.
7. 王秀园. 儿童心理魔法书[M]. 上海：华东师范大学出版社，2006.
8. 阿黛尔·法伯，伊莱恩·玛兹丽施. 如何说孩子才会听，怎么听孩子才肯说[M]. 北京：中央编译出版社，2009.
9. 戴蒙，勒纳. 儿童心理学手册第二卷·认知、知觉和语言[M]. 6版. 林崇德，董奇，译. 上海：华东师范大学出版社，2009.
10. 琳达·杜威尔·沃森. 婴儿和学步儿的课程与教学[M]. 北京：人民教育出版社，2009.

11. 周念丽.0~3岁儿童多元智能评估与培养［M］.上海：华东师范大学出版社，2010.

12. 兰西斯·伊尔克，卡罗尔·哈柏.你的1岁孩子［M］.崔运帷，译.南昌：江西科学技术出版社，2012.

13. 陶红亮.0~3岁婴幼儿游戏方案［M］.长春：吉林科学技术出版社，2010.

14. 张雅莲.0~3岁亲子助长游戏［M］.长春：吉林科学技术出版社，2009.

第三章

亲子园筹备及课程设置

单元介绍

本章围绕亲子园筹备和亲子园课程的设置进行了介绍。亲子园筹备内容包括亲子园筹备过程中的市场调研、项目筹划与实施步骤、经营规划与实施步骤、亲子园的环境预备、市场的启动与会员招收、亲子园如何进行招生宣传等。亲子园课程设置内容包括亲子园分班的形式、亲子园课程编排的注意事项等。

知识目标

了解亲子园筹备的内容和亲子园课程设置的内容。

能力目标

能进行亲子园筹备各项工作实施。

情感目标

愿意了解并参与亲子园筹备工作和课程设置工作。

第一节 亲子园的筹备

一、亲子园概述

亲子园为0~6岁婴幼儿提供亲子活动服务。亲子活动主要针对0~6岁的婴幼儿，其指导思想是蒙台梭利的教育理论和方法，在亲子活动过程中具有鲜明的蒙台梭利教育特点，如日常生活教育、感官教育、数学教育、语言教育等，但又在蒙台梭利教育的基础上进一步拓展，将国外蒙台梭利教育的受教育年龄延伸至6个月以上的婴幼儿，依据婴幼儿各年龄段生理、心理发展水平制定活动方案，进行具体实务操作活动，达到提高婴幼儿综合智能的目的。亲子活动为每年四个学期，每个学期3个月，每位会员每星期活动1次，每次活动1小时。亲子园根据亲子会员的智龄段将6个月~3岁的婴幼儿划分为6个班（另外有0~5个月的家庭班），采用小班制，每班最多不超过12名婴幼儿。

二、亲子园的特点

亲子园分为接待室、测评室、亲子活动室等。亲子活动室是"亲子园"的核心之一，是启导员指导家长和孩子进行亲子活动的场所。亲子活动室的特点之一是智龄编班，另一特点是它的布置有别于传统的幼儿园教室。传统的幼儿园教室是将桌椅整整齐齐地摆在教室的正中位置，而亲子活动室里放着许多低矮的开放式架子，上面精心摆放着各种活动材料，儿童可以从架子上选择活动材料，在专用的工作毯上，在启导员的指导下进行各种活动。

三、亲子园的筹备工作

近年来，随着国家教育部对蒙台梭利教育的重视和蒙台梭利课题组的设立，蒙台梭利教育在中国掀起了阵阵热潮，想成立蒙台梭利亲子园、幼儿园或蒙台梭利教学班的园所和单位个人越来越多，但多数办园者却遇到种种难题，不知如何去实施蒙台梭利教学法。因此，要创办一所蒙台梭利亲子园，从环境规划、活动室的布置到整个运作与管理等事项，都必须在筹备期内深思熟虑，拟定策略，才能心想事成，马到功成！

（一）教育理念的确立

在开办亲子园前，必须对当前当地的早教市场有一个基本的了解和深刻的认识，进而确立办园的正确教育理念。亲子园的教育理念就是为儿童创造一个潜能得以自由发展的环境。一个理想的亲子园，必须是将"以儿童为主人"作为最高教育方针。因此，经营一所亲子园必须对幼儿身心成长的过程与需要有清楚的认识，并吃透蒙台梭利的教育理念，了解其教学特点，而后的理想蓝图才能有所依循，接近完善。

（二）市场调查与分析

在筹办亲子园前，必须对当地的早教市场做一番精心的调查与分析，评估其市场需求。

1. 调查内容

（1）区域内的儿童人数。首先要确定亲子园覆盖的区域。要调查该区域内的儿童数量和年龄结构，可以向有关人口统计部门询问或通过查找公布的人口资料或上网去查询。同时应分析过去、现在与未来儿童人口的变化。其中不同年龄段的儿童人口，会影响到亲子园的前景，因此应仔细分析。

（2）家长的职业、经济能力与素质。早期教育的市场需求是毋庸置疑的，而采用蒙台梭利教育则更增添其对家长和孩子的吸引力。亲子园采用蒙台梭利教具及小班制以及全新的教学方法，强调环境的亮丽、温馨与丰富，需交纳一定的费用。因此，家长的受教育程度及家庭收入水平应列入评估的范围。此外，蒙台梭利教育有别于传统的教育模式，采用特殊的教学方法，也有赖于家长对早期教育模式的认可，亦即家长的经济能力、综合素质和对孩子的期望心理，都是必须考虑的。

（3）区域环境。区域环境包括社会环境、行业环境、经济环境、教育环境。这些不同的环境特性，是主导亲子园经营方式的重要因素，必须做好事前的调查与分析。

（4）同业的竞争。区域内是否有采用蒙台梭利教学或其他特殊教学的场所？其规模大小、师资阵容，环境规划如何？家长的认同度如何？这些都需要在筹备阶段详加评估，思考对策。

2. 调查方式

（1）家庭走访及问卷调查，如填写《婴幼儿家庭教育调查表》《儿童家庭行为调查表》；

（2）社区机构调查，如填写《社区调查表》；

（3）妇幼保健站调查；

（4）电话调查；

（5）网上查询。

3. 调查分析

在充分掌握第一手调查资料的基础上，进一步进行去伪存真、整理归类、分析需求等工作，编写《可行性分析报告》，进行投资与收益分析，从而确定该项目是否值得确立。

（三）项目筹划与实施步骤

1. 人力筹划

筹办一所亲子园，可根据事先确定规模的大小，招收学员多少来计划招聘职位的人数，如亲子园的主管1名，测评老师1~2名，亲子园启导员2~3名，感统训导员1~2名，行政文宣人员1~2名等，总人数以6~10名为宜。当然，随着亲子园规模的扩大、会员人数的增加，招聘的人数可适当增加。无论是测评老师还是启导员，一经聘用后，即须着手进行培训工作。目前中国尚无专职的蒙台梭利教师培训机构，可将待训老师送到有关早教培训机构进行培训。

2. 财力筹划

筹办亲子园，财力的支持不可或缺。一般投资一所亲子园，需资金30万元左右。这是一笔不小的数目，对于一些实力雄厚的单位于或个人而言自不必说；若是对于手头仅有十几万元或二十几万元的投资者来说，事先必须筹划按亲子园的开办进度进行适时的融资，从而确保亲子园的筹办与正常运营。对于一些公立幼儿园或儿童活动中心，其经费往往受到地方政府的限制，需要层层报批，履行手续。对于一些正准备介入早教市场的人士或民办幼儿园，费用的筹集是必不可少的。

3. 物力筹划（硬件）

筹办亲子园一个重要的环节，就是要配置良好的硬件设施，包括亲子园园址的选定、建筑物的适用性、活动室的配置以及教学设施等。

（1）亲子园选址。对于加盟幼儿园或加盟儿童活动中心而言，可以利用现有的建筑物加以改造即可；而对于只有资金没有园舍的加盟商而言，一般可租用正在转让的房屋。如果现去征地建园，一则投资巨大，二则周期太长，导致贻误商机。

一般选择亲子园的建筑物需考虑以下几个因素：

①建筑物是否安全？

②亲子园的交通是否便捷？

③公害影响是否严重？

④坐落方向是否理想？

（2）活动室的配置。

1）亲子活动室。亲子活动室是婴幼儿在园中的活动场所，也是时间最长、接触最频繁的地方。因此，室内空间的规划与布置对婴幼儿的影响极大，是一个需要精心设计，天天按婴幼儿成长的不同需求而"预备的环境"。

①面积：一般一班最多 12 名婴幼儿，另加 12 名家长和 2 名启导员，共 26 人，则需 40m² 左右。加上教具架陈列 10m²，活动室的总面积至少需要 50m²。

②高度：室内高度以 3m 为宜，过高会令婴幼儿产生渺小的感觉。

③门：为便于管理，一般活动室只设一个门，但不要有门槛，以方便婴幼儿出入。门最好向外开或装有门轨，可以左右推拉，以避免开门或关门时的噪声。

④窗：窗户宜低矮，好让婴幼儿可以偶尔看一下外面的风景。窗台的高度以 60cm 为宜。

⑤光线：若日光充足，应善加利用窗户，两面采光，不但能节约能源，也有益健康；若光线不足，应加照明设备。人工采光最好采用双管日光灯，较接近自然光。

⑥通风：婴幼儿和家长在进入活动室后，要有良好的通风环境。因为通风不佳的环境，容易使人无精打采、烦躁不安。若没有良好的自然通风，则需配合采用人工通风，包括安装换风扇等。

⑦温度与湿度：室温以摄氏 20℃~28℃ 最为适宜，湿度以 60%~65% 最为舒适。夏季炎热，一般要安装空调设备，以调节适宜的温、湿度。北方冬季寒冷，室内应安装暖气设备。

⑧地面：婴幼儿喜欢坐在地板上工作，所以地面使用的材料不宜太硬、太冷，亦不可太滑。一般以木地板为最佳，地毯次之，塑料防滑嵌板再次之。

⑨墙壁：室内墙壁以油漆为佳，颜色宜采用米黄色、浅蓝色或白色等浅色。

2）盥洗室。盥洗室包括洗手台和马桶的设置。洗手台的高度以 50cm 为宜，材料以陶瓷洁具为佳。马桶则应为婴幼儿专用的小马桶，高度以 20~30cm 为宜。

3）测评室。测评室以 15m² 为宜，室内放置各种测评器具。测评室应封闭、隔音，不受外界干扰。

4）办公室。办公室以 20m² 为宜，主要是行政办公及后勤人员的工作场所，除必要的办公桌椅之外，还需配置电脑、打印机、复印机、传真机、扫描仪等现代办公设备。

5）接待室。接待室一般需设置前台、沙发、茶几、饮水机、电视及 VCD 放像设备等。除此之外，还须设置形象壁，作为宣传展示的窗口。

6）信息系统筹划（软件）。亲子园要保持正常运作，除上述硬件设施以外，软件也是相当重要的，毕竟软件是亲子园的灵魂所在。

亲子园的软件系列包括：
①亲子园的组织章程；
②亲子园的管理制度；
③各岗位人员的职责与权利；
④启导员、测评老师的培训、工作、考核与激励制度；
⑤亲子活动的工作流程；
⑥会员家庭教育指导方案的流程等。

（四）经营规划与实施步骤

为了达到开设亲子园既定的各项目标，在筹建初期必须先拟定经营策略与各项计划，确立可供依循的准则及次序，才能付诸实施，使亲子园有预期地成长、永续与发展。其具体的规划与步骤如下：

1. 会员的招收计划

亲子园招收的会员为 0~3 岁的亲子会员。根据实际情况制订年、季、月的招收计划，具体落实到市场助理的工作计划中去。通过宣传资料和媒体（海报、招贴画、宣传单、报纸、刊物、电视等）以及咨询、讲座、测评等广泛吸收适龄儿童。此项工作关系到亲子园的前景，务必事先仔细规划。另外，由于一般家长对蒙台梭利教育并不了解，因此对家长的蒙台梭利教育推介讲座（家长说明会或家长沙龙），可以架起与家长沟通的桥梁。

2. 行政组织架构及人员的拟定

为了推动亲子园的日常工作，在筹备阶段需视亲子园规模的大小，有系统地规划组织架构、员工编制、亲子活动及感统训练班组的编排等。

3. 人事管理制度的制定

人事管理包括一般工作人员及技术专家与老师的选择与聘用、岗位职责、薪金福利等制度的制定和管理。

4. 环境规划的拟定

亲子园非常强调"预备环境"的重要。因此，从园舍的选择、室内外空间的规划到环境的布置、教具的陈列，都必须经过设计和规划。

5. 亲子活动计划及感统训练计划的编制

亲子园提供6个月～3岁6个班系统的发展目标和亲子活动方案。亲子教学法不同于一般的传统教学法，它有一整套完整的可供遵循的，并准许自由延伸变化的教学方法，从业者应具有专业的认识，才能顺利开展教学活动，达到预期的教育目标。

6. 事务工作的规划

事务管理的范围包括图书资料、档案管理以及教具等的管理。而在筹备阶段的首要工作则是各种设备的预算编制与采购、各项教材教具的使用登记等。

7. 财务管理的拟定

经费是影响亲子园规模、人员及经营方向的重要因素。事先拟定资金运用计划、成本预测、投资回收计划等是亲子园业务永续发展的首要关键。

亲子园本着将蒙台梭利教育本土化、系统化、平民化、家庭化的宗旨，规定亲子园的收费标准必须与当地家庭的平均收入水平相一致，必须是家长能够接受的收费标准，除了必要的成本支出，另加一定的费用作为亲子园的发展之用。

（五）亲子园的环境预备

早期教育的特色之一是对环境设计的重视。亲子园必须是一个"预备过的环境"。因此，预备环境的设计与布置是筹办者和员工积极着手的工作。这项工作的宗旨和方针是"为了满足儿童的需要及自我建构所设计，在这样的环境中，儿童的人格和成长模式才会显现出来"。亦即它必须具备儿童成长需要的一切事物，排除不利于儿童身心健康成长的事物。

1. 亲子园的基本设备

关于亲子园的设备，根据蒙台梭利曾提出的理想蓝图，只要一切设备都能考虑儿童的身心发展和内在需求，至于是否符合形式上的标准，则没有硬性规定。亲子园的亲子室是专为0～3岁的婴幼儿设计的，因此其标准与蒙台梭利幼儿园（3岁以上幼儿）标准有些变化；而亲子园3岁前的婴幼儿占多数，自然与3岁后的幼儿在身心发展方面有较大的差异。

（1）桌椅。桌椅的材料以木质为佳，宜轻且坚固，使婴幼儿易于搬动；颜色宜采用柔和的淡色，方便婴幼儿清洁擦拭；椅脚底部不要加橡皮垫，好提醒婴幼儿养成随时控制自己的肢体动作。至于桌子形状，以长方形最适宜，可两人合用。一般3岁以下婴幼儿使用的桌子长宽高的尺寸为90cm×55cm×40cm，椅子长宽高的尺寸一般为29cm×26cm×24cm。3岁以上幼儿使用的桌子长宽高的尺寸为90cm×55cm×50cm，椅子长宽高的尺寸一般为29cm×26cm×26cm。

（2）柜子。亲子园必备的柜子，因用途的不同可分为无门的鞋柜、教具柜（陈列架）；亦有设门的柜子，如收纳婴幼儿衣物及其他用品的储物柜。这些柜子的尺寸都必须按照婴幼儿的身高设计。

（3）陈列架。可陈列放置教具。高度宜为婴幼儿的一般身高或略低。亲子园使用的陈列架尺寸约120cm（长）×30cm（宽）×74cm（高）。

（4）工作毯和工作毯架。亲子园提供给婴幼儿操作教具使用的工作地毯规格为：110cm×70cm（大）、70cm×55cm（中）、57cm×45cm（小），颜色大都采用灰、绿、粉红，素面无花纹。一般3岁以上幼儿用大、中规格的工作毯，3岁以下的婴幼儿采用中、小规格的工作毯。工作毯架可用来收纳、放置工作毯。一般陈列架可作工作毯架之用。

（5）走线用的白线。亲子园亲子活动室的地板上，必须设一条白色椭圆形线条。它是用油漆或胶带在地板上画一条宽5～7cm（约幼儿的脚宽）、长则视空间与婴幼儿人数而定的椭圆形线（两侧呈直线，两端呈椭圆），让婴幼儿做走线练习之用。走线的圆周与教具架或墙壁的距离至少30cm，在活动进行中，婴幼儿才不致碰撞教具或因靠得太近而随手玩起教具。

（6）其他必备用品。陈列教具的托盘；整理仪容的镜子；抹布、海绵、扫帚等清洁用具；可显示气温的温度计；供婴幼儿测试用的体重器和量身器等。

2. 亲子园的室内设备

（1）接待室：前台、沙发、茶几、饮水机、电视及VCD放像设备、电风扇等。

（2）办公室：办公桌椅、书报架、文件柜、电脑、打印机、复印机、传真机、扫描仪、电话、公告栏、日历等。

（3）亲子活动室：桌椅、工作毯、陈列架、工作毯架、教具、鞋柜、清洁用具、走线、空调、碎纸机、电吸尘器等。

（4）测评室：桌椅、坐高器、楼梯、栏杆、文件柜、各种球类、玩具、空调（或电风扇）等。

（5）盥洗室：镜子、洗手台、香皂、小马桶、毛巾等。

3. 亲子活动室设备数量及尺寸

（1）教具陈列柜。陈列柜的数量8～10个，尺寸为120cm（长）×30cm（宽）×74cm（高），分三层。如图3-1所示。

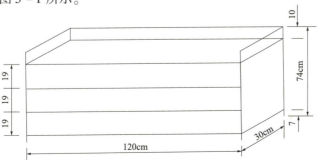

图3-1　教具陈列柜规格

(2) 衣物柜。衣物柜长130cm，高95cm，宽（深）30cm，分三层，每层4格，共12格。每小格内径长30cm，高26cm，每格有带锁的门。

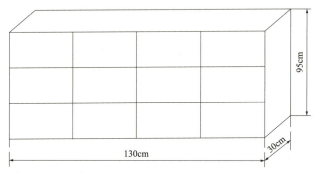

图3-2　亲子园衣物柜规格

(3) 亲子园的教学设备。亲子园的教学设备依据其来源和功能不同可分为蒙台梭利教具（系统教具）、自备教具和用具（非系统教具）等。由于亲子活动主要采用的是蒙台梭利教育方式，因此，蒙台梭利教具在亲子活动室中占据了很大比重。又因蒙台梭利是针对3岁以上的幼儿，而亲子活动主要是针对3岁以下的婴幼儿，因此在进行蒙台梭利教具的配置时，可根据亲子活动的需要，有选择性地购置。

①通用教具：音乐磁带或光盘（钢琴曲、交响乐、儿童音乐等）；托盘20个、小筐8个、带柄小篮8个；打击乐器（手铃、铃鼓、沙锤、碰盅、角铁、木鱼、双响、单响）各5个；玩具汽车、飞机、动物（特征明显的）等；娃娃（大的布制的、可穿衣物可活动肢体的）、不倒翁（人物或动物）、气球、乒乓球及球拍、呼啦圈（直径50cm）。

②常备用品：水彩颜料、油画棒；双面胶、胶棒、胶水、剪刀、彩色手工纸、皱纹纸、保鲜袋；塑料盆（直径20cm）、木筷子、碗、盘子、杯子（有嘴或无嘴的玻璃杯、塑料杯）；小漏勺、饭勺、汤勺、吸管；毛线、绳子、塑料线（细）；牙膏、牙刷、香皂、皂盒、镜子、梳子；尺子、扇子；毛巾（小毛巾、大毛巾、浴巾、纱巾）、抹布；果蔬模型、橡皮泥；彩珠、豆子、扣子等。

③分类教具：

a. 日常生活教具：弹珠；调料瓶（上有许多小孔）；牙签、棉签、西餐刀、砧板；印泥、印章；多色夹子（眉夹、食品夹、衣夹、镊子、指甲刀；挂锁和钥匙（大小不同）；扫把和垃圾铲；一次性的注射器（无针头）、玻璃容器、海绵块；磁铁和不同性质的材料、蜡烛；穿线洞洞扳；玩沙（水）的大塑料盆、沙滩玩具、防水围裙、袖套。

b. 语言认知教具：图书、字卡；故事挂图、西游记拼图；玩具电话、光碟（儿歌、诗歌、故事等）；图片（交通工具、蔬菜、水果、日常用品、植物等）；动物图片（跑、跳、游、飞、爬等各种姿态）；人物图片（各种走姿、各种表情等）。

(六) 环境设计的原则

当建筑物与各项设施齐备之后，接下来便是如何将这些硬件设施与空间做适宜的设计和布置。亲子园如能有效合理地利用现有的空间，做好环境的设计，不但可以解决因空间有限而带来的不适感，美观的布置也能激起婴幼儿的活动兴趣。而考虑周详的陈列方式，也可以相对减少婴幼儿的错误与破坏行为，促其养成良好的行为习惯。

为了遵循"以儿童的身心发展和需求来预备环境"的方针，在对亲子园的环境布置时，

应注意以下原则:

1. 安全,易观察

亲子园任何物件的布置或装修均要以安全为第一要务,避免有棱角的尖锐的物品,以防儿童不小心撞碰或玩耍时受伤或出现意外。陈列架的高度不可超过婴幼儿的身高,这样可方便婴幼儿取拿和放置物品。

2. 真实,能自理

为了让儿童能自我学习,亲子园必须是一个真实的环境,每一样东西都是真实可用的,并且以婴幼儿的视线所及、双手可取的陈列为方针。

3. 秩序,宜变化

秩序,并不只是让每样东西都有条不紊,而是更进一步地指陈列的顺序,都要考虑婴幼儿的接受程度、需要以及使用、放回是否能够方便。教具的陈列应具结构性和秩序性,宜遵守"由左至右,由上至下,由简单到复杂,由具体到抽象"的原则。决不可生硬机城,必须以观察不同年龄段儿童的内在需求和身心发展作为陈列教具的依据。另外,保持环境中的秩序固然重要,但环境是具生命的,富有动态的,对秩序的要求决不可僵化,要使环境成为动态的陈列室。

4. 简洁、温馨

亲子园的布置以简洁为要,不需太过讲究,只需色调明亮,环境整洁,墙壁饰以图画,就能散发出温馨的气氛,使儿童乐于置身其中,进而萌发维护环境的责任感。

5. 自由,能选择

如果环境的设备、布置都规划妥善,陈列完美,儿童却没有自由选择工作和反复练习的机会,则所有费尽心机的设计全部归零。因此,自由与开放的学习环境,是亲子园不可或缺的环境构成要素之一。

(七)亲子活动室的布置

亲子活动室是亲子园中婴幼儿和家长最主要的活动场所,除中间是公共教学场地之外,四周五大教学区教学设施的合理布置就是亲子活动室中最重要的内容之一。这五大教学区分别是:体能教育教学区、日常生活和感官教育教学区、认知发展教学区、语言教育教学区和数学教育教学区。因此,启导员在布置教学区时,必须按照各区所需的设施、空间及与其他教学区的关系,寻找最适宜的位置。

在进行时,必须注意以下一些要领:

1. 亲子活动室门前布置

这包括亲子活动室匾额、启导员简介、亲子活动前家长须知、亲子活动时间安排表等。

2. 亲子活动室内

(1)墙面:亲子园的标志、形象壁、各类婴幼儿宣传画及张贴画、素雅的窗帘等。

(2)陈设:按教具功能分类摆放蒙台梭利教具及其他益智教具、电视机、音响、音响柜、资料柜、鞋柜、儿童桌椅等。

(3)地面:布置走线,要求走线与陈列柜的边缘距离不少于80cm。

(八)亲子园工作人员的聘用与培训

1. 亲子园主任的选择

聘用亲子园主任必须具备以下一些条件:

（1）学前教育专科以上毕业，专业知识丰富且有一定的教学管理经验。
（2）有良好的沟通能力、组织能力和应变能力。
（3）年龄在30～40岁，身体健康，充满活力，有热情与智谋。

亲子园初创立时，可能一下很难选择到合适的主任人选，可以从聘用的员工中挑选一名各方面均较出色的担任临时负责人，等考察一段时间后（如一个月）根据其能否胜任再正式确定。

2. 启导员的招聘条件

蒙台梭利认为：使儿童成长的主要原动力是儿童本身内在的成长驱力——也就是生命力。但老师并非置身事外，而是"协助孩子生命的成长"，亦即协助孩子提升智力和建构完美的人格。这种"协助、引导而非教授"的角色，蒙台梭利称之为"启导员"（Director）。作为幼儿启蒙的引路人——启导员，必须先预备自己，并成为环境的预备者和维护者，以及帮助孩子学习的观察者、示范者、协助者。

亲子活动室的人数，一般至少要有3名，包括1名组长和2名启导员。婴幼儿多时，可适当增加启导员的人数。其条件如下：

（1）具有教师资格证，组长一般要求学前教育专科以上且有两年以上的幼教工作经验，启导员要求学前教育中师以上毕业且有两年以上的幼教工作经验。
（2）热爱早教事业，敬业爱岗，爱孩子，热情有活力，容貌端庄有亲和力，身体健康。
（3）年龄在25～35岁，做过母亲的女性为最佳。

3. 测评老师的选择

婴幼儿综合智能测评工作是一个先导环节，十分重要。对婴幼儿测评结果的准确与否，直接影响到家长的信任度和入会后编班与制定家教方案的准确度。因此，测评老师的选用是比选用启导员难度更大的一项工作。

担任智能测评的老师须具备以下一些条件：

（1）热爱幼教工作，具有高度的责任心和科学的态度，并了解儿童各个阶段的生理和心理特点。
（2）受过学前教育专业专科以上且有五年以上的幼教工作经验。
（3）有良好的与家长及孩子沟通的能力，语言表达清晰、准确。
（4）形象佳，具有亲和力，易于为家长和孩子接受。

以上是亲子园对选择智能测评老师的相应要求，考虑到亲子园刚开办之时，来亲子园测评的儿童并不是很多，所以对测评老师的要求更高。

4. 如何招聘亲子园的职员

（1）在招聘之前，先要对聘用人员的条件和标准做一个界定，做到心中有数。
（2）可以通过报纸、互联网等形式发布招聘广告，或通过参加人才市场招聘会、有关师范院校推介会等，与社会上有求职意向的人士接触。
（3）可以先通过电话与求职人员取得联系，要求求职人员先将个人简历、学历证书等资料传真或邮寄至亲子园。由负责人对收到的求职资料进行筛选，确定可面试的人选，通知求职人员来亲子园面试，约定时间、地点。
（4）求职人员到面试地点与负责人见面之后，先要填一份招聘登记表，然后进行面谈，了解其有关的学习工作情况，再对其进行专业知识和技能的考评，综合评定其素质与能力，初步选定并上报批准。

（5）招聘的人选选定之后，一般有1~3个月的试用期，待试用期满，认定能够胜任亲子园的工作，可以继续留用，签订聘期为一年的用工合同。

5. 亲子园工作人员的培训

（1）启导员的培训。启导员的培训工作极其重要，其培训质量将直接影响到受训启导员能否胜任亲子园亲子活动室的工作。培训方式采用集中授课与观摩教学相结合。培训内容有三方面：蒙台梭利教育理论与教学；亲子园的经营与管理；亲子活动的设计与实施。

（2）测评老师的培训。培训方式实行集中授课与观摩教学相结合。培训内容包括以下几方面：

①儿童智能综合测评理论综述；
②儿童智能综合测评的发展；
③儿童智能综合测评的意义及分类；
④儿童智能综合测评的要求及方法；
⑤儿童智能测评的工具及所需表格的填写方法；
⑥儿童智能综合测评的标准及操作。

（3）教辅员的培训。培训方式为集中授课与演练相结合。培训内容包括以下几方面：

①教辅员应具备的基本条件；
②教辅员的心态；
③教辅员的展业方法与技巧。

以上各项培训时间短期约为20天，其中8天为蒙台梭利基础理论及教具操作，6天为亲子园的各项技术培训，1天为观摩实习教学，另外可根据实际情况安排实习教学。

正规的培训约半年至一年不等。期间越长，学习的知识与实践经验就越扎实。

当然走上亲子园的教学岗位后，还要认真实践与总结。

6. 市场启动与招收会员

（1）亲子园开业准备计划：

①亲子园的选址、装修、除污染，保持环保、健康的环境；
②亲子园负责人的管理培训，启导员、测评员、训导员、教辅员的招聘、培训与实习；
③执照及登记证的办理、注册；
④资料准备包括宣传单页、宣传画、展业宣传画、会员入会资料、会员申请登记表、测评券、讲座券、调查表、测评记录表、社区调查卷、来访登记表、咨询表、亲子园表格等资料；
⑤联系楼盘或社区，筹备开业讲座活动；
⑥亲子园规章制度的建立；
⑦开业的其他准备。

（2）建立精干和高效的市场拓展部。亲子园根据自身的需要，建立由2~3人组成的市场拓展部门，市场启动初期因会员（学员）较少，为降低成本，可由1人专职负责，另从启导员中各抽出1名组成3人市场部。

（3）市场启动计划的编制。在编制市场启动计划前，要进行深入和细致的市场调研和信息收集整理工作。这项工作的准确性，会直接影响到市场启动计划的科学性和实施效果，因此，必须下大力气做好这项工作。具体内容包括：

①对城市区域内总体人口状况的了解：可以通过历年统计资料，也可以向统计局或计生委了解本市某区域内的人口总数，各年龄段的人口数量，婴儿出生率，人口自然增长率及家庭收入状况等；

②对亲子园服务区域内的各楼盘、社区的了解：可以查阅本市的楼盘分布图了解楼盘分布状况，并通过楼盘的推盘时间和销售业绩推断该楼盘的已入住的人数，预测未来该楼盘的人口潜力，通过向街道居委会了解该社区的有关人口状况；

③对0～12岁儿童家长心态的了解：可以通过调查问卷或随机闲谈的方式向家长询问对自己孩子在教育方面的认识和看法，有无种种困惑需要解决，以及愿意在孩子教育上投入多少等。

在收集以上资料的基础上，要对收集到的直接资料和间接资料进行甄别，剔除虚假的成分，然后进行分门别类的整理和归类，从而为制订市场启动计划提供准确的依据。

（九）社区推广活动计划

1. 社区活动的准备工作

（1）人员的准备工作：一般为3～4名。亲子园开办初期，通常会员很少，可确定一名专职社区联络员负责与社区的联络工作，另外从启导员和训导员中各抽出一名协助社区工作，以方便社区咨询活动。至于讲座人员，先期可由总部派遣，等培养出自己的讲师后，即可独立讲座。

（2）相关活动设施的准备：包括活动横幅、讲台、黑板、桌椅、粉笔或水笔、招贴画、气球等。

（3）资料的准备：包括活动通知、亲子园介绍、社区活动和服务项目介绍、儿童智能发展综合测评卷、宣传单页、相关记录表格等。

（4）为方便社区联络员拓展社区工作，需准备以下资料：委托书（亲子园出具）；亲子园介绍及项目介绍；个人名片、工作牌；与物业共建早教社区新文化的活动方案（呈送小区）；早教讲座提纲。

2. 社区活动的开展程序

（1）近距离开拓市场。立足本亲子园所在地周边楼盘，根据初步掌握情况选择2～3家作为社区活动市场调研的对象。

（2）市场调研。对于经筛选后的楼盘，先初步了解该楼盘的总体情况，再逐步了解各个楼盘的人口结构、居民收入概况、小区的入住率、人员阶层，并制作成社区调查情况表上报亲子园。

（3）根据社区调查表的反馈情况，初步确定首次活动的楼盘，由联络员去该楼盘联系讲座事项，如确定讲座场地，洽谈所需费用，讲座时间安排等。

（4）请楼盘工作人员配合组织家长到讲座会场，举行早教讲座，派发宣传单页和免费测评卷。

（5）设置家长咨询点。为了跟进讲座效果，讲座结束后在社区设立短期的咨询服务点，安排1～2名启导员和训导员驻点宣传，回答家长提出的各种问题，并负责收集讲座信息，吸收亲子会员。

3. 社区讲座的有关事项

（1）讲座前准备：

①报告会开始的前三天在小区发出讲座邀请函，张贴讲座通知，派发讲座内容简介，主讲专家的介绍；

②讲座场地的布置：横幅的悬挂、宣传画的张贴、讲座所需光碟或磁带的配备、场地内桌椅的摆置。

（2）讲座时间安排。整个讲座及咨询各2个小时，可安排周六或周日。上午9：30～11：30举办讲座及答疑，下午2：30～4：30为咨询活动。

（3）报告组成员的确定和分工：

①接待员：2位，负责接待家长并派发宣传资料，发放育儿调查表；

②主持：1位，衔接整个讲座环节、开场白、结束语及安排咨询事项；

③摄影师：1位（由接待员兼任），负责拍照讲座过程，为亲子园的宣传积累图片资料；

④讲师（专家）：1位，讲座的内容"与物业共建社区早教新文化"。

（4）讲座细节程序：

①当家长进场时，由接待员将宣传资料和讲座提纲发放；

②人员陆陆续续进场，音响师先放一些轻音乐或儿童经典歌曲；

③人员基本坐定后，由主持人开场白，请出主讲专家；

④由主讲专家进行专题讲座；

⑤现场由讲座专家回答家长提出的各种问题；

⑥主体内容演讲结束前，讲师请接待员给家长发放《婴幼儿家庭教育调查表》和《儿童家庭行为调查表》，填完收好后，进行专家咨询活动；

⑦下午进行咨询活动，解答家长育儿疑问，由咨询人员负责。

（5）整理讲座的所有资料：

①两项调查表的整理建档；

②讲座咨询内容的整理；

③摄影师的资料整理；

④整个讲座的总结报告。

（十）亲子园内工作人员的配合

尽管市场人员尽全力打拼市场，吸引了许多家长带孩子到亲子园来，但是如果没有亲子园内工作人员的后续努力，也可能收效甚微。因此，亲子园必须做好以下工作：

（1）建立专职接待制度。选择沟通能力强、能较好地回答家长各种提问的人担当此任。

（2）建立试听课制度。家长带孩子测评之后，对亲子园的教学质量仍一无所知，心存疑虑。亲子园须安排高质量的一堂课让家长试听和参与，才能让家长充分感受亲子活动的魅力，进而萌发参加亲子园的想法并做出加入的决定。

（十一）会员招收计划

市场启动计划的最终目的是招收亲子会员，因此制订一个切实可行的会员招收计划并落到实处就显得极为重要，这是亲子园得以生存和发展的前提。

招生计划可根据亲子园各方面的实际情况先制订一个月计划（目标），比如亲子会员10个，感统会员10个。试运作一个月后，再根据其招生效果制订下一个月的招生计划。并且将实际招生的收益和亲子园工作人员的工资挂钩，重点是与负责招生人员的工资联系在一起，可采用基本工资加提成的办法。具体可视当地的工资水平而定。

四、亲子园的招生宣传

（一）市场调研

在宣传之前，应该做一个详细的市场调查，研究家长的心理。例如，了解家长选择亲子园的关键是什么，以及在入读亲子园时，家长希望孩子在哪些方面能得到发展等。

（二）制定宣传具体内容

1. 找特点

将别的亲子园没有，而自己有的东西表现出来。比如有的亲子园可以为婴幼儿提供半日托管服务，这也是大部分亲子园没有的服务项目。

2. 找准办园理念，与家长多沟通

办园理念要找准，做到准确定位之后，再跟家长勤沟通，态度诚恳，不要让家长感到工作人员能言善辩或欺骗他。

（三）宣传方式

1. 直接投放宣传资料

这种宣传方式是最直接的。将宣传材料直接投放给家长，让家长在不知不觉中接受了宣传，就比如现在大多数人采用的，发放印有亲子园标志和电话的纸巾、扇子和气球等。

2. 联合社区或者企业开展亲子活动

可以利用周末时间，联合社区或者企业开展亲子活动，邀请0～6岁适龄儿童和家长参与活动，并颁发一定的纪念品，纪念品上面有亲子园的Logo。顺便给来参与活动的家长宣传亲子园的教学理念，还可以当场报名减免一定学费。

3. 网络、候车亭广告牌、公交车车体广告等媒体宣传

亲子园可以利用社会媒体进行宣传，让更多需要的人看到信息。现在年轻家长普遍都是"90后"，他们了解招生信息一般采用网络的形式，所以在网络宣传方面，可以做一些工作，提高亲子园的竞争力。

亲子园要建立一个自己的网站，网站上提供一些家长论坛、师资介绍、活动展示、宝宝作品展示等栏目。

4. 开展公益讲座

通过网络或者现场的公益讲座，为0～6岁适龄儿童家长讲授科学育儿经验、婴幼儿常见疾病及预防措施、婴幼儿常见意外伤害及预防措施、婴幼儿心理发展特点及教养方法、婴幼儿家庭游戏如何进行等。虽然短时间内看起来是比较费时费力的事情，但是这种宣传是非常有效的，它可以向家长宣传教师的专业水平，让家长看到专业的人才能做专业的事。

5. 学员家长口口相传

家长就是最好的招生宣传。保证亲子园的教育活动质量，并且为家长提供科学的育儿指导，与家长建立良好的情感关系，使家长认同自己的教育理念，让家长觉得在亲子园里，孩子在按照自己理想的方向发展，亲子园自然就有了口碑。通过各个家长之间的宣传，亲子园的生源会更好。

第二节　亲子园课程设置及组织

一、亲子教育分班形式

亲子教育主要招收 0~3 岁婴幼儿，但是各园根据具体情况招收的年龄范围不一致。可以根据每 3 个月为年龄段设置不同分班。每个星期上一次课程或活动，每一次课程或活动时间为 40~60 分钟或半日。

可以分为综合班和特色班。

综合班课程设计主要是根据婴幼儿发展的五大能区进行全面的教育训练。综合班可以分为 6 个班：7~9 个月、10~12 个月、13~18 个月、19~24 个月、25~30 个月、31~36 个月；也可以以半岁作为分班年龄段划分。

特色班分为蒙台梭利班、感觉统合训练班、奥尔夫音乐班、全脑训练班等。

二、亲子教育活动的组织形式

在亲子教育活动的组织形式包括综合亲子教育活动、奥尔夫音乐亲子教育活动、蒙氏亲子教育活动、全脑亲子教育活动、感统亲子教育活动等。这部分内容在第五章第三节有重点讲述，在这里不再赘述。

三、亲子课程编排注意事项

（一）多元启智课程以上午为主，争取每个月龄都有所设置

（二）师资编排注意事项

在亲子教育活动的师资培养时，应该让老师按照专长有重点带不同年龄段婴幼儿，最好不要让一位老师学习 0~3 岁全部课程。

（三）课程表安排考虑婴幼儿年龄因素

最小年龄段的婴儿最好放置在最早或最晚的时间段。

（四）周末最好能空出半日做大型户外亲子活动

亲子园在编排课程时，最好能够空出某周六、周日的半天时间，用来做全园的户外亲子活动。

议一议

2015 年年底，经长宁区妇联牵头，携程公司与上海《现代家庭》杂志社旗下"为了孩子"学苑共同努力，精心设计打造"妇女儿童之家——携程亲子园"日常托管服务项目，着力解决职工 1 岁半至 3 岁左右的孩子在上幼儿园之前家中无人带教的困扰。携程公司开辟办公楼一楼 800m² 场地，提供了 5 间各超过 50m² 的幼儿活动教室供幼儿日常生活和游戏活动使用，2 间超过 10m² 的幼儿专用厕所，另设一间保健室、一间保洁室、一间营养室，以及接待大厅、员工办公室和专用厕所等。场地可容纳 100 多名幼儿日常活动和托育管理。

2017 年 11 月初，携程托管亲子园教师打孩子的视频在网上流传。视频显示，教师除了

殴打孩子,还强喂幼儿疑似芥末物。长宁警方以涉嫌虐待被监护、看护人罪对携程亲子园的三名工作人员依法予以刑事拘留;13日以涉嫌虐待被监护、看护人罪,对携程亲子园实际负责人郑某依法予以刑事拘留。

2017年11月15日,上海市妇女儿童工作委员会认定这是一起严重伤害儿童的恶劣事件。11月16日晚,携程CEO孙洁做最终通报,两个人力资源部副总裁被免职。12月13日,长宁区人民检察院依法对携程亲子园工作人员郑某、吴某、周某某、唐某、沈某某以涉嫌虐待被看护人罪批准逮捕。

2018年9月26日,上海市长宁区人民法院依法公开开庭审理携程亲子园虐童案,8名被告人当庭认罪悔罪。

2018年11月27日下午2点,上海携程亲子园虐童案在上海市长宁区人民法院一审宣判。8名被告人均因犯虐待被看护人罪被判处刑罚。

思考:携程虐童事件的发生原因是什么?结合携程虐童事件,思考亲子园工作人员的聘用条件有哪些?如何对亲子园的工作人员进行培训?

练一练

1. 亲子园招生宣传如何进行?
2. 亲子园的筹划包括哪几方面的内容?

做一做

根据亲子园筹划的内容与步骤,撰写一份亲子园筹划方案。

读一读

1. 但菲. 婴儿教育及其机构现状分析 [J]. 沈阳师范大学学报(社会科学版),2006(01):42-44.

2. 尹坚勤. 江苏省教育机构0~3岁早期教养现状调查 [J]. 早期教育(教师版),2009(04):14-15.

3. 杨娜. 巴彦淖尔市0~3岁早教机构的现状分析及发展策略研究 [D]. 呼和浩特:内蒙古师范大学,2012.

4. 张民生. 0~3岁婴幼儿早期关心和发展的研究 [M]. 上海:上海科技教育出版社,2007.

5. 伊萨. 儿童早期教育导论 [M]. 北京:中国轻工业出版社,2012.

6. 洪秀敏,等. 婴幼儿托育机构设置标准的国际经验与启示 [M]. 北京:北京师范大学出版社,2020.

第四章

亲子教育活动设计的基本原理

单元介绍

本章节围绕亲子教育活动设计的基本原理展开论述,主要内容包括亲子教育活动设计的原则,亲子教育活动设计的一般流程,亲子教育活动的组织模式。

知识目标

了解亲子教育活动的常见组织模式;掌握亲子教育活动设计的原则。

能力目标

能根据不同年龄段婴幼儿身心发展特点设计亲子教育活动方案。

情感目标

愿意进行亲子教育活动方案的设计并进行小组交流讨论,并体验同学交流经验的乐趣。

第一节 亲子教育活动设计的原则

亲子教育活动设计是教师为了促进婴幼儿发展而有计划、有目的地展开的一项创造性工作,它是教师在把握和分析婴幼儿及其家长特点的基础上,创设适宜的活动环境,制定适宜的活动目标,选择合理、科学的活动内容和形式,撰写具体的亲子教育活动方案的过程。亲子教育活动的设计是教师开展亲子教育活动的蓝图,也是保证活动效果的必备工作。在活动设计过程中,要把握好以下原则。

一、发展适宜性原则

这是指亲子活动的组织者要根据婴幼儿的年龄特点和发展水平,确定符合婴幼儿发展需要的活动目标,选择适合婴幼儿发展水平的活动内容。适宜的目标应是既高于婴幼儿现实发展,又是经过努力能够达到的水平;既要考虑婴幼儿某一方面发展的需要,又要着眼于婴幼儿整体发展的需要;既要考虑婴幼儿群体的水平,又要兼顾他们之间的差异。因此,亲子教育活动的目标不要定得太大、太空,一定要符合婴幼儿发展的需要,具有指导性和可操作性。7~9个月的婴儿不可能走、跳、跑,可以多设计一些爬的活动,根据婴幼儿下一阶段发展，9个月时适当加入站的活动。

二、科学性原则

这是指选择亲子教育活动的内容、方法、手段要科学适度。由于婴幼儿年龄小，活动要注意动静交替，集体活动与分散活动相结合，时间不宜过长。集体活动中可以穿插一些自由放松的活动。一个活动可多次重复，但活动量要适当，根据家长和婴幼儿的具体情况适当注意调整活动内容和活动节奏；既要防止过度疲劳，又要重点注意运动量不够的问题，既要防止内容单一、形式单调，又要防止花样繁多、任务过重的问题。

三、整体性原则

整体性原则指的是亲子教育活动的设计要考虑婴幼儿动作、言语、社会性、认知、情感等各方面的整体发展。

婴幼儿的发展不是单纯的智力发展，是全面的、整体的发展。各个方面的发展相互影响，相互促进。在设计亲子教育活动时，要围绕主题活动目标开展全方面的教育活动。

四、指导性原则

这是指亲子教育活动是专业人员有目的、有计划、有组织地面对家长及看护者开展科学育儿的具体指导活动。因为家长和看护者的教育行为直接影响着婴幼儿的成长和发展，所以亲子活动的指导对象应是这些成人，通过指导他们与孩子共同游戏和交流，传播教育儿童的新观念，使他们在实践中应用，进一步体验教育的原则和方法，提高他们的科学育儿水平和能力。因此组织者在活动前对参加活动的对象要有比较全面的了解，针对他们的实际需要和孩子成长的需要设计活动目标，选择适宜的内容和方法。指导中既要满足多数家长的需求，又要考虑对个别家长的具体指导；既要考虑对家长的现场指导，又要考虑对家长家庭育儿的指导（加入家庭延伸教育），使每个家长都有所收获。

五、互动性原则

这是指亲子教育活动应该注意调动家长和孩子参与的积极性。一方面注意家长和婴幼儿间的互动，另一方面要注重教师与家长之间的互动。家长不仅仅是被动的学习者，他们有许多丰富的经验和方法，教师可以引导他们在活动中贡献自己的教子方法，交流成功的教育经验，鼓励他们提出问题。设计亲子教育活动过程中应了解家长在教育孩子方面的问题和经验，可以适当将家长好的做法引入亲子活动的过程，只有充分运用好这些宝贵的教育资源，亲子活动才能达到有效预期的目的。这些互动包括家长与婴幼儿的互动、婴幼儿之间的互动、教师与家长的互动和集体的互动等。

六、直观性原则

直观性原则是指组织活动时要利用婴幼儿的各种感官和已有经验，根据婴幼儿思维直观性的特点，充分运用各种直观教学手段或游戏的方式调动婴幼儿学习的主动性、积极性，培养婴幼儿学习的兴趣，吸引婴幼儿的注意力，形成愉快的学习气氛。0~3岁婴幼儿以直观动作思维为主，因此，设计活动时要考虑婴幼儿的这一年龄特点。

教师应根据教育活动的具体内容和婴幼儿的实际，恰当地运用直观手段、生动形象的语言等，增加活动的趣味性。常用的直观手段有观察实物和模具、电化教学、语言描述、动作示范等。

七、趣味性原则

趣味性原则就是要寓教育于娱乐之中。这就要求在设计亲子教育活动时，必须结合婴幼儿以无意注意为主的心理特点，以活动全过程各个环节的趣味性来激发婴幼儿学习的兴趣性和主动性、积极性，让婴幼儿在整个活动中保持较持久的注意力，身心处于最活跃的状态，内在的潜能得到充分的发挥。

第二节　亲子教育活动设计的一般流程

亲子教育活动设计，首先要考虑：我们要到哪里去——亲子教育活动的目标是什么，通过教育活动，婴幼儿要学习什么，家长要学习什么；其次要考虑：我们怎样才能到那里去——选择什么样的教育内容、教育策略和教育方法；最后要考虑：怎样知道我们是否已经到达了目的地——如何对亲子教育活动进行评估，如何对婴幼儿发展进行鉴定。

具体地说，亲子教育活动设计程序一般可分为以下几个步骤：
（1）分析婴幼儿年龄特点和发展水平；
（2）分析家长的教养水平和需要；
（3）亲子教育活动目标的确定；
（4）进行活动准备；
（5）选择亲子教育活动的内容；
（6）设计亲子教育活动的方法和手段；
（7）选择亲子教育活动的组织形式；
（8）撰写亲子教育活动方案。

一、分析婴幼儿年龄特点和发展水平

婴幼儿是亲子教育活动的主体，一切活动都应该以促进婴幼儿身心健康和谐发展为最终目标。要发挥活动的有效性，教师必须对婴幼儿年龄特点和发展水平进行正确分析和评估，只有确定婴幼儿发展的原有水平，预估婴幼儿发展的最近发展区，才能科学设定婴幼儿发展的目标。

确定婴幼儿原有水平就是指确定婴幼儿在接受新的学习任务之前的原有知识、技能、能力水平的情况，也包括了解婴幼儿的学习动机、学习态度。这方面我们平时考虑得较少，似乎一切都是凭教师的想象进行，因而出现许多知识技能婴幼儿早已经掌握，态度早已形成，但我们教师还很认真地设计活动方案，然后按照活动方案去"教"婴幼儿。婴幼儿已学会的，我们还在教，那是在浪费婴幼儿的时间，同时还可能导致婴幼儿产生不良的学习习惯。正所谓教育要走在婴幼儿发展的前面，所以教师一定要了解0~3岁婴幼儿不同年龄段的动作、言语、情感、社会性、个性等方面发展特点，针对不同年龄阶段的特点进行活动目标的设计。

婴幼儿发展还具有明显的个体差异，年龄越小差异越大，因此，年龄越小，个性化需求就越强。同样都是6个月的婴幼儿，有的已经会爬行，还有的不会独坐，甚至靠坐还左右晃动。有的婴幼儿1岁已经开始说话，有的还金口未开。这就要求教师在设计亲子教育活动目标时，应充分考虑婴幼儿在生长发育方面的个体差异，关注婴幼儿在自己的原有水平上进一步发展，尊重每个婴幼儿按照自己的速度在自己的水平上获得发展，千万不能搞"一刀切"。

二、分析家长的教养水平和需要

亲子活动中家长既是活动的承载者又是活动的传递者，教师必须取得家长的支持与配合，家长重视、坚持及对孩子的理解、支持、鼓励与配合等良好的亲子教育氛围的形成，才能促进家长和孩子共同成长。家长对孩子的早期教育中，态度是有所不同的，这会对子女的性格产生不同的影响。作为亲子教育活动的组织者，教师要了解家长的教养水平、教养方式，及时发现家长教养过程中的问题和需要，才能更好地设计亲子教育活动的家长指导内容。

教师要针对不同性格、不同教养方式的家长，进行亲子教育活动设计。比如支配型家长在亲子教育活动中多表现为代替、包办或自己动手，全然不顾孩子的兴趣及主动性的培养及调动，甚至时时担心会出现危险，不愿支持孩子做任何未曾做过的事情，孩子也表现出胆小或拒绝活动。对于这类的家长，在设计活动时，就要考虑发挥家长的优势，可以让家长在活动中给孩子做示范，孩子向家长学习。针对保护、溺爱型家长，教师要设计一些能吸引孩子的活动，使之能情绪稳定、自然愉快地进入活动中，同时在活动中，不勉强、不强迫，不给孩子压力，但应时时关注、时时引导，逐步提出一些可行的要求或建议。对孩子的任性等行为表示理解、容忍及宽容，采取"冷处理"方法。针对忽视、拒绝型家长不在乎亲子教育活动的现象，要引导家长认真对待和腾出更多时间陪孩子。这类家长容易出现无故逃课，请他人替代父母角色的情况，他们与孩子相处时间少，沟通不足，亲子情感淡漠。这类家长带出来的孩子对人冷漠或总想引人注视，做怪样或故意捣乱或打人骂人，态度粗暴，甚至无理。对这类父母，教师在设计活动中，要明确提出一些语言要求，在活动之前明确提出家长应该做的事情，并争取家长配合。民主型家长是亲子教育活动中最希望出现的教养类型，他们会支持孩子一切独立、自尊、自信的行为，鼓励孩子积极地参加各种社会的社交活动，让孩子感到活动的乐趣，分享成功的快乐。父母会特别在意孩子与人交往及与他们协作，要求对人要真诚。针对民主型家长，教师在活动中可以让他们成为家长的榜样，把他们的优秀做法作为榜样向其他家长宣传，使其成为教师的教育合力，以带动更多家长配合教师的活动，并不断引导其他家长提高自己的教养水平。

三、确立亲子教育活动目标

通常每一次亲子活动都要围绕一些目标的达成而设计，目标主要针对婴幼儿和家长两者的需求而定，目标所涵盖的各个方面，应通过一次亲子活动的不同活动内容来体现，具体活动内容和难易程度的安排要依据婴幼儿的不同发展水平。

亲子教育活动是教师、家长、婴幼儿三方互动的活动，因此，在确立亲子教育活动目标时，除了婴幼儿发展目标，还应该包括家长指导目标和要点。

0~3岁婴幼儿发展目标如表4-1所示。后面在讲到具体教育活动设计时,还会详细论述。

表4-1　0~3岁婴幼儿发展目标

序号	发展领域	发展目标
1	身体动作	1. 发展婴幼儿趴、翻、坐、爬、站、走、跳、跃（大肌肉发展）； 2. 发展抓、握、捏、放、摇、扔、捡、传递、敲击（小肌肉发展）； 3. 平衡、灵活、协调、控制能力； 4. 促进机体的生长发育,提高对环境的适应期； 5. 增强体质,提高健康水平,推进动作、思维及社会能力的发展
2	言语	1. 掌握1100个左右的词汇； 2. 能说出复合句,句子结构由压缩、呆板逐渐变得扩展和灵活,言语表达能力迅速发展,逐渐能用较完整的句子表达自己的想法； 3. 能开始与成人交谈,言语交际能力初步发展,会使用对话言语、情境言语、不连贯言语进行请求、回答、提问的言语交际
3	认知	1. 感知觉发展丰富、发展成熟：具有视觉、听觉、触觉、嗅觉、味觉、平衡觉等感觉的发展,具有方位、距离、形状、大小、时间知觉的发展； 2. 具有初步的观察能力； 3. 无意注意发展较好、有意注意初步发展； 4. 无意记忆发展较好、有意记忆初步发展； 5. 无意想象初步发展,有意想象开始萌芽； 6. 直觉行动思维发展较好,具体形象思维开始发展
4	情感	1. 有喜、怒、哀、乐、惧等情绪体验,能充分地表达情绪；具有初步的情绪控制能力； 2. 具有良好的亲子依恋关系和安全感,能较好地适应与探索环境； 3. 具有美感、道德感、理智感等情感的启蒙； 4. 乐于探索外部世界,愿意并主动与人、与物接触； 5. 喜欢学习与游戏活动,愿意参与集体活动
5	社会性	1. 初步认识自我,认识自己的身体、行动,学会使用"我"字； 2. 具有对自我的初步控制能力（延迟满足、外抑制、内抑制、坚持性行为出现）； 3. 具有初步的人际交往能力,掌握一定的交往技能、技巧；能与家长有效互动；喜欢友善的身体接触；适应并喜欢集体；愿意与他人共同游戏；愿意与他人分享食物或玩具等； 4. 具有初步的社会知识：了解家庭环境和周边的生活场所,如医院、商店等；初步了解一些生活、学习、游戏规则①

亲子教育活动目标表述的注意事项：

（一）活动目标表述主体统一,且为发展目标

按照教育活动中的行为主体,可以将教育活动目标的表述分为两种形式,即发展目标和教育目标。发展目标,它的行为主体是婴幼儿,通常以"学会……""喜欢……""愿

---

① 表格来源：曹桂莲.0~3岁儿童亲子活动设计与指导［M］.上海：复旦大学出版社,2014.

意……""感受……"等方式表述。教育目标的行为主体是教师，通常以"引导……""鼓励……""教会……"等方式表述。亲子教育活动目标陈述的应是婴幼儿通过教育活动之后，在体智德美等方面的能力和情感、行为技能方面的变化。教育活动目标不应陈述"教师做什么"，因为教育活动目标预期的是婴幼儿的学习结果，用"教师应该做什么"的语句陈述，在逻辑上是讲不通的；再者，如果教育活动目标陈述的是"教师应该做什么"，如"教育婴幼儿乐于参加集体活动"，那么教师"教育"过了，他的目标就达到了，至于婴幼儿的情感是否发生了变化，能不能经得起测量和检查，以教师的行为陈述的教育活动目标是不需要回答后面的问题的。

教育活动目标关注的应该是婴幼儿的发展，因此亲子教育活动的目标应该表述为发展目标，而不是教育目标。

在目标表述过程中，还有的教师出现主体不统一的情况，比如"1. 能够听指令做动作，并学习发出指令；2. 引导婴幼儿主动参与集体活动……"这两条目标的表述主体不统一，第一条是以婴幼儿为主体表述的，是发展目标，第二条是以教师为主体表述的，是教育目标，可以将第二条目标改为"喜欢并主动参与集体活动"。

（二）活动目标陈述要具体、明确、可操作

陈述预期婴幼儿要获得的学习结果，而应尽量避免使用含糊的和不切实际的语言陈述亲子教育活动目标。因为教育活动目标是以具体明确的表述方式说明婴幼儿完成学习任务以后要达到的"目的地"，如不能清楚地表达婴幼儿要达到的目的地，那么，婴幼儿很可能会抵达另一个地点，甚至走错方向。目标不明确，对确定教育活动内容、对教育活动过程与教育活动策略的安排以及对学习结果的评价都是不利的。如，有位教师在写社会性发展的教育目标时写"培养婴幼儿的人际交往能力"，这样表述的教育目标，一是过于含糊且不具有可测量性和可操作性，对教育实践不具有指导意义，二是所反映的"培养"是"教师应该做什么"，应该把它改为"学会一定的交往技能，比如见到老师会主动问好，碰到别人会说对不起……"这样的目标就比较具体，有可观察性和可测量性，同时对教育活动的具体实践也具有指导作用。制定具体、可测量的教育活动目标的目的，一是使整个教育活动过程目标明确，有利于教育活动的开展，二是更好地对教育活动的结果进行评价。

（三）需要长时间教育活动才能达成的目标尽量不要在具体教育活动中表述

对需要长时间的教育活动才能达到的教育活动目标，在具体教育活动中表述一定要慎重。如，情感、态度、能力、行为习惯、道德品质等方面的教育目标，一般而言不是一次两次教育活动所能达到的，并且它比认识、技能领域更内在些，所以要把它们具体化为可观测的行为确实不容易。比如养成良好的饮食、卫生习惯等，这类目标可以表述为"能够主动饭后自己收拾餐具或者饭前主动洗手"等。

（四）教育活动目标的内容要尽可能全面

布鲁姆将教育目标划分为认知领域、情感领域和操作领域三个领域，共同构成教育目标体系。

认知领域教学目标分为知识、领会、应用、分析、综合和评价等，六个层次形成由低到高的阶梯。知识目标就是记住所学材料，包括对具体事实、方法、过程等的回忆，可使用的描述动词有定义、叙述、背诵等。领会目标就是领悟所学材料的意义，但不一定将其与其他

事物相联系，可用描述动词有解释、辨别等。应用目标是将所学概念、规则等运用于新情景中的能力，可用描述动词有计算、操作等。分析目标是将整体材料分解成其构成成分并理解其组织结构，可用描述动词有分解、说明等。综合目标是将所学的零碎知识整合为知识体系，强调创造能力，需要产生新的模式或结构，可用描述动词有创造、编写等。评价目标是对材料作价值评判的能力，包括按材料内在标准或外在标准进行评判，可用描述动词有评价、对比等。

情感领域的教学目标根据价值内化的程度而分为接受或注意、反应、评价、组织价值观念系统、价值体系个性化五个等级。接受或注意是指学习者愿意注意某特定的现象或刺激。反应指学习者主动参与，积极反应，表示出较高的兴趣。评价指学习者用一定的价值标准对特定的现象、行为或事物进行评判，包括接受或偏爱某种价值标准和为某种价值标准作出奉献。组织指学习者在遇到多种价值观念呈现的复杂情境时，将价值观组织成一个体系，对各种价值观加以比较，确定它们的相互关系及它们的相对重要性，接受自己认为重要的价值观，形成个人的价值观体系。价值体系个性化是指学习者通过对价值观体系的组织，逐渐形成个人的品性。各种价值被置于一个内在和谐的构架之中，并形成一定的体系。

动作技能教学目标指预期教学后在儿童动作技能方面所应达到的目标，分为知觉、模仿、操作、准确、连贯、习惯化六个等级。知觉是通过感官，对动作等的意识能力。模仿是儿童重复被显示的动作。操作是儿童独立操作。准确是错误减少到最低程度，精确的、有控制的、无误的动作。连贯是按规定顺序和协调要求，调整行为。习惯化是自动或自觉地做出动作。

虽然不同教育活动的教育目标应有所不同，且应有各自的重点目标，但总体而言，除了突出本活动的重点目标，还要兼顾其他方面的目标，不要有意无意地忽视教育的某方面目标。每一个教育活动的目标原则上都应包括情感态度目标、认知目标、行为技能目标三个方面的内容。

四、进行活动准备

(一) 提供适宜的活动环境

开展亲子教育活动需要一定的空间或场地、必要的设施、玩具和材料。应根据活动场地的大小决定参与的人数；根据活动的需要提供必要的设施，例如引导婴幼儿练习爬的动作必须要有清洁的地垫或地板；玩具材料要符合婴幼儿的年龄特点；同时要提供婴幼儿喝水、小便的条件，保证活动的顺利进行。

1. 活动室的布置

面积在 $40\sim50m^2$，上限不超过 12 个人，八九个家庭最合适。墙面温馨简洁，色调柔和，以鹅黄、浅绿、浅粉、浅蓝、浅橘等浅色系为主，色调加灰，上面可以点缀一些世界名画、装饰画，在这样的环境下可以对婴幼儿进行美的熏陶。

地面不建议用塑料软垫，婴幼儿不易走软垫，软软的会太累，也不利于婴幼儿腿的力量和触觉的训练。可以铺一层薄海绵垫，再铺一层色调柔和的地革，易于清理，婴幼儿走也方便。

地面贴一个大圆圈，我们叫它蒙氏线，避免大家在活动室没有方位感。两个控制点间距离为 40cm。针对大小班组，可以粘两个圈，外圈适合人多的大班，如 10 个家庭左右，内圈适合人少的小班，如 5 个家庭左右。

室内放置 2~3 节教具柜就可以，用于盛放以前操作过的玩具、新玩具、适应近期发展的玩具。所有玩具都用帘子遮挡，不能够裸露，避免孩子分散注意力，教师要用什么拿什么。

每周要清洗玩具，地垫每次用完都擦拭。鞋柜可以放在活动室外面。总之所有装饰力求温馨简洁，让婴幼儿有家的感觉。

2. 人员准备和资源准备

（1）人员准备。教师仪容仪表：以运动系列装扮为主，服装颜色清新、长短适中；束发，不能够散发，不留刘海或直接盘发；手上、身上无装饰物，指甲无装饰，无长指甲；可化淡妆。

（2）资源准备：

①环境是否卫生。主要是指地面及教具架是否有灰尘，室内空调、CD 机、电器是否配置合理、能使用，裸露的电源插座是否已经遮挡好。

冬天南方室内 18℃~19℃，夏天 27℃~28℃，最好购置带有清新功能的空调以保持室内空气不混浊。北方冬天如果供暖不好，也需要打开空调调节温度。

②玩具数量是否充足。主要是指跟主题活动相关的教具是否达到人手一份，玩具是否有破损、缺失，所有木质玩具要用砂纸把边缘的毛刺磨光滑，避免伤及婴幼儿的小手。

③教师教案是否准备完整。教案要求写详案，将每个环节、每句话都要写清楚。具体内容请参考第五章第一节亲子教育活动方案的撰写。

［避免忘记课程环节的小技巧］新教师在上课时，对面准备一个小提示板，上面写好今天上课每个环节的名称，当忘了下一个环节应该上什么时，可以看一下提示板。美劳活动时可以准备一些湿纸巾，供活动后擦手用。

④充分利用生活中各种可以利用的资源。开设"亲子活动教室"除了需要添置必需的设施（现成的玩具、材料等），许多生活中的废旧材料应成为可以利用的极好资源。组织者在设计活动时应充分考虑生活中的各种废旧材料和自然物的使用。例如：各种物品包装盒、包装带、树的落叶、水果核等巧妙地运用。这些废旧材料的使用不仅可以节省资金，更重要的是有利于婴幼儿直接地感知和探索学习。

五、选择亲子教育活动中的内容

（一）选择亲子教育活动的内容的原则

选择亲子教育活动内容应遵循以下原则：

1. 与教育目标一致性原则

课程内容的选择是为了更好地服务教育目标的实现，在选择课程内容时应该考虑：选择这个内容是为了实现哪一个或哪几个教育目标？这一内容还可能指向哪些教育目标？还有比这一内容更能促进相关教育目标实现的内容吗？同一教育目标，可以通过不同的课程内容来达成，关键看哪种内容更有利于教育目标的达成。

为婴幼儿选择学习内容，要考虑其对教育目标的意义，同时还要考虑在促成各发展领域目标的达成方面是否取得一种平衡，以利于婴幼儿健康和谐地发展。

2. 适宜性原则

选择教育内容要符合婴幼儿发展的年龄特点，并且是婴幼儿发展所必需的关键经验。婴幼儿时期是学习这些内容的最好时机，错过了这个机会以后就没有那么好的发展机会了，虽然其他年龄阶段也可以发展，但要付出的代价更大。如果这个年龄阶段可以学习，其他年龄阶段也可以学习，但这个年龄阶段要取得同等发展效果需要付出更大的代价，那么，这样的内容则不宜在婴幼儿期学习。

现在婴幼儿学习的内容比以前丰富多了，但就其必要性来看，许多内容并非婴幼儿生活或发展所必需。比如，一所早教中心在24~30个月龄班级"可爱的数宝宝"主题教育活动中，开展了10的分解组合的亲子教育活动，这个活动明显是幼儿园的教学内容，不应该让2岁的婴幼儿来学习，不适合婴幼儿发展的年龄特点。2岁的婴幼儿不一定都能够达到唱数的水平，因为数的分解组合对于他们来说太难。

3. 生活性原则

教育活动内容与婴幼儿的生活经验相结合，有利于调动婴幼儿学习兴趣，有利于婴幼儿对相关内容的理解，也有利于婴幼儿对所学内容的现实意义的理解。

因此，为婴幼儿选择教育内容时，要尽量选择那些贴近婴幼儿生活的内容，不要人为地将婴幼儿的学习远离他们的生活。比如我们可以选择"动物""交通工具""颜色""形状""水果"等活动内容作为亲子教育活动的主题。

4. 科学性原则

教育心理学研究表明，有内在联系的知识经验比零散的知识经验更有利于婴幼儿的发展。因此，为婴幼儿选择学习内容时，要努力使同一个领域的不同方面的内容、不同领域的内容、前后学习的内容之间产生有机联系。在内容的组织方面，要努力按照知识或经验的内在逻辑联系来组织，并且努力让婴幼儿通过学习了解这些知识、经验的内在逻辑联系；当婴幼儿的知识、经验达到一定程度时，还要将知识、经验"联系的原理"当作他们进一步学习的基础，进而不断提升他们的知识经验和知识能力的水平。

5. 趣味性原则

婴幼儿学习的内容应该是他们感兴趣的。婴幼儿的注意以无意注意为主，他们的学习是由兴趣决定的，学习内容是否能够引起婴幼儿的无意注意非常关键。没有兴趣的学习，对婴幼儿来讲是没有意义的。我们为婴幼儿选择的内容应该是他们具有自发兴趣的或者是经过教师努力，可以让婴幼儿感兴趣的。

六、设计亲子教育活动的方法

（一）亲子教育活动的方法

在亲子教育活动中，主要的教学方法有亲子游戏法、示范法、操作法和直观演示法。

1. 亲子游戏法

亲子游戏法是亲子教育活动的最主要的方法。

首先，游戏对于婴幼儿来说有着重要的教育价值。游戏是婴幼儿的天性，游戏蕴含了婴幼儿成长需要的原动力，是婴幼儿最喜欢做的事情。婴幼儿通过寓教于乐的方式在游戏中探索，发现未知，从中学到更多的知识，所以婴幼儿是需要游戏来帮助他们快乐成长的。婴幼儿在趣味游戏活动中，激发了好奇心，培养了创造能力、学习能力、动手操作等多种能力。教育部2017年学前教育宣传月宣传片的主题是"游戏点亮快乐童年"。陈鹤琴先生也曾指出，游戏是儿童的心理特征，游戏是儿童的工作，游戏是儿童的生命，从某种意义上说，婴幼儿的各种能力是在游戏中获得的。婴幼儿在"游戏"的过程中"学",在"学"的过程中"游戏",游戏既能给他们带来愉悦的情绪体验,又能使其运动技能得到增强。

其次,亲子游戏对于婴幼儿和家长来说有着重要意义。家长与婴幼儿之间的游戏能够唤起婴幼儿的注意,从而促进婴幼儿的持续活动和探究行为。家长重视婴幼儿的游戏并参与其中,有助于婴幼儿创造力的发展,还可以帮助家长与婴幼儿沟通,增进其对婴幼儿的了解,帮助发展婴幼儿的言语和社会性,同时有助于婴幼儿积极情绪情感的发展。在亲子游戏中,家长参与其中,还可以增进亲子间情感的交流,有助于良好亲子关系的建立。如亲子游戏"切萝卜切萝卜,切切切。揉面团揉面团,揉揉揉。包饺子包饺子,捏捏捏。好孩子好孩子,顶呱呱。"让家长在婴幼儿身上切一切、揉一揉、捏一捏,在此过程中,亲子之间通过游戏增进了感情。

2. 示范法

在亲子教育活动中,示范法也是应用比较广泛的方法。教师通过语言引导和亲自示范向婴幼儿和家长展示活动的内容,示范教具的操作方法,让婴幼儿和家长能更加直观地学习。婴幼儿言语理解力差,思维处于直观行动阶段,模仿能力强,示范法有助于婴幼儿更直观地学习活动内容。婴幼儿通过观察教师示范的过程进行模仿,在家长的辅助下完成活动内容。教师进行示范的时候,应该注意语言的带动性,语速要适中,动作要简单易懂,以便于婴幼儿和家长更好地学习。

3. 操作法

操作法是指婴幼儿在教师指导下,按一定的要求和程序,通过自己动脑、动手活动,与玩教具进行互动的方法。婴幼儿以直觉行动思维为主,其最初的思维是从动作伴随语言发展起来的,思维是动作操作的内化,所以说"手是脑的老师"。发展婴幼儿思维要多让他看成人的操作,多带动婴幼儿去操作,多玩多劳动,那么婴幼儿的思维便启动起来了。因此,操作法也是亲子教育活动中常用的方法。它可以提高婴幼儿小肌肉的灵活性,促进婴幼儿手眼协调动作的发展,促进婴幼儿思维和言语的发展,同时在操作玩教具过程中,婴幼儿的专注力也得到提升。

4. 直观演示法

直观演示法是教师在亲子教育活动中通过展示各种实物、直观教具或身体动作,让婴幼儿通过观察获得感性认识的教学方法。它以真实事物、模型、图片、身体动作等为载体传递活动信息,进行具体的教学活动,有利于激发婴幼儿的学习兴趣,调动其学习的积极性。

5. 观察法

观察法是教师在亲子教育活动中观察婴幼儿和家长的行为及表现,及时给予指导的方法。教师在开展教育活动时,不仅将活动内容传授给婴幼儿和家长,还应该在活动过程中观察婴幼儿和家长的表现,及时地给予指导。观察既有助于教师更好地开展教育活动,还有助于教师进行教学反思。这种方法在教育过程中是非常必要的,也是容易被忽视的。教师只有通过仔细地观察才能正确掌握婴幼儿的发展水平,了解家长的参与情况,从而进行更有针对性的教育,也方便对活动内容进行及时调整。

(二)设计亲子教育活动方法的要求

设计亲子教育活动方法应该考虑以下两方面的要求:

1. 与活动目标和内容相一致

现代教学理论研究表明,根据不同的教育活动目标选用不同的教育方法是走向教学最优化的重要一步。因此，围绕教育目标的实现来选择教育方法是一条重要的注意事项。

教育活动目标的多层次化，教育活动环节的多样性，必然要求教育方法的多样化。特定的方法只能有效地实现某一或某几方面的目标，完成某一或某几个环节的任务，要保证教育活动目标的全面实现，教育活动中往往要求选用几种能互补的方法，并把它们有机地结合起来。比如在亲子教育活动中，针对音乐活动环节"学习使用打棒乐器"这一目标，教师应采用示范法，向家长和婴幼儿示范打棒的使用方法。

除了教育活动目标，不同的教育活动内容制约着教育方法的选择。即便是同样的教育活动目标，领域性质不同，具体内容不同，所要求的教育方法往往不一样。例如，在蔬菜和水果主题活动中，教师可以多选择直观演示法，给婴幼儿充分的视觉、嗅觉、味觉刺激，使其多通道感知蔬菜和水果的实际物体。在动物的主题活动中，教师可以多运用示范法向婴幼儿展示各种动物的动作形态等。在音乐环节、乐器的操作中，教师除了运用示范法，更重要的还要运用操作法，让婴幼儿学习如何正确使用乐器。

2. 与婴幼儿的年龄特征和学习特点相适应

教育方法的选择还应该考虑婴幼儿的年龄特征和知识经验的准备情况。如，有些婴幼儿对某种事物已有大量的感性知识，教师一讲这一现象，婴幼儿就可以理解，就不必使用直观教具进行演示；而如果有些婴幼儿缺乏感性认识基础，就必须采取直观演示的方法，婴幼儿才能理解。针对婴幼儿直观动作思维的年龄特点，教师在选择和设计活动方法时要较多运用亲子游戏法、示范法。0～3岁婴幼儿又可以分为几个不同的年龄段，针对1.5岁以下的婴幼儿，在运用直观演示法时，最好选择大、单、实的图片来吸引他的注意力。另外1岁以下的婴儿小肌肉灵活性差，在示范时慎用手指谣。

无论选用什么教育方法，都应考虑如何调动婴幼儿的积极性，使外在要求转化为内在的学习需要，这样选用的教育方法才能有成效；同时，教育活动方法的选用，既要考虑婴幼儿的年龄特征，又要不脱离婴幼儿的原有发展水平。总之，教育活动方法的选择必须反映婴幼儿的主体性要求，只有把婴幼儿学习的主体性和学习特点结合起来，婴幼儿才能学得既主动又有效。

七、选择亲子教育活动的组织形式

亲子教育活动的组织形式有集体活动形式、小组活动形式和个别活动形式。

（一）集体活动形式

集体活动形式源于班级授课制，也称班级教学，是指把年龄和知识程度相同或相近的婴幼儿，编成固定人数的班级集体；按各门学科教学大纲规定的内容，组织教材和选择适当的教学方法，根据周课表和作息时间表，安排教师有计划地采取集体上课的教学组织形式。捷克教育家夸美纽斯在《大教学论》中论述了班级授课制。这一活动形式的优点是效率高，活动内容一致，有助于发挥教师的主导作用，还有利于婴幼儿之间相互学习以及家长之间育儿经验的分享。不足之处是不能适应婴幼儿发展的个体差异，不利于教师因材施教。

集体活动形式是亲子教育活动最常用的一种形式，教师带领婴幼儿和家长共同完成同样的活动内容。但由于集体活动形式不能充分考虑婴幼儿的个体差异和因材施教，因此，这种形式不能贯穿亲子教育活动的始终。

（二）小组活动形式

小组活动形式也称为分组教学，是按照婴幼儿不同的兴趣、需要、发展水平将其分成几个活动小组，婴幼儿和家长选择小组进行活动，教师在小组之间巡回指导的一种活动形式。小组活动可以有效考虑婴幼儿的兴趣需要和水平，有利于因材施教，也有利于婴幼儿的主动学习，同时也给家长和婴幼儿更多的自主时间。但这种形式对教师的观察和指导能力要求比较高。

在进行一段时间的集体活动之后，教师需要将婴幼儿分组进行活动，婴幼儿按照兴趣需要自选活动内容和形式进行活动。在大多情况下，教师将与刚刚讲过的活动内容相对应的材料发放给婴幼儿和家长，让其选择和操作。由于婴幼儿之间存在个体差异，因此，有时候婴幼儿不会按照教师的引导选择游戏材料，家长和教师也不要硬性要求婴幼儿选择，要给婴幼儿充分的自由，只有这样，婴幼儿才能成为自己学习的主人。

(三) 个别活动形式

个别活动形式是指在教师的指导和家长帮助下，婴幼儿自主选择游戏材料进行操作的活动形式。这种形式能够充分发挥婴幼儿活动的自主性，给了婴幼儿最大的自由和空间，每个婴幼儿可以按照自己的发展水平和速度进步和提高，专注力也能得到大大的提高，学习方式也更加灵活。这种活动形式对教师的要求很高，需要教师具有很高的观察、记录、分析和指导能力。同时，这种活动形式也不利于婴幼儿之间的交流和互相学习。

个别活动形式是集体活动、小组活动的有效补充，也是必不可少的一种活动形式。每次亲子教育活动必须预留个别活动时间，给婴幼儿充分的自由选择活动内容进行学习的机会。教师要在婴幼儿和家长活动时认真观察和分析，必要时及时介入指导。

八、撰写亲子教育活动方案

完整的亲子教育活动方案包括 6~7 个环节，每个环节都要包括适合月龄、活动名称、活动目标、活动准备、活动过程、活动评价与反思这几个方面的内容。

适合月龄是不可缺少的活动方案中的项目，由于环节比较多，而且所有环节的活动都是针对这个月龄的婴幼儿展开的活动，因此，适合月龄在各环节的方案前面统一来写。下面，就每个环节应该包括的内容进行讲述。

(一) 活动名称

活动名称是一次教育活动的题目。活动名称的撰写要求如下：

1. 活动名称要能够体现本环节活动的主要内容

比如一次音乐环节的活动名称为"好玩的串铃"，从名称来看，本次活动主要内容是教会婴幼儿如何正确使用串铃。

2. 活动名称要富有童趣

在拟定活动名称时要尽量符合儿童的特点，能够吸引婴幼儿的注意力，引起他们的活动兴趣。比如一次语言活动环节的名称是"小猪呼噜噜"，婴幼儿听到活动名称，大脑中就浮现出小猪呆萌可爱的睡觉的形象。

3. 活动名称内容要完整

活动名称应该包括活动环节、具体名称。比如"音乐活动——蚂蚁搬家"，在此活动名称中，指出了活动环节的名称和具体活动的名称。

(二) 活动目标

亲子教育活动的目标是亲子教育活动的"指南针"，是指通过某一次亲子教育活动所期望取得的效果。目标的制定决定了活动的走向，书写是否规范，制定是否科学，在一定程度上也体现了设计者、实施者的专业水平。亲子教育活动目标指明了活动要达到的标准和要求，它不仅会对教育内容的选择产生影响，对教育方法的制定和教育活动形式也会产生影响，也直接影响亲子教育活动的结果。

亲子教育活动的目标横向来看应该包括认知目标、情感态度目标、动作技能目标。在前面已经谈到，目标表述的时候要表述为发展目标，并且表述的主体应该一致。

另外，由于每个环节的目标不止一个，在表述目标的时候，要把与该环节内容最相关的目标放在第一位，否则，很容易把握不住该环节活动的重点，影响活动内容的制定。比如，精细动作活动环节的目标有以下三个："1. 学会拇指和食指对捏取物；2. 增强手眼协调能力；3. 通过倾听捡豆豆的儿歌，感受儿歌的韵律美。"在上面三个目标中，应该把"学会拇指和食指对捏取物"放在第一位，因为精细动作活动环节的主要目的就是婴幼儿小肌肉灵活性的训练。如果把第三个目标"通过倾听捡豆豆的儿歌，感受儿歌的韵律美"作为第一个目标表述，那就偏离了活动的重点，而且容易误导别人，误以为是语言领域的活动目标。

（三）活动准备

准备工作是实施活动的前提，直接影响婴幼儿参与活动的兴趣和积极性、活动的进程和实际效果。亲子教育活动的准备包括婴幼儿和教师的知识经验准备、婴幼儿心理准备和物质的准备。

知识经验的准备包括两方面。一是教师要具备相关的知识。教师除了平时积累的知识，针对某一次活动的内容还要查阅相关资料，广泛了解相关知识。二是婴幼儿的知识经验的准备。在开展某次活动之前，婴幼儿具备哪些知识经验是教师应该了解的，以便于根据最近发展区原理有针对性地设定婴幼儿发展目标。

婴幼儿的情绪作用大，因此，是否具备良好的情绪状态是决定其是否积极参加活动的关键。因此，教师应通过一系列的导入活动让婴幼儿做好充分的心理准备。

物质准备是教师在开展活动前，根据活动内容和参加活动的婴幼儿的数量准备充分的材料，包括玩教具的准备、教学辅助设备的准备。准备玩教具的时候要注意"承上启下"，既要提供本次活动中要求婴幼儿操作的玩教具，还要提供给婴幼儿上一次活动给他们操作的玩教具，因为每个婴幼儿的发展速度不同、兴趣爱好不同，对于活动操作材料的需求也不同。作者在一家早教机构中观察发现，一名宝宝对插座圆柱体特别感兴趣，连续四次活动在自由操作教具的时间都选择了插座圆柱体。有一次活动，教师把插座圆柱体藏了起来，自由操作时间到了，这位宝宝习惯性地去教具柜找插座圆柱体，当他发现没有自己要找的玩具时，眼神里充满了失望，教师及时递给他本次活动的二指捏木钮这个玩教具，他不情愿地接过来操作，草草地就操作完了，物归原处后，继续沿着教具柜寻找，老师发现了他的需求，将插座圆柱体拿出来递给他，当时这位宝宝就眉开眼笑，很开心地拿着插座圆柱体操作起来。从这个案例中，我们可以看出，婴幼儿的需求不同，教师不能强制要求婴幼儿操作什么玩教具，不能搞"一刀切"。

（四）活动过程

活动过程一般包括教师示范、婴幼儿自由操作和练习、教师总结这几个阶段。

1. 教师示范

教师通过婴幼儿感兴趣的方式吸引婴幼儿的注意力，然后示范教具的操作或者完整表演歌曲等。根据不同环节的内容，教师示范讲解的内容不尽相同。

2. 婴幼儿自由操作和练习

教师示范之后，婴幼儿按照自己的兴趣和需要选择玩教具进行操作和练习，家长与婴幼儿进行互动练习。婴幼儿操作时，教师先观察，在观察的基础上，一对一轻声与家长进行沟通，指导家长如何更好地与婴幼儿互动。语言和音乐环节，教师还可以采用让婴幼儿个别表演、集体表演、教师和婴幼儿共同表演的方式进一步巩固学习内容。

3. 教师总结

在该环节，教师对本环节的活动内容进行小结，对婴幼儿和家长的行为表现进行点评，及时鼓励婴幼儿的优秀学习品质，比如专心致志操作教具等。

该环节还要对家长进行指导，告知家长本环节的活动目标是什么，为什么要设置这样的游戏活动，解释教育方法背后的道理，获得家长的认同，以便家长回到家也能够按照教师的指导科学育儿。

在这一环节还应该包括家庭活动延伸。家庭活动延伸是指教师将该环节的目标和内容如何延伸到家庭中向家长进行讲述，以便使教育活动延续下去。比如走线环节之后，教师坐在蒙氏线上向家长介绍走线的目的、走线的动作要领、走线对婴幼儿发展的价值，回到家中，家长就可以带领孩子沿着家中的地板线进行走线练习。

（五）活动评价和反思

活动评价与反思指的是活动的总结，是教师对本次活动目标是否达成，活动准备是否充分，活动材料的利用度，活动内容和目标与婴幼儿身心发展的切合度，活动过程中婴幼儿的行为表现、家长的表现，活动中出现的问题以及今后活动如何开展等方面的总结和评价。活动评价和反思应该包括两方面的内容：一是活动中的优点，二是活动中存在的不足以及改进的策略。

（六）活动设计课例

25~36个月亲子教育综合活动方案

一、走线环节

活动名称：走线活动——安妮的仙境（2~3分钟）。

活动准备：音乐《安妮的仙境》、蒙氏线、婴幼儿已经具备一定的控制力，能够听指令做动作。

活动目标：

1. 舒缓宝宝的情绪，让宝宝更好地进入活动环境。
2. 训练宝宝的腿部肌肉力量。
3. 为宝宝"走"打下基础。

活动过程：

1. 组织引领。

教师："请家长带领我们的宝宝，站在老师身后的蒙氏线上。我们开始走线，我们迈步要缓慢清晰，脚尖贴着脚后跟。"

2. 归位引导。

教师："音乐声音渐渐变小了，请家长和宝宝们坐在老师对面的蒙氏线上。"

3. 目的介绍和家庭活动延伸。

教师："走线可以训练宝宝的腿部肌肉力量，舒缓宝宝的情绪，让宝宝更好地进入活动环境。回家以后，家长可以利用家中的地板线带领宝宝继续练习走线。"

二、唱名环节

活动名称：唱名活动——找朋友（5~7分钟）。

活动准备：唱名简谱、小球。

活动目标：

1. 帮助宝宝在语言的引导下知道自己的姓名、性别、年龄。
2. 培养宝宝的自我意识。
3. 培养宝宝的胆量。

活动过程：

1. 老师自我介绍。

教师："我叫橙子，我今年20岁啦，我是一个可爱的女孩子。希望大家能够喜欢我。谢谢大家。"

"宝宝们请伸出双手为我唱一首欢迎歌吧。橙子，橙子，欢迎你，欢迎你，我们大家拍手，我们大家拍手，欢迎你，欢迎你。"

教师："谢谢大家，橙子真是一个有礼貌的好老师呀！现在到了宝贝们做自我介绍了，哪个宝宝可以勇敢地到前面来？"（请宝宝做自我介绍环节）

2. 目的介绍和家庭活动延伸。

教师："唱名可以使宝宝在语言的引导下知道自己的姓名、性别、年龄，帮助宝宝学会使用手势语和礼貌用语，培养宝宝的自我意识，培养宝宝的勇气。回家以后可以带着宝宝在亲戚面前做自我介绍以此培养他们的社会交往能力。"

三、综合操作环节

活动名称：综合操作+精细动作活动——穿线板（10~15分钟）。

活动准备：工作毯、穿线板、线。

活动目标：

1. 训练宝宝学会穿的动作。
2. 培养宝宝的手眼协调能力。
3. 培养宝宝的手部肌肉力量。

活动过程：

教师："智慧时间到啦，现在是老师的工作时间。"

取工作毯：单膝跪地，双手拿起毯子的二分之一处回到原处跪下。

铺工作毯：左手按住一边，右手铺开工作毯，双手抚平毯子上中下。

取教具：用托盘呈上来，单膝跪地，双手拿着托盘回到原地放在工作毯上。

介绍工作："今天老师带来的工作是穿线板，这些是穿线板，这是线，（拿起一个）我们来看一看这个线板上有小孔，现在我们把线穿在线板上。（穿）我们再来穿一个。（还是同样的做法）哇！线板上的孔都被穿上线啦。"

目的介绍和家庭活动延伸：穿线板可以训练宝宝穿的动作、眼手协调能力和手部的精细动作，回家以后家长可以让宝宝用线穿一些类似珠子或者吸管带孔的物件，以此训练宝宝的手部精细动作。

教师收教具："教具用完了，现在物归原处。"（双手端起送到教具柜上，收工作毯，右手捏边，左手底端旋转90°，右手抬起，送回原处）

教师："宝宝的工作时间到了，请家长依次到前面取工作毯，取完工作毯后依次取教具。"（宝宝的工作时间）

（老师在教具架前发教具，请家长帮忙整理工作毯，发教具之后老师跪坐在两侧蒙氏短线上观察，等待一会儿后发现有问题绕到宝宝的右后方跪坐指导）

教师："音乐声音响起来啦，请宝宝依次将教具送到教具柜前，并将工作毯送到工作毯架前。"

四、语言环节

活动名称：语言活动——电风扇（5~7分钟）。

活动目标：

1. 锻炼听说理解能力及语言表达能力。

2. 增强反应力和模仿力。

3. 增强亲子情感交流。

活动准备：手指谣。

活动过程：

1. 动作分解。

教师："请宝宝坐到家长面前，伸出手，和老师一起做手指谣。"

"电风扇，呼呼转，按钮一按呼呼转，吹吹风，消消汗，心情舒畅真方便。宝宝好棒啊，我们再来一次。"

2. 目的介绍和家庭活动延伸

教师："语言环节可以培养宝宝的听说理解能力及语言表达能力，增强亲子情感交流，回家以后家长可以找不同的手指谣和宝宝进行训练。"

五、音乐环节

活动名称：音乐活动——快乐的小木匠（7~10分钟）。

活动目标：

1. 增强宝宝音乐的感知力和表现力。

2. 学会正确地使用乐器并了解其名称。

3. 提高反应力和身体协调性。

活动准备：铃鼓、音乐《快乐的小木匠》。

活动过程：

1. 动作分解+歌曲互动。

教师："今天老师给宝宝们带来一首儿歌，我们一起来听听吧。"

教师："好听吗？老师可以把它变得更好听！"

2. 乐器分解和乐器互动。

教师："宝宝们，快看。今天老师就是用这个乐器要把歌曲变得更好听，它有一个好听的名字叫铃鼓。它可以发出砰砰的声音，也可以发出铃铃的声音，它的上面有个小孔，我们用小手拿住小孔的地方，就可以发出好听的声音，现在请宝贝们到老师这里领取乐器吧！要和老师说谢谢哦!"

教师:"当音乐中出现嗨嗨的声音,我们就敲两下铃鼓。现在让我们跟着音乐来做一次吧。"

3. 目的介绍和家庭活动延伸。

教师:"音乐环节的目的是增强宝宝音乐的感知力和表现力,学会正确地使用乐器并了解其名称,提高反应力和身体协调性。回到家以后,家长可以带着宝宝认识其他乐器,多听听乐器的声音。"

六、大运动环节

活动名称:大运动活动——好玩的彩虹伞(7-10分钟)。

活动目标:

1. 增强身体的协调性。

2. 锻炼坚持不懈的意志品质。

活动准备:彩虹伞、音乐《小金鱼》。

活动过程:

1. 情景导入。

教师:"请宝宝和家长坐到蒙氏线上。今天,老师给宝宝们带来了一个好朋友,原来是彩虹伞宝宝。接下来我们一起和彩虹伞宝宝做游戏。"

"请宝宝们找到自己喜欢的颜色并拿住一边,我们把手举高,把手放下(反复两次)现在我们要到彩虹伞下,变成蒙古包啦!"

2. 收彩虹伞。

教师:"宝宝们好棒啊!都进到蒙古包里了。"

4. 目的介绍和家庭活动延伸。

教师:"大运动环节的目的是增强宝宝身体的协调性,刺激宝宝前庭平衡觉和触觉,增强宝宝坚持不懈的意志品质。家长回到家后可以用其他布类和宝宝一起做大运动训练。"

七、活动反思

1. 本次活动比较好的方面体现在:

(1) 活动的设计符合该年龄段的身心发展特点和认知需要,以游戏方式贯穿活动始终,使活动生动有趣。

(2) 活动设计面向全体婴幼儿,又体现了个体差异和因材施教。

(3) 活动目标基本达成。

(4) 活动环节过渡流畅自然,婴幼儿在活动中兴趣浓厚。

2. 本次活动中,各环节的活动内容有的相差比较远,有的婴幼儿在活动转换时不能很好地跟上教师的思路,因此,今后在活动设计中要考虑主题式活动设计。

第三节 亲子教育活动的组织模式

一、奥尔夫音乐亲子教育活动

(一) 世界三大著名音乐教育体系

1. 瑞士的达尔克罗兹音乐教育

著名的瑞士作曲家、音乐教育家——爱弥儿·雅克·达尔克罗兹创立了20世纪最早的音乐教育体系。

达尔克罗兹方法能让儿童理解复杂的韵律，听到音乐时，儿童会随着节奏起舞。通过视觉、听觉、感觉的调动，儿童会随音乐而动，得到完整的音乐体验。达尔克罗兹的教育原则也构成了柯达伊教学法和奥尔夫教学法的基础。

达尔克罗兹还强调即兴活动在创造性音乐教育活动中的重要性。

在即兴活动中即时做出音乐表现、音乐判断的创造性音乐行为。在即兴创作或表演中，表演者不仅需要具有一定的音乐表现力，还需要有丰富的想象力、灵敏的反应能力和流畅的音乐思维能力；要对同时出现的音高、节奏、音色、力度等问题给以权衡和处理，其中最重要的是听觉判断、灵敏性和创造性。这项学习内容体现了音乐学习的本质，也体现了音乐教育对人类最高层次的能力——创造性能力的培养作用。

2. 匈牙利的柯达伊音乐教育

佐尔丹·柯达伊是匈牙利著名作曲家、民族音乐家、音乐教育家，以他的名字命名的"柯达伊教学法"是当代世界影响深远的音乐教育体系之一。

柯达伊的教学法主要内容是首调唱名法、柯尔文手势、节奏唱名、节奏和唱名的简记法。

3. 德国的奥尔夫音乐教育

奥尔夫音乐教育体系由德国作曲家卡尔·奥尔夫创建。奥尔夫音乐教育倡导元素性的思想。奥尔夫认为，元素性的音乐绝不只是单独的音乐，而是一种融合音乐、舞蹈、语言为一体的整体的艺术。通过整体的艺术活动，加上鼓、木槌、木块以及钟等节奏感强的乐器，儿童学会了音乐结构以及如何保持同一个节拍。这种方式是团队体验，儿童通过歌唱、游戏、和韵脚、跳舞等活动学会了参与和协作。

奥尔夫体系中最突出、最重要的一项原则就是"即兴"的原则。奥尔夫认为，即兴是最古老、最自然的音乐表现形式，是情感表露最直接的形式。

奥尔夫的教学活动通过儿童的积极参与和合唱奏实践，以即兴活动形式发展儿童的音乐体验、尝试音乐创造的能力。

（二）奥尔夫音乐亲子教育活动

奥尔夫音乐亲子教育活动是亲子教育活动的一种组织模式，以奥尔夫音乐作为主要活动内容。通过音符、音阶、各种音乐知识的系统趣味学习，让儿童认识基本的音乐符号，为儿童步入实际演奏作铺垫；通过对古典世界名曲的图谱欣赏，加强儿童对音乐的审美和鉴赏能力；让儿童通过舞蹈、打击乐器来感受四大族（蒙古族、藏族、朝鲜族、维吾尔族）以及各地方的音乐和风情；通过演绎世界各国有名的儿童剧，让儿童感受舞台剧的魅力；通过音乐厅礼仪学习，让儿童学会如何去音乐厅欣赏音乐会，听着音乐的故事成长。

（三）奥尔夫音乐亲子教育活动课例展示

课例一：Music time

适合月龄：25~30个月。

活动目标：

1. 通过游戏等活动，学习 Do、Re、Mi，增强对音阶演唱音准的把握。
2. 在游戏活动中学会合作创作旋律。

3. 发现周边会发声的事物，感受音乐带来的声音的高低、强弱。

活动准备：音符、音阶挂图，乐器响板，塑料带和纱巾。

活动过程：

1. 开始部分：音乐律动。

2. 学习音符1、2、3和Do、Re、Mi。（图示化）

Do是一支笔，Re像一只鸭子，Mi好像我们的耳朵。

反复认知，学唱。

游戏《快乐蹲蹲蹲》：将宝宝分成Do、Re、Mi三个区，让宝宝自由选择，听老师口令：Do蹲，Re蹲，Mi蹲，Do起，Mi蹲。

3. 歌曲《Hot Cross Buns》——刚刚出炉的面包。

看图谱唱音名。｜32｜10｜32｜10｜11｜22｜32｜10‖

(听音乐。齐唱音名。合作唱。加词来唱。加入动作的表演唱。)

4. 节奏：×× ×｜×× ×｜×× ×× × -‖

5. 儿歌《全家爱宝宝》。

妈妈好，妈妈好，妈妈爱宝宝，

爸爸好，爸爸好，爸爸把我抱，

奶奶好，奶奶好，奶奶眯眯笑，

爷爷好，爷爷好，爷爷把我举高高。

6. 音乐欣赏：《发现声音》。

7. 律动：亲子游戏《纱巾舞》。

8. 结束活动：放松按摩。

课例二：瓶宝宝会唱歌

适合月龄：19~24个月。

活动目标：

1. 愿意和成人一起制作"会唱歌的瓶宝宝"，体验动手制作的快乐。

2. 体会儿歌的韵律美。

3. 练习手指抓豆、把豆装瓶的动作。

活动准备：

1. 每人一个小矿泉水瓶。

2. 红色的芸豆、绿色的蚕豆。

3. 一段节奏鲜明、欢快的音乐。

活动过程：

1. 制作瓶宝宝。

(1) 家长和宝宝一起坐在垫子上，先把小篮子里红色的芸豆装进矿泉水瓶里。

(2) 家长和宝宝一起玩瓶宝宝（摇一摇、滚一滚、听声音找一找）。

(3) 家长和宝宝一起再把小篮子里绿色的蚕豆装进矿泉水瓶里。

提示语：

(1) 宝宝听一听，是什么东西在响呀？

（2）看看，瓶宝宝肚子里有什么？
（3）宝宝也来做一个红豆瓶宝宝吧。
观察要点：
（1）观察宝宝手指抓豆、把豆装瓶的动作。
（2）是否愿意和家长一起玩游戏。（兴趣高、喜欢；不愿意）
家长指导：
（1）教师引导家长不要着急，在旁边观察，用语言提示，千万不要替代宝宝的动作，剥夺宝宝学习和练习的机会。
（2）鼓励家长积极参与，与宝宝一起做游戏，增强与宝宝的沟通和交流。
（3）指导家长多种玩瓶宝宝的方法，摇一摇、滚一滚、听声音找一找等。
（4）家长可通过自身的示范激发宝宝参与游戏的兴趣。
2. 瓶宝宝唱歌了：
（1）宝宝拿着瓶宝宝与老师一起玩儿歌游戏。
瓶宝宝，点点头，点点头，
瓶宝宝，转一转，转一转，
瓶宝宝，弯弯腰，弯弯腰，
瓶宝宝，躲起来，躲起来。
（2）瓶宝宝听音乐来唱歌。
（3）宝宝听音乐，跟着老师一起做游戏。
观察要点：
（1）观察宝宝的游戏状态（积极参与、需要家长提醒、不愿参与）。
（2）观察宝宝对游戏内容的理解。
（3）宝宝与同伴互动的情况（主动回应、需要家长提示、不愿参与）。
家长指导：
（1）家长可通过自身的示范激发宝宝参与游戏的兴趣。
（2）建议家长用语言或手势提醒宝宝游戏中点点头、转一转、弯弯腰、躲起来的动作。
3. 瓶宝宝找朋友。组织宝宝、家长利用儿歌和同伴一起做游戏，增进同伴间的交流。
观察要点：宝宝与同伴互动的情况（主动回应、需要家长提示、不愿参与）。
家长指导：鼓励宝宝去交往，家长可带领宝宝一起去找朋友玩游戏。
4. 家庭活动延伸：在家里锻炼宝宝的手部精细动作。
（1）翻书。
给宝宝准备一本画面简洁、形象逼真有趣的图片并装订成书，这种书便于宝宝自己翻。这个年龄段的宝宝主要是认识一些日常生活用品、各种交通工具和各种动物等。让宝宝坐在小桌子前，也可坐在家长的腿上，让他用小手翻书。为调动宝宝翻书的积极性，家长可以在一旁指着书中的图片问他这是什么，如果他还不会说，家长可以先告诉他，再让他自己看，看完后让他自己再翻一页看，逐步训练宝宝用两个手指一页一页自己翻书。当宝宝学会一页一页翻看卡片书后，可让他学习翻看一些纸张薄一些的小画册，在书中寻找自己喜欢的图画，教他看图学说话。精细动作和口语表达可以同时得到发展。
注意事项：要教育宝宝爱护图书，不能撕书，看完后要把书收藏好。要注意保护宝宝的视力，使宝宝的眼睛和书本保持适当的距离。

（2）手指游戏：拇指弯腰。

手指游戏特别适合家长和宝宝互动，在玩耍中教会宝宝辨认区分不同的手指，怎么去控制它们，同时还能提供宝宝模仿的机会，让想象力更加开放。如儿歌：拇指拇指弯弯腰，见面连声说你好；食指食指碰一碰，变成小鸡叽叽叽；小指小指勾一勾，我们都是好朋友。

（3）搭高。

很多家长提出来宝宝能搭到几块啊，我们不知道家长是不是按由大到小的顺序给宝宝练习的。刚开始宝宝搭的时候是堆，是把东西堆到一起，逐渐让他练习知道能够搭两块、搭三块、搭四块，当搭的时候我们注意到，应该先搭大的再搭小的，不要一上来就让他搭特别小的，这就太难了。

课例三：火车快飞

适合月龄：25~30个月。

活动目标：

1. 感受声音的强弱变化。
2. 学习简单的节奏问好。
3. 练习匀速节奏。

活动准备：

1. 音乐：《火车快飞》。
2. 乐器：小号沙锤、塑料筐，与宝宝人数一样。
3. 有轨道的上弦火车，与宝宝人数一样。

活动过程：

1. 课前两分钟接待宝宝及家长进入教室。

两位教师同时在门口迎接宝宝及家长，配班教师负责接待家长，主班教师引导脱完鞋的宝宝及家长进入活动室进行课前准备。

2. 节奏问好环节。

主班教师引导宝宝及家长坐在教师对面的蒙氏线上，配班教师坐在录音机旁边，进行节奏问好练习。

（1）教师边说边拍手：│× ×　×—│宝宝好。

（2）配班教师带领宝宝回答：│× ×　×—│老师好。

（3）主班教师不出声音说"宝宝好"，同时拍手：│× ×　×—│宝宝好。

（4）配班教师带领宝宝用同样的方法回答：│× ×　×—│老师好。（不出声音）

（5）主班教师向家长讲解节奏问好的目的："节奏问好主要是通过简单的问答呼应教宝宝练习四拍子节奏。回家我们也可以用同样的方法带宝宝练习。"

3. 音乐导入环节。

故事导入，教师拿有轨道的上弦火车讲故事：前几天我去很远的地方玩了，回家时我坐的是火车，火车开得可快了，穿过了树林，渡过了小溪，不知道走了多远的路，终于到了家里。妈妈看见我回来了特别高兴，给我做了好多好吃的。我对妈妈说："妈妈，我给您说一个儿歌吧。"

4. 按节奏说歌词环节。

火车快飞，火车快飞，穿过高山，飞过小溪。

不知跑过几百里，搭到家里，搭到家里。

妈妈看见真欢喜。

（1）教师按节奏说歌词。

（2）教师分句教宝宝按节奏说歌词。

（3）教师请宝宝按节奏完整说歌词。

5. 简单声势练习环节。

（1）教师请宝宝坐在家长前面听第一遍音乐，家长按音乐节奏轻拍宝宝身体，配班教师放《火车快飞》歌曲。

（2）听第二遍音乐时，教师请宝宝坐好："请宝宝伸出小手跟老师一起听音乐拍手。请家长跟音乐轻拍宝宝肩部，帮宝宝体会匀速节奏。"配班教师放《火车快飞》的歌曲，同时一起拍手。

6. 使用乐器练习环节。

（1）教师展示乐器的使用方法。（双手分别拿一个沙锤，敲击大腿）完整听音乐按节奏敲击乐器。

（2）请宝宝到乐器架拿乐器。（一人拿一个塑料筐，筐内有乐器）

（3）为满足宝宝对乐器的好奇心，请宝宝先自由玩一会儿乐器。

（4）教师引导宝宝和家长拿好乐器，按节奏边说儿歌边敲击乐器。（请宝宝听一听火车从远处开过来的声音，让宝宝感受声音的强弱变化）

（5）教师带领宝宝及家长听音乐敲击乐器，配班教师放《火车快飞》的歌曲，同时一起拍手。

（6）教师调整宝宝在听第一遍音乐时的毛病，带领宝宝第二次听音乐使用乐器。（乐器在敲击过程中可以有强弱变化）

（7）教师请宝宝将乐器放入塑料筐中，将筐送回乐器架上。

7. 简单律动练习环节。

（1）教师听音乐展示简单律动动作，请宝宝观看。动作如下：主班教师演火车头，配班教师站在主班教师背后，拉住主班教师的衣服，一起开火车。

（2）主班教师当火车头，请宝宝和家长一个挨一个拉成火车，听音乐做律动，配班教师放音乐。

8. 音乐游戏环节（帮宝宝熟悉音乐旋律）。

（1）主班教师当火车头，请宝宝一个挨一个拉成火车。

（2）配班教师放音乐，并指导家长拉成高低不同的山洞，请火车经过。

（3）保证每一位宝宝都可以参与表演。

9. 结束活动。

（1）主班教师拍手与宝宝再见：|× × × ×|宝宝再见。

（2）配班教师带领宝宝与主班教师再见：|× × × ×|老师再见。

二、感觉统合亲子教育活动

(一) 感觉统合

这一概念最初是由美国的心理学博士爱尔丝于 1969 年提出的。所谓感觉统合是指个体对进入大脑的各种感觉刺激信息（视、听、触觉等），在中枢神经中形成有效的组合过程。爱尔丝博士认为："7 岁以前，人脑像一部感觉处理器，对外界事物的感觉，主要来自感觉印象。儿童在这一阶段经常动个不停，忙于寻找各种感觉刺激，很少用大脑去思考问题，这一阶段是他们的感觉运动发展期。所以当儿童处于这个阶段，如能通过适当的运动以获得感觉运动的经验，那么对日后读书、写字等认知学习，保持稳定的情绪以及适应社会所需具备的感觉统合能力等，都将有极大的帮助。"

感觉统合亲子教育活动以游戏的形式给予儿童前庭、肌肉、关节、皮肤触压、视、听、嗅等多种感官刺激，并将这些刺激与运动相结合，促使儿童在感觉运动中产生自主适应过程，促进感觉统合能力的发展。感觉统合训练是一种促进大脑发育的游戏。

感觉统合能力发展的阶段：

1. 初级感觉统合阶段：1~2 岁

脑细胞长出许多突起，分出侧枝，形成专用神经通道。与此相应，多种感觉统合形成知觉。如形成关于"苹果"的知觉；婴儿能认出父母的声音和笑容，一岁半时能听懂常用词含义；动作发育方面：6 个月翻身，7 个月会坐，8 个月会爬，1 岁会走。

2. 中级感觉统合阶段：3~5 岁

侧枝的分支增多，专用神经通路的感觉统合增多，于是大脑的 5 个语言区都发育成熟，并建立联系。总之 3~5 岁是儿童语言、智力、个性形成发展的关键期，而这些能力的获得和发展都是感觉统合后学习训练的结果。

3. 高级感觉统合阶段：6~10 岁

此阶段，经感觉统合后的心理、行为能力反应已较复杂，表现为：注意力能较长时间地集中，自我控制行为的能力增强，阅读、书写、计算、音乐、绘画、语言表达等信息能力增强，逻辑思维形成。

(二) 感觉统合失调

感觉统合是将人体器官各部分感觉信息输入组合起来，经大脑统合作用，完成对身体外的知觉做出反应。只有经过感觉统合，神经系统的不同部分才能协调整体作用，使个体与环境顺利接触；没有感觉统合，大脑和身体就不能协调发展。感觉统合失调，简称"感统失调"，一般称为"神经运动机能不全症"，是一种中枢神经系统的障碍问题，一般都发生在儿童的身上。

感统失调一般包括以下几个方面：

1. 前庭平衡功能失常

这表现为好动不安，走路易跌倒，注意力不集中，上课不专心，爱做小动作，容易违反课堂纪律，容易与人冲突，调皮任性，爱挑剔，很难与其他人同乐，也很难与别人分享玩具和食物，不能考虑别人的需要，还可能出现语言发展迟缓、语言表达困难。

2. 视觉感不良

这表现为无法流利地阅读，经常出现跳读或漏读。写字偏旁部首颠倒，甚至不识字，学了就忘，不会做计算，常抄错题抄漏题等。

3. 触觉过分敏感

这表现为紧张、孤僻、不合群，害怕陌生的环境，咬指甲，爱哭，爱玩弄生殖器，过分依恋父母，容易产生分离焦虑，或过分紧张，爱惹别人，偏食或暴饮暴食，脾气暴躁。

4. 听觉感不良

这表现为对别人的话听而不闻，丢三落四，经常忘记老师说的话和布置的作业等。

5. 本体感失调

这表现为缺乏自信，消极退缩，手脚笨拙，语言表现能力极差。

6. 动作协调不良

这表现为平衡能力差；走路容易摔倒，经常出现摔伤，不能像其他儿童那样会翻滚、骑车、跳绳和拍球；手工能力差、精细动作差等。

感统失调生活细节上的表现为无法确定惯用手，吃饭时米粒常撒满地，倒水时困难，整理不好餐盒和餐具，剪指甲时特别紧张，排列东西时无法抓到正确方向，操作工具极端不自然，身体协调极差。（视觉、本体觉统合失调）听写的测试常失败，平常走路也有困难。

由于儿童总是顾忌身体如何行动，手脚不灵活，因此情绪经常处于紧张、焦虑状态，长期下来会导致自卑。

（三）感觉统合亲子教育活动课例

课例：可爱的小乌龟

适合月龄：13~18个月。

活动总体目标：

1. 增强身体的协调性，提高手眼协调能力。
2. 通过游戏，提高触觉敏感性。
3. 喜欢参加感觉统合游戏活动，体验亲子活动的乐趣。

一、你好、你好

活动目标：熟悉伙伴的名字，初步培养宝宝的交往意识。

活动准备：欢快的音乐。

活动过程：

1. 教师播放音乐，请宝宝和家长手拉手四散走，音乐一停，请家长引导宝宝找一个小伙伴互相介绍自己的名字。

2. 游戏重复进行，家长鼓励宝宝尽量在每次都寻找不同的朋友，结识更多的伙伴。

二、小手小脚操

活动目标：训练宝宝的模仿能力，以及手脚动作的协调性。

活动准备：欢快的音乐。

活动过程：

宝宝与家长面对面站立，听着音乐一边朗诵儿歌《小手小脚》一边做动作。

小手小手拍拍。（宝宝和家长面对面拍手两次）

我的小手举起来。（将手臂上举，转动手腕两次）

小脚小脚踏踏，（宝宝和家长面对面各伸出一只脚顶在一起）
我的小脚踏起来。（原地踏步）
小手小手拍拍，（宝宝和家长面对面拍手两次）
我的小手拉起来。（家长和宝宝手拉手）
小脚小脚踏踏，（宝宝和家长面对面各伸出另一只脚顶在一起）
我的小脚跷起来。（宝宝拉住家长的手将脚跷起来）
小手小手拍拍，（宝宝和家长面对面拍手两次）
我的小手转起来。（胸前转手腕两次）
小脚小脚踏踏，（宝宝和家长面对面各伸出另一只脚顶在一起）
我的小脚踢起来。（宝宝拉住家长的手提腿）
我的小手拍拍，（宝宝和家长面对面拍手两次）
我的小手藏起来。（将手背在身体后面）
注意：要根据宝宝的实际情况选择每一次学习的操节，可以两小节一教。

三、洗澡
活动目标：通过触觉游戏，提高反应能力和耐受能力。
活动准备：小刷子、海绵球、排笔等。
活动过程：
1. 教师："宝宝刚才做操做得真好。宝宝们都出汗了吧？现在让妈妈给洗洗澡吧。"（教师把准备好的小刷子、海绵球等发给家长）
2. 请家长一边和宝宝一起朗诵儿歌《洗澡》，一边用小刷子刷宝宝身体的各个部位。
宝宝、宝宝讲卫生，浑身上下洗干净。
先把脸蛋刷一刷，刷刷、刷刷刷。（用小刷子轻轻刷宝宝的脸蛋）
再把耳朵刷一刷，刷刷、刷刷刷。（用小刷子刷耳朵）
小脖子刷三下，1、2、3。（用小刷子刷宝宝的脖子）
小胳膊刷一刷，刷刷、刷刷刷。（用小刷子刷宝宝的胳膊）
最后别忘了小脚丫，刷刷、刷刷刷。（用小刷子刷宝宝的脚心脚背）
3. 方法同上，刷子可换成海绵球或排笔等，让宝宝感知不同的物体在身上刷过的感觉。
家长指导：家长可在宝宝入睡前亲昵地与宝宝游戏，挠宝宝的痒痒，提高宝宝的耐受能力。

四、手指游戏——小乌龟
活动目标：
1. 在教师的引导下，能正确地发音，并愿意跟着念儿歌。
2. 学做手指游戏，发展手部的精细动作。
活动准备：小乌龟图片一张（或家中养的真乌龟更好）。
活动过程：
1. 教师出示小乌龟图片，让宝宝看图学说话。
教师："今天咱们来了一位新朋友，小——乌——龟。"
"一只小乌龟，乌龟的背上背着大大厚厚的乌龟壳，乌龟有四肢脚，会爬。乌龟身前有一个头，身后有一只尾巴。"

2. 教师示范念儿歌《小乌龟爬爬爬》，让宝宝跟着念。

小乌龟不说话，背个厚壳爬爬爬，

爬到水里会游泳，爬上岸来伸尾巴。

3. 学做手指游戏"小乌龟爬爬爬"。

(1) 右手平放在桌面上，中指翘起呈小乌龟的头状，其余四指稍微拱起作为小乌龟的四只脚。

(2) 左手掌横放在右手背上，犹如小乌龟的龟壳。

(3) 右手四指向前爬行，如同小乌龟在爬行。

(4) 以儿歌配游戏"小乌龟爬爬爬"。

家长指导：日常生活中，家长要有意识地培养宝宝的观察能力，并诱导宝宝用语言表达出来。家长和宝宝一起玩手指游戏，左右手可交换着玩。

五、钻山洞

活动目标：提高钻、爬的能力，促进身体协调发展。

活动准备：彩虹接龙中的拱形部分放在场地中间，软垫、电动小乌龟玩具一个。

活动过程：

1. 教师把电动小乌龟放在拱形门下面，发动乌龟爬，引起宝宝注意。

2. 教师："宝宝们，看谁来了，小乌龟。宝宝们看，小乌龟爬得多好呀。宝宝也学学小乌龟爬吧。"

3. 教师示范，请宝宝跪在地上，双手着地。练习几次后，家长在宝宝的后背放上一个软垫，让宝宝把软垫运回自己的家，中途可以爬过拱形门，保持软垫不落地，同时朗诵儿歌《爬山坡》。

爬爬爬，爬山坡，爬过山坡过小河。

爬爬爬，爬山坡 爬过山坡到家了。

4. 请所有家长排成两排，面对面用双手搭成"桥洞"。教师引导宝宝从这个"桥洞"下钻过去，边爬边钻边朗诵儿歌。

5. 请家长们排成一排，手膝着地用身体搭成一排"山洞"，教师引导所有宝宝在家长们身体下钻来钻去。

家长指导：在家中玩游戏时，可在地板上、床上进行，让宝宝练习爬、钻的动作。

六、手指画

活动目标：训练小手肌肉的控制能力及手眼配合的能力。

活动准备：红色、绿色的颜料，白纸若干，湿毛巾若干，小桌子每人一张，电动小乌龟一只。

活动过程：

1. 教师："宝宝们，刚才我们跟小乌龟一起爬，玩得可真高兴。小乌龟说它还会画画，宝宝们想不想看它画画？"

家长引导宝宝回应老师的话。教师说完把电动小乌龟的四只脚蘸上颜料，然后发动小乌龟，让它在画纸上爬，会爬出许多彩色的小脚印，这样会引起宝宝的兴趣。然后教师问宝宝们想不想画，教师做示范，用食指蘸绿色颜料在纸上画一条线当作小草，再蘸上红色的颜料，点在纸上当作小红花。

2. 教师发给每个家庭一份操作材料，让家长跟着宝宝一起用手指画画，可以画一条长长的草，再画一片短短的草，以此锻炼宝宝小手肌肉的控制力。

3. 教师可以把宝宝的作品装进自己的成长记录袋里做纪念。

三、蒙氏亲子教育活动

（一）蒙台梭利教学法简介

蒙台梭利教学法是由意大利教育家玛利亚·蒙台梭利博士倾其毕生经历所创造的。其教学法的精髓在于培养儿童自觉主动学习和探索精神。在蒙氏教室里，有丰富多彩的教具，它们都是根据儿童成长发展敏感期所创立的适宜儿童成长的"玩具"。蒙台梭利教学内容包括日常生活教育、感官教育、数学教育、语言教育、科学文化教育等内容。儿童通过自我重复操作蒙氏教具创新建构完善的人格，在自由操作中得到了多方面的能力训练。

（1）日常生活教育：包括基本动作、照顾自己、照顾环境、生活礼仪等，培养日常生活自理能力，以及互动、爱物等好习惯。

（2）感官教育：培养儿童敏锐的感官，进而培养观察、比较、判断的习惯与能力，包括视觉、触觉、听觉、味觉、嗅觉教育。

（3）数学教育：主要是使用直观教具玩数学，让儿童在学具操作中懂得数与量的关系，感受四则运算的快乐。

（4）语言教学：通过对实物的描述，促进儿童语言表达能力的发展，同时渗透文字活动，培养阅读能力，为书写做准备。

（5）科学文化教育：包括动物、植物、天文、地理、历史、地质等各方面。蒙台梭利发明了科学文化教育内容的教具，使儿童在玩中探索科学的奥秘，从宏观到微观，培养对科学的兴趣。

（二）蒙氏亲子教育活动及其优势

蒙台梭利教学法简称"蒙氏教学法"，给儿童充分自由的教育理念和丰富直观的教具是其教育中的精华所在。蒙氏亲子教育活动中融合了蒙氏教育中的教育理念和蒙氏教育中很有特色的教具。

蒙氏亲子教育活动因吸收了蒙氏教学法的精髓，有着独特的优势。

1. 充分的自由和规则意识的培养

在蒙台梭利亲子教育活动中，儿童是自由的，他们可以自由地支配自己的身体，探索身体的智慧和身外的世界，发展内在的天赋和身体的敏锐感，从而开发其心理领域，以此上升到大脑，这是儿童未来一切发展的开始。

有了自由，儿童就会选择自己感兴趣的事情或工作；因为有兴趣，他们就会反复做，就会变得专注；在长久的专注中，他们会逐渐感知并把握事物的规则，继而愿意遵守它，于是有了自我控制能力。

在蒙氏教学法中成长的儿童，非常有秩序感。

2. 自觉主动地学习和专注力的培养

给儿童最好的学习方法就是让儿童聚精会神地去学习。在蒙氏亲子教育活动中，教师为儿童提供大量系统的工作材料让儿童自由操作。这些蒙氏教具在设计上，具有控制错误的特性，可以使儿童自行发现错误并自行改正，实现"不教的教育"。例如：粉红塔有10块，最小的一块是边长为 1 厘米的正立方体，最大的一块是边长为 10 厘米的正立方体，所以最大块与次大块刚好差 1 厘米。在堆完塔后儿童可以拿起最小的那块，量一量各块之间的差距，结果会发现恰好都是 1 厘米。在粉红塔积高练习时，儿童用视觉和触觉都可以进行错误订正，无须教师和家长用言语提示和评价。儿童在自觉主动的工作中，专注力得到很大的提升。

儿童在这样与其年龄相匹配的成长环境中，在敏感性的引导下，依靠一种内在的力量，对环境中有意义的事物产生兴趣。儿童的注意力被吸引，并通过真实的工作方式，注意力高度集中，逐步达到精神上的专注。

一旦儿童开始集中注意力，他就将经历一个又一个状态的蜕变：从已知到未知，从简单到复杂，从具体到抽象，这是儿童内部心理成长的自然历程。

他们的注意力就在这种安静、简洁的环境中不知不觉地得到发展了。当儿童的专注力得到发展，诸如精细、秩序、独立、自信等优秀品质就会相应得到发展。

（三）蒙氏亲子教育活动课例

粉红塔

活动目标：
1. 通过视觉和触觉的共同作用，来分辨相同物体的体积变化。
2. 通过认识粉红塔，锻炼观察力和注意力。
3. 通过取放粉红塔，锻炼手指的抓握能力。

活动准备：粉红塔、工作毯。

活动过程：

一、接待工作（课前 2 分钟）

配班教师：在亲子活动开始前两分钟站在主活动室门口，面带微笑迎接宝宝和家长，并给每个家长发鞋套。

主班教师：引导换完鞋的宝宝及家长进入活动室走线。

二、走线活动（5 分钟）

走线目标：
1. 安抚宝宝情绪，使宝宝能够尽快进入活动氛围。
2. 在走线的过程中锻炼宝宝身体的平衡能力及注意力。

走线准备：节奏优美舒缓的音乐。

走线过程：
1. 主班教师在前面带领已经来到主活动室的家长和宝宝走线。
2. 配班教师协助维持活动秩序，开关走线音乐，同时接待晚到的宝宝。
3. 音乐渐渐停止后，主班教师请宝宝和家长坐在线上，配班教师准备教具。

三、引导展示工作（5 分钟）

1. 取工作毯：主班教师双手取工作毯，将工作毯铺于宝宝对面的蒙氏线上。
2. 铺工作毯：教师呈跪姿把毯子放在左侧水平铺开，毯子展开后，分别触摸四边整理平整即可。
3. 从教具柜中取出粉红塔，小块的粉红塔用三指捏的方法取，大块的用左手托住底面，右手扶顶面，一块一块取。

4. 介绍教具名称"粉红塔"，先用感官操作法展示，逐一触摸每块粉红塔的顶面、侧面和正面，然后进行三阶段教学法比较大小。

5. 展示完之后把教具放回原来的位置，向家长说明教育目的并提醒家长要让宝宝养成物归原处的好习惯。

6. 将工作毯卷好放回地毯架。

变化延伸：可以将粉红塔水平排序或者垂直积高，可以让宝宝自己动手，创造想象。

家庭指导：在家中可以经常让宝宝进行一些比较大小的活动，水果、衣服、日常生活用品都可以进行比较，同时要让宝宝养成不乱放东西的好习惯，要知道物归原处。

四、自由操作时间（15～20分钟）

活动目标：

1. 让宝宝们对已经学习过的内容进一步加深巩固。

2. 让家长能够知道如何引导宝宝进行训练。

3. 老师针对宝宝进行个性化指导及适当的变化延伸。

准备：粉红塔、套盒、套碗、套桶、套娃以及部分日常生活班用过的教具摆放在教具架上。

活动过程：

1. 主班教师收好工作毯后，单腿跪在工作毯架旁，请宝宝自己来取工作毯，提示注意安全。

2. 配班教师协助取完工作毯的宝宝将工作毯铺在蒙氏线上。

3. 配班教师在教具柜旁请宝宝拿教具，等所有宝宝都拿完后，教师进行指导。

4. 时间到，请宝宝和家长把教具和工作毯放回原处后，坐到蒙氏线上等待下一环节。

五、收玩具（4分钟）

活动目标：让宝宝养成物归原处的好习惯，培养宝宝的秩序感。

活动准备：收玩具音乐。

活动过程：

1. 主班教师："能干的宝宝们把红色绿色玩具都送回小筐了，那我们把它们送回家吧。"

2. 让宝宝们把这些小筐放到配班教师指定的位置，老师对表现好的宝宝给予鼓励。

六、互动游戏——《问好歌》

活动目标：帮助宝宝建立良好的社会交往意识和礼貌行为习惯。

活动准备：电子琴。

活动过程：

1. 主班教师讲解唱《问好歌》的目的，并让家长协助。

2. 主班教师："亲爱的家长和宝宝们，你们好。玩了这么久，我们还没有互相问好呢，现在我们就来唱《问好歌》吧。从今天起呢，我们每周都找一个小宝宝来唱《问好歌》，每个人都会轮到。今天呢，老师就先问候××宝宝，老师唱'××你好！'"被叫到的宝宝站起来，让家长引导他向老师问好："老——师——你——好！"

变化延伸：也可以让宝宝和家长或老师互相问好。问好后可以进行一次拥抱，以示友好。

附：《问好歌》
1 = C   4/4

1 2 3 4 5— | 5 4 3 2 | — ‖
老师 您 好，老师 您 好。
×× 你 好，×× 你 好。
妈妈 您 好，妈妈 您 好。

七、游戏——采蘑菇

活动目标：

1. 通过"跳"来锻炼宝宝大腿肌肉的力量及灵活性。

2. 进一步加深对事物"大与小"的理解。

3. 培养宝宝的模仿能力。

4. 增进亲情关系，促进亲子情感融合。

活动准备：大小竹筐若干、大小蘑菇模型若干、小白兔手偶一个、《采蘑菇的小姑娘》音乐。

活动过程：

1. 向家长说明游戏的教育目的。

2. 主班教师："宝宝们，我们刚才已经唱过《问好歌》了。接下来呢，咱们再玩个好玩的游戏——采蘑菇，宝宝们说好不好啊。"

3. 主班教师出示小白兔手偶，"宝宝们，看老师把谁带来了？小白兔。小白兔是怎样走路的呢？一蹦一跳的，（老师模仿）宝宝们也学一下小白兔走路。好的，那宝宝们知不知道小白兔喜欢吃什么呀？对，是蘑菇。小白兔说它把采到的大蘑菇送给妈妈，小蘑菇留给自己，我们也来学小兔子采蘑菇好不好？"

4. 配班教师给每个家庭发一个大筐、一个小筐，并把准备好的大小蘑菇散放在蒙氏线内，播放背景音乐，主班教师做示范动作，学小兔跳采蘑菇，采到的大蘑菇放到大筐里，小蘑菇放到小筐里。

5. 配班教师控制音乐，音乐开始时，请宝宝们开始采蘑菇，并把蘑菇大小分类放入筐内。

6. 音乐停止时游戏结束，教师统计各家庭的蘑菇数量，对表现好的家庭给予表扬，对其他家庭给予鼓励。

变化延伸：可以把胡萝卜、白菜等模型放入游戏中，丰富宝宝的日常生活经验。

家庭指导：家长可多让宝宝了解一些常见动物的生活习性，让宝宝多模仿，增强宝宝的表现欲望和模仿能力。

八、结束活动

活动准备：结束音乐。

活动过程：

1. 主班教师："好了，宝宝们，今天的游戏就要结束了，让我们一起拍手再见吧。"老师边拍手边念儿歌，"小宝宝，快快来，我们一起招招手，招招手，点点头，我们一起说再见，再——见！"

2. 配班教师播放结束音乐，主班教师在背景音乐的衬托下跟孩子和家长一起拍手说再见儿歌。

3. 一位教师欢送宝宝和家长，另一位教师整理活动室，为下个时间段活动做准备。

四、全脑亲子教育活动

（一）全脑教育简介

自从1981年美国斯佩里博士通过割裂脑实验，证实大脑不对称性的"左右脑分工理论"而获得了诺贝尔医学生理奖后，各国都在研究和探索脑开发，并获得了惊人的成就。我国的脑研究是20世纪80年代末才开始的，基本上处于起步阶段，与发达国家相比有很大的差距，最近几年才有了很大的进步。科学家们预言，脑科学将在21世纪自然科学中占据特别重要的地位。

大脑是分左右半球的，即右脑和左脑。右耳、右视野、右半身的运动和感觉的信息传输给左脑；而左耳、左视野、左半身的运动和知觉所捕捉到的信息，则全部输入到右脑。右脑与左半身神经系统相连，支配左半身的运动和感觉；而左脑恰恰相反，是与右半身神经系统相连，支配右半身的运动和感觉的。也就是说左右神经系统呈交互状，大脑的左右半球各自支配相反一侧，左右脑之间由一条"管道"沟通，使左右脑协调工作，维持大脑正常运转。

我们的左脑有理解语言的语言中枢，主要完成语言的、逻辑抽象的、分析的、数字的思考、认识和行为，主管人的说话、阅读、书写、计算、排列、分类。它的思维是抽象思维，所以说左脑是一个理性的脑，是工具，又叫学术脑。

右脑是没有语言中枢的哑脑，但却是直觉思维的中枢，主要负责直观的、综合的、几何的、绘图的思考、认识和行为，主管人欣赏图画、自然风光、音乐、舞蹈、运动的技能，手工技巧以及情感能力。右脑还具备类别认识、图形认识、空间认识、绘画认识、形象认识等能力，它的思维是形象思维。

我们人脑通过感官得到的信息以模糊的图像存入右脑，如同录像带一样，放在巨大的收藏录像带的仓库里。信息是以某种图画、形象的形式，如电影胶片一样记入右脑中。右脑所捕捉到的信息数量比左脑大百万倍。

儿童在6岁以前是生活在动作直觉思维和形象思维的世界里，几乎全部是以右脑为中心，这正是开发右脑的关键时期。开发右脑能扩大孩子的信息容量，发展孩子的形象思维，发挥孩子的创造潜力，使孩子的记忆力更广、更深，记忆的时间更长、更牢固。儿童聪明与否，很大程度上取决于右脑半球功能的发挥，所以必须从小对右脑进行训练。

当儿童开始学会说话，开始使用右手时（大多数人习惯用右手做事）就意味着左脑不停地接受刺激。左脑的开发使得儿童处理问题更加理智，更加符合逻辑，尤其是4岁以后的儿童，虽然具体形象思维占主导地位，但已经初步出现抽象逻辑思维。因此在人脑的高级功能活动中，大脑的各个部分都在起作用。开发大脑不只是左半球与右半球某一侧开发，而是左右半球整体功能的协调开发。

目前，我国的学校教育是左脑开发优于右脑，而应试教育制度往往让儿童走上死记硬背的强化左脑的道路。这种应试教育制度不是一时能够改变得了的，为了让儿童能够全面发展，希望家长不要过早地让儿童走上这条道路，而是充分利用这段时间让儿童在大自然中，在玩的过程中获得各种知识，提前把大量的信息储存在大脑中。

儿童的早期教育必须遵循大脑发展的规律，任何偏废一侧半脑的做法都是不可取的。著名的诺贝尔奖获得者李政道说："科学和艺术，是硬币的两面，谁也离不了谁。"一个优秀的人物，他的左右脑是均衡发展的。右脑训练能够提高儿童的快速记忆能力、创造力、联想能力、行为控制能力。例如沙盘游戏，是在沙盘上实际操作的，可以促进儿童精细动作的发展，培养儿童的创造力、想象力和语言表达能力。

（二）全脑亲子教育活动课例

课例一　19~24个月

一、打招呼

1. 老师自我介绍。

宝宝们大家好，我是你们的 kitty 老师，欢迎你们来到奇卡早教课程，向老师招招手。

2. 和宝宝打招呼。

和第一位宝宝打招呼，握握小手，"宝宝你好！"逐个认识一下宝宝。

二、全脑冥想

1. 引出色卡。

今天呀老师带来一位会变魔术的小朋友，它知道要来和宝宝做游戏，可开心了呢！现在老师就把它请出来，看看纸宝宝穿的什么颜色的衣服呢？对的，它穿的是白色的衣服。看好了，现在宝宝要变魔术了。变变变（把色卡换一个面），纸宝宝变成什么颜色的呢？对了，是绿色的。纸宝宝换了一件绿色的衣服，它要带着宝宝去玩耍了。是要去哪里呢？宝宝们请闭上小眼睛。

2. 开始冥想。

纸宝宝带着我们来到一个绿色的果园。现在我们看见大片大片的果树，绿油油的。空气可真新鲜呀！呼吸一下，嗯——真舒服。我们走呀走呀，来到一片绿色的草地。草地上呀，开满了红色的小花。弯下腰闻一闻，嗯——小花真香啊！我们继续走，来到一棵大树下，我们休息一下。

放松呼吸，我们轻轻地抬头。哇！树上有好多红色的大苹果。我们站了起来，伸了伸手，够不到苹果。我们跳了跳，哈哈，摘下一个大苹果。咬一口，苹果可真甜呀！香香脆脆的。这时走来一个穿红袍的老伯伯，他拿来了摘苹果的工具，他带着我们摘了好多好多的苹果，我们挎着篮子回到了教室。

3. 结束冥想。

三、引出点卡

1. 引出点卡。

刚才宝宝们都在绿色的果园里看见了些什么呀！（宝宝说完之后）好，现在我们来数数有多少苹果。

2. 直接闪卡两次。

四、游戏操作

1. 引出教具。

刚才呀，有一群宝宝在果园里走丢了，他们找不到回家的路了，他们可伤心了，我们去帮助一下他们吧。首先我们得帮助宝宝找到他们的家。

2. 感受教具。

(让宝宝们都摸摸看跳棋的平板,感受一下教具的特征及其属性)这个呢,就是这群积木宝宝的家。现在积木宝宝的家找到了,我们送他们回家吧。在送宝宝回家的时候,我们要把积木宝宝都分成小组,让我们的宝宝送它们回去。

3. 开始游戏。

教师把积木按照不同的颜色分到宝宝手里,教师先丢筛子,筛子是什么颜色,就先送什么颜色的积木回家。

五、EPS 卡

1. 引出卡片。

今天呀,老师请了四位卡片宝宝和宝宝们玩捉迷藏的游戏。

2. 拿出 EPS 卡,先让他们看看背面,然后一一放下。

看看都来了些什么宝宝,一只汪汪叫的小狗,一个可爱的小姑娘,一个闹钟,一把小雨伞。

3. 开始游戏。

卡片宝宝要和宝宝们捉迷藏。在卡片宝宝和某一位宝宝捉迷藏的时候呀其他的宝宝们要闭好小嘴巴,不能出声。例:宝宝选小狗,和小狗捉迷藏,先让宝宝看好现在小狗在哪里,然后说闹钟被摔坏了,把卡片翻过来,小雨伞被妈妈拿走了,也翻过来,小姑娘走远了,现在只有小狗的卡片正面朝上。让宝宝看看现在小狗在哪里,看了之后指出位置。现在小狗被老爷爷牵走了,宝宝看好了(挪动卡片的位置),看看小狗都跑到什么地方了,找到小狗卡片。

六、游戏操作

1. 引出儿歌。

刚才宝宝们捉迷藏都非常厉害,都找到了卡片宝宝,非常棒。现在我们拍拍小手玩找朋友的游戏,先一起和老师做一遍。(放儿歌)

2. 开始游戏。

小手拍拍,小手拍拍,手指伸出来,手指伸出来。眼睛在哪里,眼睛在哪里,用手指出来,用手指出来。(教师带着宝宝们找了一遍,然后教师可以和宝宝们互动,一个宝宝找五官中的一个)

3. 结束游戏。

宝宝们都做得非常好,准确地找到了五官宝宝。

七、百科卡

水果或者蔬菜,快速闪卡两遍。

八、游戏操作

玩玩七巧板,拼拼小东西。

九、和宝宝说再见

今天的全脑课程就结束了,宝宝们再见,记得回家找卡片宝宝,和爸爸妈妈捉迷藏。

课例二 6~9个月

一、课前律动:《小星星》音乐(告诉宝宝亲子课就要开始了)

今天是咱们的宝宝第一次到亲子园来上课,××老师看到你们非常高兴。好了,那么现在就要开始上课了。妈妈抱宝宝坐好,手拿住宝宝的小手轻轻摆动,身体左右晃动给宝宝一个舒缓的感觉。

二、点名游戏(培养宝宝的自信心,让宝宝在众人面前敢于表现自己)

首先我来做一下自我介绍,我是××老师,我向大家问一声好——大家好。

1. 首先,请妈妈抱着宝宝到前面来做自我介绍,带宝宝说出姓名、月龄、性别、属相,并和大家打个招呼。(大家好)

2. 唱名。妈妈拿起宝宝的小手一起来唱××的名字,让××知道我们大家都非常喜欢他,爱他。

1 = C　2/4

<u>1 1</u>　<u>3 3</u>　| 5　　5　| <u>5 4</u>　　<u>3 2</u>　| 1　—　‖
× ×　× ×　×　　×,大家　　欢迎　　你。

三、《Hello》歌(培养宝宝能够主动与人打招呼)

1. 好了,现在我们都认识了,让我们抱起宝宝,拿起宝宝的小手,说一声 Hello。

2. 围成圆圈,随音乐招小手,妈妈踮脚踩 2/4 拍节奏,让宝宝感受歌曲的节奏韵律。

四、亲子体操

1. 现在,到了我们说儿歌做体操的时间,那么和宝宝一起做体操可以培养宝宝的手脑协调性并增进与宝宝的亲情感。

2. 好,让我们以宝宝最喜欢的姿势和他们进行情感的交流。

3. 首先,做动作的时候眼睛要看着宝宝,对他们微笑,动作要轻些,让他们感觉到妈妈是那么喜欢他,爱他(配上音乐给宝宝听觉上的刺激)。

4. 好,让我们开始吧!(宝宝仰卧在地垫上)

好宝宝,妈妈抱,(双手将宝宝抱起)

和妈妈一起做体操。(左右晃宝宝身体)

抬起头,看星星,(将宝宝头枕在右臂上宝宝仰卧)

一闪一闪亮晶晶。(左手指棚上的星星)

5. 咱们再来选择一个宝宝喜欢的姿势。预备——齐。(做四遍抱、仰卧、对抱)

妈妈可以不按照我们的姿势,只要宝宝喜欢。回家以后可以尝试做这几个动作。

刚才妈妈的动作让我很感动,感觉到每个妈妈都是那么爱她的宝宝。

五、操作:听声音转头取物

今天的操作活动是发展宝宝的手眼协调和方位辨别能力。

1. 好,请一名家长抱宝宝到老师这儿来,配合一下。(捏响玩具)

2. 宝宝,快找找什么声音。(教师捏响玩具在宝宝身体的左、右、前、后方位让宝宝转头去找)

3. 将盖布放下蒙住玩具,教师在盖布中将玩具捏响。(宝宝拉开取玩具)呀,在这儿呢!

4. 亲子互动:练习。

5. 一起来比赛,同时捏响玩具看哪个宝宝能揭开布。

六、走线(舒缓宝宝的情绪,使宝宝安静下来)

1. 请妈妈抱起宝宝站到线上开始走线,两只脚都在线上,身体挺直,脚跟先着地,保持身体的平衡,也让宝宝感知这份平衡,在宝宝情绪比较烦躁的时候可以借助走线来舒缓宝宝的情绪。

2. 现在我们来指认教室当中的物品,天上的太阳在哪里、天上的月亮在哪里、天上的星星在哪里。

七、聪明时间:《妈妈歌》

1. 今天的聪明时间,老师要教你们唱一首非常好听的歌曲。不光是教妈妈会唱这首歌,而是要结合这首歌曲,教宝宝"妈"的发音。

2. 妈妈的眼睛要看着宝宝,让宝宝注视着您的口型。

3. 教师范唱。妈妈歌是让宝宝在旋律中感到满足、愉快,同时体会和妈妈建立起爱的情感。让我们看着宝宝,再轻轻地唱一遍,这首歌让我们带着真情唱。

4. 家长跟唱:

1 = c　2/4

5 3　　5 3　│ 6　　5 　│ 3 2　　3 2　│ 5　　1　‖
妈妈　妈妈　妈　妈,妈妈　妈妈　妈　妈。

"妈妈"发音接近"5 3"这个旋律,所以这个年龄段的宝宝要多听"5 3"旋律的音乐,有助于宝宝有意识地发"妈"的音。

八、贝贝探险——拍吊球(大动作训练,锻炼颈部、手臂)

活动目的:初步获得在同伴中活动的快乐。

活动准备:给每人一个塑胶球悬挂在活动室中间的绳子上。

活动过程:现在,到了我们的贝贝探险时间,请妈妈抱起宝宝,把宝宝举得高高的,告诉宝宝,贝贝探险时间到了,老师要对宝宝进行手眼协调的挥臂排球的训练。

1. 拍吊球。

教师和抱着孩子的家长分别站在吊球两边,教师抱过一名不认生的宝宝说"老师和你一起玩球"。示范后,亲吻一下宝宝,以示鼓励,然后把宝宝交还给家长。请每一位家长去拿一个球让宝宝练习拍。先练习拍静止的球,数次后练习拍晃动的球。家长给宝宝以指导、帮助。教师指导个别有困难的宝宝。

2. 两个宝宝面对面拍吊球。

当宝宝玩过一段时间后,教师请两位家长抱着宝宝面对面地站在吊球前面。先请一名宝宝把球拍给对面的宝宝,对面的宝宝再把球拍过来。你拍给我,我拍给你。当宝宝没掌握前,家长可与宝宝一起拍,帮助宝宝自己拍,待宝宝基本掌握后,就让两个宝宝自己拍过来,拍过去。

提示:悬挂的吊球必须让宝宝能拍到。拍晃动球比较难,宝宝不易掌握。教师和家长必须多加鼓励和指导,在反复练习中,使宝宝逐步掌握。

九、积木传手(左右手倒手训练)

活动目的:

1. 练习左右手倒手。

2. 在家长的逗引下,喜欢倾听玩具发出的各种声音。

活动准备:

1. 色彩鲜艳、便于抓握的塑胶发响玩具每人3~4个。

2. 塑料托盘每人一个。

活动过程：

1. 展示玩具，引发宝宝的兴趣。

全体宝宝在地毯上坐成半圆形，家长坐在后面扶住宝宝。教师拿出一辆汽车，边开边发出"笛、笛"的喇叭声，"宝宝，这是一辆小汽车。"教师再拿出一只小猫，边捏边发出"喵、喵"的声音，"这是一只小猫。"以同样方式出示其他玩具。

2. 练习左右倒手。

发给每位家长一个托盘，托盘里有3~4个玩具。请家长将玩具放在宝宝面前捏出声音，吸引宝宝来拿玩具。宝宝来拿玩具，家长就把玩具递到宝宝右手，家长又以同样方式拿出另一个玩具。当宝宝来抓新玩具时，不能让宝宝把手上的玩具扔掉，而要求宝宝把右手玩具递到左手或左手玩具递到右手。家长将第3个玩具递给宝宝时，宝宝可一手丢掉一个玩具，将手上的玩具倒到另一只手，再伸手拿第3个玩具，游戏可反复进行。

3. 家长带宝宝玩玩具。

家长可以和宝宝一起捏玩具，开汽车，也可以家长玩，宝宝模仿。

十、彩虹伞

接下来我们带宝宝做一个骑膝盖马的小游戏，妈妈的膝盖是大马，宝宝坐在妈妈的膝盖上骑大马，听着"小白兔"的歌曲随着音乐的节奏，妈妈的膝盖上下移动，让宝宝在妈妈的身体上感受歌曲的节奏和韵律。

小白兔，小白兔，红红的眼睛长耳朵，短短的尾巴蹦蹦跳。（妈妈跟着儿歌的韵律上下移动膝盖）蹦蹦跳——（抱住宝宝的身体向一侧倾倒，训练宝宝的落差感）。

五、亲子教育综合活动

（一）亲子教育综合活动的教学流程

亲子教育综合活动是最常见的亲子教育活动的模式，它一般由6~7个环节组成。

1. 走线环节

走线环节可以使婴幼儿心灵沉寂，专注平静，为婴幼儿接下来的活动奠定了良好的基础。走线还可以很好地培养婴幼儿的专注力。同时，根据婴幼儿生理发展的需求，走线过程可进行全身肌肉的控制，肌体的协调练习亦可锻炼婴幼儿的意志力，益于婴幼儿的身心发展。

2. 相识礼仪（唱名）环节

在家长的帮助和引导下让婴幼儿做自我介绍，对婴幼儿的帮助是学习用肢体语言介绍自己，发展婴幼儿的语言理解能力和肢体配合语言的能力，培养婴幼儿的自信心，营造融洽的交往氛围。

3. 精细动作操作或综合认知环节

发展婴幼儿的双手配合能力及手眼协调能力，锻炼小肌肉的灵活性，培养婴幼儿的专注性。

4. 语言环节

学说儿歌，了解儿歌大意，感知语言节奏韵律，增进婴幼儿语言交流的兴趣与愿望。

5. 音乐环节

让婴幼儿初步感知音乐的节奏和旋律。每个婴幼儿都是音乐小天才，天生就对声音很敏感,喜欢随着音乐的节奏摆动,可以随着音乐的旋律哼唱,所以听音乐是一项非常重要的活动。音乐可以舒缓情绪,增进亲子感情及同伴间的感情,帮助婴幼儿学会与同伴交往。

6. 大运动环节

此环节帮助婴幼儿锻炼身体协调能力,满足婴幼儿敏感期的发展,促进婴幼儿身体的发育,激发婴幼儿对运动的兴趣,增强体质,促进婴幼儿大脑的发育和智能的发展,帮助家长学会协助婴幼儿运动的方法。

7. 沟通与再见环节

此环节帮助婴幼儿再次认识自己和同伴,以及感受集体带来的快乐。

(二)亲子教育综合活动课例

课例一 13~15个月亲子教育综合活动

一、自信宝宝——自我介绍

活动目的:让宝宝认识同伴、熟悉环境,在亲切友好愉悦的气氛中,宝宝渐渐融入活动之中。

活动准备:小铃鼓若干。

活动过程:

1. 教师向大家问好,并进行自我介绍。

2. 按顺序请家长带着宝宝进行自我介绍,妈妈用宝宝的口吻说:"我叫×××,大家好!我是×××的妈妈。"当妈妈介绍完后,教师带着大家一起鼓掌欢迎(铃鼓):"×××,×××,欢迎你。"

3. 接着下一位家长做自我介绍,直到每一位家长介绍完毕。

家庭指导:有的宝宝第一次来参加亲子班,不能很好地参加活动属正常现象,家长不用着急或强迫宝宝参与活动。当宝宝慢慢熟悉环境,对活动产生兴趣后,就乐意参与了。

注意事项:亲子教育的建立,如同建造一栋大厦,要达成此目标,家长和教师首先应做好"打桩奠基"的工作,找出并界定哪些是构成亲子课程的"基础东西",设计出适合宝宝身心发展的亲子课程。

二、健康宝宝——宝宝棍操

活动目的:借助棍子的支持,由家长协助完成训练动作,以促进宝宝身体和智能的协调发展。

活动准备:每人一根长70cm、直径5~6cm的装饰漂亮的小棍,舒缓、优美的背景音乐。

活动过程:

1. 教师:"今天,老师和宝宝一起来学做新操——棍操。"说完,教师发给每位宝宝一根小棍,大家一起来做操。

2. 教师手拿小棍,边念儿歌边做动作示范,如表4-2所示。

表4-2 棍操示范

儿歌	动作
小小棍,长又长	家长站在宝宝身后

续表

儿歌	动作
我和妈妈来做操	一起握住小棍准备做操
举一举，举一举	家长带着宝宝一起往上举
蹲一蹲，蹲一蹲	家长带着宝宝一起往下蹲
弯弯腰，弯弯腰	家长扶着小棍和宝宝一起弯腰
蹦蹦跳，蹦蹦跳	家长扶着小棍让宝宝学做跳的动作
多做棍操身体好	握着小棍踏踏脚

3. 反复一遍。做完操后，要求宝宝自己把小棍放进筐里。

家庭指导：宝宝一岁后，开始会走路了，但走得还不稳，因此不能独立做操，可以借助小棍的支持，来发展宝宝的动作。刚开始时，宝宝没有做操的意识，家长可以自己拿小棍来做示范，不用多久，只要宝宝看见小棍就会主动做操。

兴趣点：彩色小棍。

三、智慧时间——认红色

活动目的：学认红色，让宝宝接受第一个共性概念，哪一个词不单指一个物品，而是指许多颜色相同的物品。

活动准备：红色球、红色积木、红帽子等宝宝熟悉的物品3～4件，其他不是红色的物品1～2件，每人一份。

活动过程：

1. 教师出示布遮住的小筐："宝宝看，这里有什么呢?"说完教师拿开遮布，出示红色的玩具，告诉宝宝："这是红色的小球。""这是红色的积木。""这是红色的帽子。""这些都是红色的。"说完，教师把筐里所有的红色玩具拿出，展示给宝宝看，让宝宝感知红色。

2. 教师拿起小筐里剩下的玩具，告诉宝宝："这些都不是红色的。"说完，教师发给每人一筐玩具，家长和宝宝一起玩，家长可用语言提示宝宝："把红色的小球给妈妈。"当宝宝拿对后，家长立即亲亲宝宝，给予奖励，然后再鼓励宝宝："把红色的积木给妈妈。"当宝宝拿错时，家长可用身体语言，如摇摇头，摆摆手，告诉宝宝拿错了，再扶着宝宝的手去拿"红积木"。

家庭指导：在宝宝的心目中，看到的第一件红色物品就叫红色，其他则不确定，因为宝宝在过去所认识的都是一物一名，没有接受过共性的概念，而理解共性的概念比认识一件物品要难得多。所以在教宝宝认颜色时千万不要急躁，要让宝宝记住红色物品后，才能让他逐渐理解红色指的是色彩。

四、音乐洗礼——到老师这里来

活动目的：能听着音乐走到家长面前，培养宝宝对音乐的感受力，训练宝宝走路的能力。

活动准备：红色按摩球每人一个（或红色儿童球）。

活动过程：

1. 教师拿着按摩球逗宝宝："宝宝看，这里有好多红色的球，宝宝来拿吧。""老师先请××宝宝来拿吧。"教师开始唱歌，请宝宝来拿玩具，此时家长可以跟着教师一起唱。

2. 如果宝宝不能自己走,家长可扶着宝宝边唱边走,到教师面前拿按摩球。当宝宝开心地走到教师面前时,教师亲亲宝宝再将球交给宝宝。

3. 教师唱着歌请每个宝宝来拿球。

4. 宝宝拿着球,家长和宝宝一起玩。家长拿着球,唱着歌请宝宝来拿,家长可根据宝宝走的能力而确定距离的远近。当宝宝走过来拿着球后,让宝宝玩一会儿,家长再唱着歌,让宝宝来拿球。

家庭指导:培养宝宝对音乐的感受力,平时家长应让宝宝先听,然后再慢慢地学着做,最终达到熟练的动作配合节奏感较强的音乐。

兴趣点:红色小球。

五、快乐时光——滚球

活动目的:促进宝宝由爬到走的进程,发展宝宝走路的能力。

活动准备:按摩球每人一个。

活动过程:

1. 家长唱着歌和宝宝一起玩球,教师拿过一个宝宝的球,和宝宝一起玩滚球的游戏,以示范。教师把宝宝喜爱玩的球往前滚,宝宝会爬着去追球,这时他走不如爬更稳定,但爬会比走更累,把球滚得慢些。家长可给予宝宝一定的帮助,鼓励宝宝试着走着去拿。当宝宝追到球后,家长应亲亲宝宝,以示鼓励。让宝宝玩儿一会儿后,家长又把球向前滚,鼓励宝宝去追球。

2. 活动结束时,请宝宝把球放回筐里,让宝宝养成玩后收拾玩具的好习惯。

家庭指导:12~13个月是宝宝双手控制物品运动能力产生发展的关键期,但以单手为主,发展好的宝宝可以双手同时控制。

六、亲情互动——宝宝开飞机

活动目的:练习宝宝走的平衡能力,初步感受旋转的快乐。

活动过程:

1. 家长和宝宝面对面,让宝宝两臂打开做机翼状。

2. 家长引导宝宝向前走,自己向后退,念儿歌:"飞飞飞,飞飞飞,宝宝的飞机上天啦。(举起宝宝并向前飞)飞飞飞,飞飞飞,(举着宝宝原地转圈)宝宝的飞机降落了。"(放下宝宝)。

3. 游戏反复几次。

七、齐齐开心——彩虹伞

活动目的:刺激宝宝的视觉,体验集体游戏的快乐。

活动准备:彩虹伞一把、红色标牌一块、节奏明快的背景音乐。

活动过程:

1. 找颜色。

打开彩虹伞,铺在地上,教师手拿红色标牌:"红色,红色在哪里?宝宝快去找红色。"说完家长带宝宝去找彩虹伞上的红色,找到后家长配合教师:"红色,红色在这里。"教师再请宝宝去找红色。

2. 花儿花儿开。

全体宝宝坐在伞中间,教师和家长拉着伞边,教师和家长一起说:"花儿花儿闭。"全体家长手拿着彩虹伞,往中间合拢抱住宝宝:"花儿花儿开。"全体家长往后退,打开彩虹伞。教师带着大家反复几次。

3. 结束活动:卷花卷。

教师带着家长和宝宝一起卷花卷:"卷卷卷,卷花卷,卷成一个小花卷;卷卷卷,卷花卷,卷成一个大花卷。"教师收起彩虹伞。"小宝宝,快快来,我们一起点点头,我们一起拍拍手,拍拍手,我们一起说再见!"

课例二 25~30个月亲子教育综合活动

一、身体摇摇乐——模仿操:小猫

活动目标:继续培养宝宝走、跑、跳、平衡等基本动作,以及手脚协调能力。

活动准备:《小猫》音乐。

活动过程:

1. 播放欢快的音乐,迎接宝宝的到来。教师带着宝宝一起跟着音乐拍拍手、转转圈等,一边等宝宝到齐,一边激发宝宝参与活动的兴趣。宝宝到齐后,教师带宝宝学做新的模仿操。

2. 教师:"今天我们一起来做一套新的模仿操——小猫。宝宝知道猫是怎样叫的吗?谁来告诉老师?对了。小猫是喵喵地叫,小猫最爱抓什么吃?"(小鱼、小老鼠)

3. "现在我们一起来学小猫是怎样吃小鱼,怎样抓老鼠的。"教师开始边念歌词边做动作。

小猫小猫喵喵。(两手放在嘴边做摸胡须的动作4下)

蹲在地上吃小鱼。(蹲下,两手掌心朝上做吃小鱼动作4下)

小猫小猫喵喵,(蹲下,两手做摸胡须动作4下)

站起身来伸伸腰。(站起,同时两臂从腹部前,经胸前向上举起,然后左右分开到两侧)

小猫小猫跳跳,(两手放在胸前,做跳跃动作4下)

别让老鼠跑掉。

小猫小猫弯弯腰,(两手做摸胡须动作2下,然后左右弯腰各一次)

找找尾巴哪里去了?(两臂下垂,左右摆动)

歌曲:《小猫》

$1=D$ $2/4$

1 3	1 3	5 5	4 6	4 6	5 3	5	
小猫	小猫	喵 喵,	蹲在	地上	吃小	鱼。	
小猫	小猫	跳 跳,	别让	老鼠	跑	掉。	

1 3	1 3	5 5	4 2	4 2	1 3	1	‖ 1 5	1 ‖
小猫	小猫	喵 喵,	站起	身来	伸伸	腰。		
小猫	小猫	弯弯腰,	找找	尾巴			哪去了?	

二、小小社交家——男孩和女孩

活动目标:让宝宝了解、知道自己是男孩还是女孩,并乐意参与游戏活动。

活动准备:男孩、女孩磁贴画。

活动过程:

1. 教师出示男孩贴画,"今天,东东要来和宝宝一起玩,先请宝宝看看,告诉老师,她是男孩还是女孩?"如果宝宝不明白,教师可指出男孩的明显特征:短短的头发,穿着蓝色的衣服、蓝色的裤子。最后告诉宝宝,东东是个男孩子。

2. "请是男孩的宝宝上来和东东握握手,交朋友,告诉东东,你也是男孩。"

3. 教师出示女孩圆圆,指出女孩的明显特征:扎了长长的辫子,穿了花衣服、花裙子等。请是女孩的宝宝上来和圆圆交朋友,说:"我也是女孩。"

4. 给每个家庭发一份操作材料(男孩女孩磁贴画),让宝宝亲自操作,加深宝宝对男孩、女孩性别的认识。

三、开动脑筋——卖豆子

活动目标:了解物品的多和少,知道多的可以变少,少的可以变多。

活动准备:准备小筐花生米或黄豆、小碗(每人)。

活动过程:

1. 教师:"宝宝看,筐里有什么?(豆豆)今天我们来做一个卖豆子的游戏玩。"说完老师把筐递给宝宝和宝宝做游戏。

2. 教师拿着筐、小碗,和一宝宝做游戏。"宝宝这里有这么多豆子,卖给我一点好吗?"宝宝抓了一把给教师时,教师说:"豆子少了,少了,多加一些。"当宝宝多抓几把后,教师说:"豆子多了,多了,减少一些。"宝宝做对了,教师表扬宝宝。

3. 教师发给每人一筐豆子,请宝宝和家长一起玩"卖豆豆"的游戏。家长和宝宝玩时,每人都要让宝宝"减少些"或"多加些"或"多了""少了"让宝宝在游戏过程中,感知多和少,知道多可以变少,少可以变多。

家庭指导:为了让宝宝对"多少"形成认识,可反复类似游戏。

注意事项:不要将豆子放在嘴里、鼻子里。

四、快乐哆来咪——跳到我这里来

活动目标:感知节奏,训练宝宝跳的能力。

活动准备:《跳到我这里来》音乐。

活动过程:

1. 教师:"宝宝卖完豆豆,让我们一起来活动一下,跳一跳吧。"教师带领宝宝一起跳,看看谁跳得最好。

2. 教师:"宝宝都跳得很好,现在老师要请大家玩一个音乐游戏,跳到我这里来。"

3. 请家长围成一个圆圈,教师和宝宝站在圈里,边念歌词边跳,念到最后一句时,和一个家长点点头。

4. 教师带着宝宝跟着音乐学习有节奏地跳,跳到家长面前时,家长主动和宝宝点点头,对表现较好的宝宝给予表扬。活动反复几次。

1 = D 4/4

跳到我这里来

3 — 1 — | 3 3 3 4 5 — | 2 — 7 — | 2 2 2 3 4 — |
跳 跳, 跳到我这里, 跳 跳   跳到我这里。
3 — 1 — | 3 3 3 4 5 — | 2 3 4 3 2 | 1 — 1 — ‖
跳 跳   跳到我这里, 跳到我这里,你 好。

五、亲子拍拍乐——能干的小手

活动目标:通过手部运动,训练宝宝手的灵活性和动作的控制能力,从而促进宝宝脑的发育和智力的发展。

活动过程：

1. 教师："刚才宝宝活动了小脚，现在再让我们一起来活动一下小手。"

2. 教师边做动作边念儿歌："打开（张开双手），关上（双手握拳），打开、关上、小手拍一拍（双手有节奏地拍三下）。打开、关上，打开、关上，小手抱一抱（双手抱臂三下）。打开、关上，打开、关上，小手抓一抓（双手有节奏地张握）。打开、关上，打开、关上，小手藏起来（双手握拳背到后面）。"

3. 请家长带着宝宝跟着节奏一起来做。

六、我是小小美术家——做"面条"

活动目标：学会用食指、拇指协作撕纸，锻炼宝宝小手的精细动作。

活动准备：各种颜色皱纹纸、面条。

活动过程：

1. 教师："刚才宝宝和老师一起做了那么多活动，肚子有点饿了，看看这里有什么呀？"（面条）面条是什么样子？（细细的，长长的）请宝宝一起跟老师说：'细细的，长长的。'"让宝宝感知面条的形状。

2. 教师："让我们一起来再多做点吧，现在老师用皱纹纸来撕面条。"教师示范，动作较夸张地用拇指、食指对捏而撕面条。

3. 家长指导宝宝一起撕。家长在指导宝宝时，注意皱纹纸的方向性，即从顺纹的方向让宝宝来撕，如宝宝撕得太宽，可提醒宝宝："面条是细细的，长长的。"

4. 教师评价宝宝的作品（以表扬为主）。最后每人发一贴纸，以示鼓励。

议 一 议

以下是三个亲子教育活动的不同环节的教育目标：

一、相识礼仪活动目标（7~9个月）

1. 培养婴儿大胆说话的能力。

2. 让婴儿正确说出自己的名字、年龄、性别，培养婴儿的自我意识。

二、音乐环节活动目标（13~18个月）

1. 知道乐器的名称，教会幼儿正确使用乐器。

2. 提高幼儿对音乐的感知力。

3. 教会幼儿用正确的旋律演唱歌曲。

三、语言环节活动目标（19~24个月）

1. 增进亲子之间情感交流。

2. 锻炼幼儿手指灵活性。

3. 培养幼儿的手眼协调能力。

讨论：评价以上亲子教育活动目标的表述是否恰当？如果不恰当，请修改。

练 一 练

1. 亲子教育活动设计程序一般可分为哪几个步骤？

2. 亲子教育活动的组织形式有哪些？

3. 亲子教育活动的组织方法有哪些？

做一做

按照亲子教育活动设计的程序和步骤,自选年龄段撰写一份亲子教育活动方案。

读一读

1. 多里斯·伯尔根,吕蓓卡·雷德,路易斯·托雷利.教保小小孩[M].庄享静,译.南京:南京师范大学出版社,2006.
2. 但菲.0~3岁婴儿的保育与教育[M].北京:高等教育出版社,2013.
3. 曹桂莲.0~3岁儿童亲子活动设计与指导[M].上海:复旦大学出版社,2014.
4. 张家琼.0~3岁婴幼儿家庭教育与指导[M].北京:科学出版社,2015.
5. 文颐等.0~3岁婴儿的保育与教育[M].北京:高等教育出版社,2016.
6. 秦旭芳.0~3岁亲子教育活动指导与设计[M].北京:中国人民大学出版社,2017.
7. 特里·乔·斯威姆.科学照护与积极回应:适宜0~3岁婴幼儿发展的课程[M].洪秀敏,朱文婷,等译.9版.北京:北京师范大学出版社,2020.
8. 刘斯.0~3岁亲子园早教课程实施现状及对策研究[D].黄石:湖北师范大学,2017.
9. 古施施.0~3岁早期教育指导服务现状综述[J].人人健康,2019(02):292-293.

第五章

亲子教育综合活动组织实践

单元介绍

本章围绕亲子教育综合活动各个环节的组织实践进行论述，同时还介绍了亲子教育活动中的家长指导工作，最后讲述了亲子教育活动评价的实施。亲子教育综合活动的组织主要包括走线环节、相识礼仪环节、精细动作操作/综合认知环节、语言环节、音乐环节、大运动环节和再见环节。

知识目标

掌握亲子教育综合活动各个环节的组织实践要点；掌握家长指导工作的内容；掌握亲子教育活动评价的方法。

能力目标

能独立设计并组织亲子教育综合活动；能对家长进行必要的指导；能够对亲子教育活动进行评价。

情感目标

愿意根据不同月龄婴幼儿的特点进行亲子教育活动设计和组织，并主动与家长进行沟通；在活动之后能够主动反思活动，并进一步改进活动。

情境案例

一位年轻的妈妈带12个月大的宝宝在亲子园上完课之后，看别的宝宝都离开了，她非常苦恼地跟老师说："我家宝宝经常把玩具或者手机拿在手里，玩儿着玩儿着就听见'啪'的一声，回头看的时候玩具已经在地上了，有的时候可能已经被摔成了两三块儿，但是宝宝却瞅着被摔了的玩具'呀，哈哈'，表现出异常兴奋。老师，你说她为什么爱扔玩具呢？有什么办法可以改善宝宝的这种行为呢？"

这个案例中，家长的苦恼不是个案，作为一名亲子园教师，家长指导是非常重要的一项工作内容。如果你是这位亲子园教师，你会如何解答家长的困惑呢？这也是我们这一章要讲的亲子教育活动的家长指导。

第一节　亲子教育综合活动的组织

一、走线环节活动的组织

亲子活动始于走线，第一个环节即是走线，走线的时间为 2~3 分钟。

（一）走线的目标

玛丽亚·蒙台梭利在讲学时曾经到过印度。在那里，她为古老而神秘的东方文化所吸引，特别是印度的瑜伽对她触动很大，引发了她的灵感。于是，她将其融入蒙氏教育的走线工作中，使婴幼儿心灵沉寂，专注平静，为婴幼儿一日工作奠定了良好的基础。同时，根据婴幼儿生理发展的需求，走线过程可进行全身肌肉的控制，肌体的协调练习，亦可锻炼婴幼儿的意志力，益于婴幼儿的身心发展。

玛利亚·蒙台梭利在《童年的秘密》一书中曾经说过："儿童掌握行走的能力，靠的不是等待这种能力的降临，而是通过学习走路获得的。学会走路，对儿童来说是第二次出生，这时他从一个不能自主的人，变成了一个积极主动的人。成功地迈出第一步，是儿童正常发展的主要标志之一。"蒙台梭利认为，行走让婴幼儿真正独立，成为正常化的儿童。而正常化儿童的特征之一即专注，每天的走线活动正是专注能力培养的开始。

走线活动的总体目标可以从以下几个方面来分析：

1. 舒缓情绪，更好地进入活动环境

走线活动的第一个目标就是安抚和舒缓幼儿的情绪，使幼儿能够很快地投入工作的状态中，并且使用音乐作为走线活动的辅助，能够给婴幼儿创造一个心情平和的、安静和谐的工作氛围。

2. 学会正确的走路姿势

走线可以培养婴幼儿正确的走路姿势。1岁左右的婴幼儿处于行走的敏感期，在日积月累的走线活动中，脚跟对脚尖的走线动作可以防止婴幼儿"内八字"和"外八字"走路姿势的出现。走线时，教师在前面挺胸抬头收腹，面带微笑地示范，也可以给婴幼儿树立走路姿势的榜样。同时，还可以通过增加道具的方式提高婴幼儿行走的兴趣。经过一段时间的练习，婴幼儿能够学会正确的走路姿势。

3. 训练四肢力量及身体协调性

走线活动营造了一个让婴幼儿有机会控制身体平衡的空间，可以使他们获得身体平衡，强化肌肉的能力，满足婴幼儿大肌肉发展的需要。从蒙氏活动中可以感受到婴幼儿从摇摇晃晃甚至摔倒，到可以线上律动、头顶物、手持物、后脚尖接着前脚跟有节奏地走，这样一个成长过程，就是婴幼儿平衡能力发展的体现。

4. 增强耐心和秩序感

走线活动可以培养婴幼儿的耐心及秩序感。蒙氏班首先要培养的就是婴幼儿的秩序感和耐心，要求婴幼儿无论是在生活中、工作中都要做到有序、耐心等待，而走线的要求是婴幼儿双手自然下垂，两眼平视，后脚尖接着前脚跟，这样婴幼儿必须在一个有序的环境中才能做到。走线活动还经常会用到线上持物的方式，在一次一次的失败与胜利中婴幼儿的耐心得到了很好的培养。走线活动和其他工作一样要有目的、有计划地进行，如果能遵循婴幼儿身体发育规律、个性特点，抓住他们的兴趣，找到适合的走线音乐来设计走线活动，一定会达到意想不到的效果。

（二）走线的组织形式

幼儿年龄不同，动作发展特点不同，走线形式也不尽相同。

1. 7～9 个月婴儿走线

7～9 个月婴儿，已经学会独坐，处在独坐向爬行动作发展的阶段。但是，这阶段婴儿还不会独立行走。因此，这一阶段的走线活动采用被动走线方式。具体来说，按照婴儿动作发展的顺序，有托抱式、夹抱式和站抱式三种。

（1）托抱式。家长一手环抱婴儿腹部，一手托住臀部，让婴儿面朝前，家长听音乐按照节奏在线上走线。托抱式走线，婴儿面朝前，可以拓宽视野，同时，婴儿坐在家长的手上，还可以增强其背部肌肉力量。

（2）夹抱式。家长用最舒服的姿势将婴儿夹在腋下，另一只手辅助。但这种走线姿势不要太久，因为婴儿不舒服。夹抱式走线可以增强婴儿颈部的力量，刺激婴儿前庭平衡觉，同时让婴儿熟悉爬行姿势体位。

（3）站抱式。家长一手托住幼儿的胸腹部，另一只手托住脚，婴儿的脸可以向前，可以跟家长面对面。站抱式走线可以训练婴儿的腿部力量，为其站立和行走做准备。

以上三种走线方式是逐渐变难的过程。

2. 10～12 个月婴儿走线

绝大多数的婴儿大约在 12 个月能独立行走。一般来讲，在 10～15 个月，婴儿学会独立行走都属于正常。在此阶段，走线有三种形式。

（1）小脚踩大脚。家长牵领婴儿双手，让婴儿双脚站在家长脚上，家长与婴儿同向或者相向。家长伴随音乐有节奏地在线上行走。这种走线方式可以让婴儿熟悉走路左右脚交替的规律。

（2）倒退走线。所谓倒退走线，指的是家长牵领婴儿双手，家长与婴儿面对面，婴儿在线上向前走，家长在线上后退走。这种走线方式可以让婴儿熟悉走路姿势，在家长引导下双脚交替连续向前走，为婴儿独立行走做准备。

（3）牵领走线。家长站在线外，婴儿站在线上，大拇指让婴儿握住，手自然握住婴儿腕部，防止婴儿摔倒，家长和婴儿伴随音乐同向走线。这种走线方式比起小脚踩大脚和倒退走线，增加了婴儿行走的独立性，婴儿向独立行走更进一步。

3. 13～15 个月幼儿走线

13～15 个月幼儿处于行走的敏感期。幼儿这时期不喜欢家长抱着，独立行走意愿强烈。这时期，可以通过增加玩具提高幼儿走线的兴趣。比如，给幼儿提供推杆玩具（学步车、手推车等），让幼儿在线上推行，也可以给幼儿提供拖拉玩具（纱巾或者丝带等），让幼儿牵着走线。

此阶段走线需要注意两点：第一，不要让幼儿坐在学步车中走线。第二，无论推杆玩具走线还是拖拉玩具走线，不能一直用一个玩具走线，玩具应该有变化，以提升幼儿走线的兴趣。

4. 16～18 个月幼儿走线

此阶段幼儿可以行走自如，为提高走线兴趣，可以开始添加身体动作走线，如把手放在头上,拉耳朵走线等。

5. 19～24个月幼儿走线

这个时期的幼儿不仅可以行走自如,平衡能力也进一步增强,认知水平也同步发展,能够认识生活中常见的物品和动植物。这时期,可以增加肢体动作走线,如变成小鸟飞一飞,变成大象走一走等。

6. 25～36个月幼儿走线

这一阶段的幼儿可以自如行走和跑步,身体协调性进一步增强。可以练习持物走线,利用生活中常见的物品进行走线,比如小垫子、水果篮、积木等,这些都可以作为走线工具。

(三) 走线前的各项准备工作

1. 走线音乐的选择

走线音乐的选择很重要,过快、太慢都不适宜,应选择无歌词、中速、轻柔优美、抒情的音乐,内容是完整连贯且不断循环反复的,并且在走线该结束时自然结束。要选择一些舒缓、宁静而又悠扬的轻音乐,用音乐给婴幼儿创造一个心情平和、安静的氛围,在婴幼儿熟悉"线"之后,开始教给婴幼儿脚跟挨着脚尖踩在线上,一步一步慢慢地沿着线走,以2～3分

安妮的仙境

钟为宜。同一段音乐可以持续一个学期甚至更长的时间,让婴幼儿熟悉音乐的感觉,悉心体会音乐中蕴涵的意义。教师还可以在走线中加入一些舒展性强、优美的肢体动作,来增加婴幼儿走线的兴趣。

2. 走线时活动室的光线设置

走线时过强的光线会刺激、干扰婴幼儿的平静,因此,当光线过强时,应拉上窗帘,关闭大灯,打开色彩柔和的壁灯。当教室窗外临路或有声音干扰时,应关闭窗户,走线结束时再打开,这点教师应灵活掌握。

3. 走线的规则制定

这是走线前必须制定的。婴幼儿初入班,规则由教师定,要简单清晰,一般1～2条即可,并且一定要有针对性。如:"两脚走在线上""脚跟挨着脚尖走"等。教师要注意,规则不要一成不变,要根据婴幼儿的发展逐步提高要求。

(四) 走线用具的投放

1. 持物用具的投放原则

当婴幼儿有了距离与线的意识,能较标准地走线时,就可以进入持物阶段。前面已经提及,2岁之后,婴幼儿可以持物走线。持物用具的投放应是连续的,小一点的婴幼儿可2～3天投放一种,大一点的婴幼儿可每天连续投放,直至全部投入完毕。

2. 持物走线的用具

(1) 串珠:线的长度至婴幼儿膝盖处,应随着婴幼儿的生长加长。根据婴幼儿发育水平不同,应准备三条不同长度的串珠。

(2) 风铃:以小巧的、金属材料的为好。

(3) 小旗:旗面应是三角形的,便于婴幼儿自我订正,直接投入两面旗。

(4) 积木:以原木色为好,可投入4～5块不同的形体,让婴幼儿根据能力组合持用。

(5) 托盘+水果:水果应该是滚动的,可用火腿肠等代替,记住水果应保持新鲜、勤更换。

(6) 水桶：可投放两个水桶、一个水舀，其中一个桶盛水，一个空桶，让婴幼儿根据自己的能力决定取水量的多少。

(7) 乒乓球+汤匙：汤匙应为长柄，匙不要太大，乒乓球要小些。

(8) 毛巾+书（或毛巾+水果圆筐）：书应是硬皮的，建议教师将其用透明胶带缠裹，避免摔散。

(9) 烛台：最好使用水上漂，火焰小，不会烧到婴幼儿，同时应准备火机火柴，放小碗内。

(10) 高脚杯（包括锥形杯）：有两种形式，一种是托盘+杯+水，一种是杯+水（或果汁），水（或果汁）的量应视婴幼儿的情况注入 1/2、2/3、4/5。

除此之外，还应投放擦地板的毛巾，可放入用具的托盘中，也可用小筐单独投放。

（五）走线的组织与指导

1. 明确方向

走线的方向是顺时针方向，在指导过程中，教师应跟随婴幼儿的运动方向，决不允许"倒车"现象出现。

2. 教师的位置

走线开始前，主班教师在线区演示位置上，两个配班教师在婴幼儿的后方左右两侧，三位教师的位置基本呈三角形。走线开始后，主班教师进内圈，指导约 1/3 的婴幼儿持物走线。

指导内容包括正确的走线、正确的持物方法、调整距离，等等。

外圈教师基本保持对称的位置，负责指导外圈婴幼儿徒手走线的正确方法，调整距离等。

需强调的：一是教师指导时不允许穿越线圈；二是三位教师之间要默契，指导婴幼儿的间隙要注意相互间的配合、眼神的交流，而不是盯着自己眼前的婴幼儿。

3. 动作要求

挺胸、收腹、抬头，目视前方，面带微笑，迈步清晰、缓慢、夸张、脚跟对脚尖，脚跟先着地。

4. 组织步骤

(1) 引领。

"小手小手拍拍，我的小手拍一拍，（双手对拍），小手小手拍拍，我的小手拍一拍，（双手拍蒙氏线）请宝宝的小手摸摸蒙氏线，站起来踏一踏。"

或者："把小手变出来，看看小手变高了，越来越高，跳起来，跳到蒙氏线上。请家长辅助宝宝站到××老师身后的蒙氏线上。"

主班教师引领家长和婴幼儿注意蒙氏线，并站在老师身后，为走线做准备。

(2) 教师带领幼儿走线。主班教师走在前面，为家长和婴幼儿示范走线动作，并提示婴幼儿变换动作。配班教师走在队伍最后，协助主班教师维持婴幼儿走线秩序。

(3) 归位引导。

"音乐声渐渐小了，请家长和宝宝坐到××老师对面的蒙氏线上。"当主班老师走到自己应在的位置对面时，说归位词，这时走路速度加快，恢复正常的走路速度。

走线时，18个月以内的婴幼儿能跟着走即可，2岁以内的幼儿走在线上即可，2.5 岁以上的幼儿可要求脚跟对脚尖走。

（4）目的介绍和家庭活动延伸。主班教师等待家长和婴幼儿坐下来之后，介绍走线的目的，以及在家中家长可以用什么方式和活动带领婴幼儿练习走线。

走线目的的介绍要根据婴幼儿的年龄段和走线形式进行调整。

（5）走线方法指导：

①持物走线指导：当婴幼儿持物错误时，教师可至其前方，跪蹲下，征询道："请让我试试看好吗？"婴幼儿同意后，教师示范正确的方法给婴幼儿，而非把着婴幼儿的手纠正他。教师在这里所做的只是教给婴幼儿正确的方法。

②赤足走线的指导：走线规则定好后，婴幼儿脱掉鞋袜，放置自己身后，以不影响婴幼儿走线和教师的指导为宜。赤足走线适宜在春夏之交及夏季进行，并且婴幼儿一定是已经有了很好的走线经验后才能进行。方法是脚尖先落地，然后让婴幼儿感知两脚间的距离，再慢慢落下脚跟，与后面的脚尖挨在一起。

如果在走线过程中出现了拥堵和"塞车"现象。教师应挡住后面的婴幼儿，让他注意保持距离，再引导带领前面的婴幼儿向前走。具体做法：教师走至被指导婴幼儿前方停下观察，然后右腿跪，左腿蹲，同时左手放左腿上，右手伸出挡在婴幼儿腹前，示意他停下来，并小声告知他要注意保持距离，最后收回右手，伸左手做请的动作，示意婴幼儿继续。

走线是一种受控制的、被约束的、较单调的工作，是遵循社会道德规范要求的。因而，没有婴幼儿天生就喜欢走线的。而教师所要做的，是找到婴幼儿走线的兴趣点，让他愿意做。走线活动中婴幼儿的兴趣点就来自婴幼儿自我控制的成功感，所以教师一定要肯定婴幼儿的努力，使其有成就感，如此一来走线工作就会获得成功。

（六）不同持物走线工具的走线方法

1. 木串珠

教师演示持物走线用具——木串珠的方法。左手两指捏住绳环，右手五指打开，将绳环套在右手中指上，五指并拢。双脚踩在白线上，手臂伸直，慢慢弯腰将木串珠与白线对齐，说："木串珠在白线的中间，当听到音乐开始时一步一步慢慢向前走。注意哦，不要让你的串珠来回晃动。这里还有一个和它一样的串珠，我也可以用两个串珠来进行持物走线。"

2. 水果篮

教师演示持物走线用具——水果篮的方法。随意拿一个水果，说："我最喜欢吃橙子，我拿一个橙子作持物走线用具。"放入托盘中。双手握住托盘两边，双臂自然弯曲。"当你听到音乐开始时，请你一步一步慢慢向前走。"走三步停止，说"注意哦，不要让水果来回滚动或掉在地上"。老师将用具放回内圈。

3. 积木

教师演示持物走线用具——积木的方法。随意取两块不同形状的积木，将两块积木叠放在一起，三指捏住下方的积木（两手）放于胸前，走到内圈，双脚踩在白线上，说："当你听到音乐开始时请你一步一步慢慢向前走，小心别让积木掉下来，直到音乐结束。""你还可以选择其他不同形状的积木随意搭配。"

4. 高脚杯

教师演示持物走线用具——高脚杯的方法。将高脚杯从托盘拿出，往杯里倒果汁，三指捏高脚杯，另一只手托住杯底。"当听到音乐开始时，请你一步一步慢慢向前走。注意哦，不要让你的果汁洒落在地板上。""我还可以再往里面倒一点果汁。"

5. 水桶

教师演示持物走线用具——水桶的方法。先用水瓢从大水桶里舀一些水倒到小水桶里，水要在小水桶的一半以上。双手提水桶走到白线上，双手自然弯曲与肚脐同高，眼睛平视前方，抬头挺胸。"当听到音乐开始时，请你一步一步慢慢向前走，直到音乐结束，尽量走慢一些，不然水会洒出来。""这里还有一个和它一样的水桶，也可以用两个水桶进行持物走线。"

走完后，把水倒入大水桶，再把大水桶中的水倒掉，用干的毛巾把大水桶、小水桶和水瓢上的水珠擦干净，放入托盘中并将托盘放于内圈中间。

6. 书本+毛巾

教师示范，说："先把毛巾放在头上，再把书放在毛巾上面，头轻轻抬起，不要让书掉下来，当你听到音乐开始时，请你一步一步慢慢向前走，直到音乐结束。"

7. 汤匙+乒乓球

教师演示持物走线用具——汤匙+乒乓球的方法。脚踩在白线上，把乒乓球放在汤匙上，拿汤匙的手伸直，另一只手背在身后，眼睛看前面。"当听到音乐开始时请你一步一步慢慢向前走，直到音乐结束。""这里还有一个和它一样的汤匙，我也可以用两个汤匙来走线。"

8. 烛台

教师演示持物走线用具——烛台的方法。将烛台从托盘中拿出，从左往右点火，五指拿烛台，一手拖住烛台。小指放在烛台最细的地方。"注意哦，不要让蜡油掉落在地板上，也不要烫着自己和别人。熄灭蜡烛从右往左。"

9. 风铃

教师演示持物走线用具——风铃的方法。左手握住绳环，慢慢将右手中指穿入，手臂伸直，另一只手背后，慢慢弯腰将风铃与白线对齐。"风铃在白线的上方，当听到音乐开始时请你一步一步慢慢向前走，直到音乐结束，尽量不要让你的风铃发出声音。"

二、唱名环节活动的组织

亲子教育活动第二个环节是唱名，时间为5~7分钟。

（一）总目标

1. 学习初步的人际交往技能

通过唱名这一环节，婴幼儿学会在同伴和老师面前自我表述姓名、性别、年龄等，勇于在众人面前表现自己，以多种形式与同伴进行问候、交流。这一活动可以培养婴幼儿良好的情绪、情感，激发婴幼儿参与活动的积极性和主动性，使之学会初步的人际交往技能。

2. 在语言的引导下正确说出自己的姓名、年龄及性别。

刚刚加入班级的婴幼儿或年龄小的婴幼儿还不会主动介绍自己，教师可以引导婴幼儿说出自己的姓名，或者由家长代替说出姓名、性别和年龄。随着活动次数的增加和年龄增加，婴幼儿对环境和同伴进一步熟悉，能够达到主动介绍自己的水平。

3. 学习手势语和使用礼貌用语

婴幼儿以动作思维为主,因此在唱名环节,教师的自我介绍必须采用语言加手势的形式进行,让婴幼儿把语言和手势联系在一起,并学会用手势配合自我介绍。

4. 增强自我意识

2~3岁是婴幼儿自我意识形成的关键时期。在这一时期,教师会通过唱名环节不断巩固婴幼儿的自我介绍,使婴幼儿正确认识自己的姓名和性别,这也是自我意识形成的关键。

5. 增强自信心,锻炼胆量

在唱名活动中,婴幼儿通过在集体面前进行自我介绍,通过唱欢迎歌,能够增强自信心,此环节还可以锻炼婴幼儿的胆量,让婴幼儿大胆在集体面前表现和展示。

(二) 组织形式

1. 被动唱名

对于低幼年龄段的婴幼儿来说,让他来到老师的身边唱名比较困难,可以让婴幼儿和家长原地不动,老师来到婴幼儿面前或者教师也原地不动,借助玩教具进行唱名。比如教师可以拿着一个手偶,边唱《找朋友》的儿歌边来到婴幼儿面前,让婴幼儿唱名。教师还可以手里拿一个小球,让小球滚到婴幼儿面前,然后让接到小球的婴幼儿进行自我介绍。婴幼儿年龄小若不会说话,可由家长代替进行自我介绍。

2. 主动唱名

主动唱名适合年龄稍大的婴幼儿。婴幼儿学会了走路和说话,并且可以进行自我介绍,可以到教师身边向大家介绍自己。刚开始唱名时,教师还可以通过问答形式进行自我介绍,比如,教师可以问婴幼儿:"请问你叫什么名字?""请问你几岁了?""请问你是男孩还是女孩?"让婴幼儿逐一回答。注意,在问婴幼儿年龄的时候,一定要问几岁,而不是问婴幼儿多大了,这时期的婴幼儿对于"多大"的理解是直观的,不明白多大是几岁的意思。另外,问婴幼儿性别的时候,要把婴幼儿正确的性别放在后面问,如果教师看到来进行自我介绍的是男孩,那就应该问:"请问你是女孩还是男孩啊?"

(三) 注意事项

1. 顾全大局

对于新学员来说,教师不能全部记住婴幼儿的名字,最好唱名的时候采用顺序唱名,以便能够顾及所有婴幼儿。上过一段时间的课以后,教师对婴幼儿的名字已经熟记于心了,就可以采用随机自愿唱名的方式。无论顺序唱名还是随机自愿唱名,教师一定要注意,每次都要顾全大局,让每个婴幼儿都有机会唱名。

2. 蒙氏线上贴图案,婴幼儿坐在图案上

针对0~3岁婴幼儿注意力分配差的年龄特点,可以在蒙氏线上贴上图案,让婴幼儿和家长按照图案坐下,这样不但有助于活动秩序的掌控,还可以减少婴幼儿和家长对于保持学员间距注意力的分配。

3. 多用手势语

婴幼儿以动作思维为主,思维的进行依赖动作,动作进行思维就运转,动作停止,思维也停止。因此,在唱名环节,一定要注意使用手势语。打招呼、自我介绍、致谢这三个手势必须很明确地呈现给婴幼儿。

4. 自我介绍时语速一定要慢

0~3岁是婴幼儿言语发展的关键期，这时的婴幼儿思维水平比较低，限制了其言语理解力，因此，跟此年龄段的婴幼儿说话时语速一定要慢，只有这样，教师说的话婴幼儿才能理解。

（四）活动组织步骤

1. 主班教师唱名

主班教师唱名按照"打招呼—自我介绍—唱欢迎歌—致谢"这四个流程进行。

"大家好，我是××，我今年××岁，我是××（女生/男生），希望大家喜欢我，宝宝们伸出小手一起给××老师唱欢迎歌。"（大家一起唱欢迎歌）"谢谢大家。"老师致谢的时候一定要有手势。

2. 配班教师唱名

"我的望远镜望一望，看看还有谁来了呢？哇，这里还有一位老师，请她做一下自我介绍吧。"（配班老师自我介绍）"我们伸出小手欢迎××老师吧，××你好，我们欢迎你，欢迎××老师！"

3. 宝宝依次唱名

可借助道具、手偶娃娃、球等，可用不同的声音唱名，还可以借助琴声。"我们伸出小手一起欢迎一下××宝宝，伸出你们小手一起来，××你好，我们欢迎你！"

4. 目的介绍和家庭活动延伸

向家长介绍唱名环节的目的，同时指导家长回家之后提升宝宝自信心和锻炼宝宝自我介绍技能的方法。

（五）唱名环节课例

佳佳老师："各位亲爱的宝宝和家长朋友们，早上好！你们知道我是谁吗？（佳佳老师）这位宝宝真能干，那你能告诉老师你叫什么名字吗？今年几岁了？不知道是吗？那老师来自我介绍下，你们可要听清楚咯！我是佳佳老师，以后佳佳老师就和大家一起做游戏、学本领了。来，跟佳佳老师打声招呼。伸出你们的小手给佳佳老师唱欢迎歌。"佳佳老师伸出双手带领宝宝和家长一起唱欢迎歌。"佳佳老师欢迎你，欢迎你，我们爱你。"

佳佳老师："谢谢大家。"佳佳老师做出谢谢大家的动作。

佳佳老师："我们活动室还有一位老师，叫妮妮老师，宝宝们，我们和妮妮老师也打声招呼。""我们伸出小手为妮妮老师唱欢迎歌，妮妮老师欢迎你，欢迎你，我们爱你。"

妮妮老师："谢谢大家。"

佳佳老师："谁愿意上来介绍下自己，让大家认识你。"

牛牛："大家好，我叫牛牛，今年2岁了，我是男生。"

佳佳老师："牛牛，你太棒了，自我介绍得真清楚，老师给你一个大大的赞。来，宝宝们，伸出小手欢迎牛牛，我们一起唱欢迎歌，牛牛、牛牛欢迎你，欢迎你，我们爱你。牛牛，你谢谢大家。"

牛牛："谢谢大家。"

佳佳老师："牛牛真有礼貌，谢谢你，请回去，谁愿意再来介绍？"

再找一个宝宝进行自我介绍并唱欢迎歌。

佳佳老师："现在请各位宝宝和你旁边的小朋友相互介绍下，这样我们大家就认识了，马上就会成为好朋友了。"

佳佳老师:"唱名环节可以提高宝宝的自我意识,增强宝宝的自信心和胆量,回到家之后,家长可以鼓励宝宝在亲友面前做自我介绍,还可以让宝宝把之前学过的童谣、儿歌在家人面前进行表演,增强宝宝的自信心和胆量。"

三、综合认知、精细动作操作环节活动组织(10~15分钟)

(一)活动目的

(1)提高认知能力。

(2)促进精细动作发展。

(二)活动组织步骤

1. 教师介绍工作、示范操作

在该环节,教师先介绍要操作的玩教具是什么,然后示范玩教具的操作。教师在该环节的操作是这样进行的。

"现在是老师的工作时间。"或者"宝宝要学新本领了。""现在是智慧时间。""取工作毯。"教师起身自然后退两步,昂首挺胸走到工作毯架前,单膝跪地,取工作毯上二分之一处,双肩自然架起,距身体5~10cm,归位,"铺工作毯",左手三指按于工作毯从左到右展开,双手由上至下,抚摸三次。"取教具。"起身走向教具柜,单膝跪于教具柜前,将教具取出,归位,介绍工作名称:"今天我们的工作是××。"教师进行教具操作,收教具后,介绍目的(直接目的+间接目的+家庭活动延伸)后,将教具端起,"教具用完了,我们将它物归原处。"教师起身,将教具送回,归位。"收工作毯。"右手握于工作毯右端,左手握住工作毯底端,将工作毯顺时针旋转90°,卷拉收起,(三指卷几下,五指并拢卷起),将工作毯垂直竖起轻拍三下以内,起身送回。跪坐于工作毯架前宣布宝宝工作时间,"现在是宝宝的工作时间,请宝宝依次到工作毯架前取工作毯,取完工作毯的宝宝到教具柜前自由选择教具操作。"

2. 婴幼儿自由操作,教师观察指导

当主班教师宣布完婴幼儿的工作之后,配班教师辅助婴幼儿取玩教具。

配班教师跪坐于教具柜前辅助婴幼儿取教具,当所有婴幼儿取完工作毯后,主班教师调整工作毯位置,工作毯沿蒙氏线内线摆好后,主班教师跪坐在蒙氏线左端短边处,配班教师辅助婴幼儿取完教具后跪坐在主班教师对面观察。(分工)观察一段时间后,两人微笑示意,然后分别到家长的右侧后方进行个别指导。主班教师掌控时间,示意配班教师收教具音乐。收教具音乐响起后(要选择欢快音乐),主班教师跪坐于教具柜前宣布"收教具的音乐响起来了,请家长辅助宝宝将教具和工作毯物归原处"。配班教师跪坐于工作毯架前,辅助婴幼儿收工作毯,当所有婴幼儿收完教具后,主班教师准备进入下一步骤。

3. 教师小结

教师总结活动中婴幼儿及家长的表现,同时介绍该环节的活动目的,教具的操作流程,该活动对于婴幼儿发展的价值,回到家之后家长如何带领婴幼儿进行该类活动的学习以及注意事项有哪些。

（三）注意事项

（1）可在取放工作毯和教具时引导婴幼儿说礼貌用语。

（2）如果有婴幼儿执意不肯收教具，配班教师可以将其引导至教室一旁继续操作，但要注意观察，在适当的时候将其引导到正常的课堂环境中。

（四）0~3岁婴幼儿精细动作家庭延伸训练

1. 1个月

准备一个摇铃或可以捏响的软塑料玩具，悬挂起来逗引婴儿，训练婴儿的手部抓握能力。家长可以将自己的食指，或一个拨浪鼓柄塞入婴儿的手中，锻炼婴儿的抓握，让婴儿玩儿自己的小手。

2. 2个月

（1）练习手的被动握持能力。家长要经常抚摸两个月的婴儿的双手，促进婴儿握持反射。家长可以把花铃棒儿的小棒放到婴儿的手心，婴儿就会马上抓住小棒，家长用手握住婴儿的小手帮助他坚持握紧的动作，也可以让婴儿学习抓住家长的手指。

（2）练习婴儿的握持能力。家长可以把质地不同的旧手套洗干净，塞入泡沫塑料、棉花等，用松紧带吊在婴儿床上方、婴儿小手能够得着的地方，父母帮助婴儿够握吊起来的手套。可以让婴儿的小手抓握毛线、橡皮或者皮手套等，还可以让婴儿触摸不同质地的玩具，以促进婴儿感知和触觉的发育。

（3）练习看小手。两个月的婴儿特别喜欢看自己的小手、玩自己的小手，这是婴儿心理发展的必然阶段，家长不仅不能干涉，还应当帮助婴儿玩手，比如，手上系个红布条、带个能响的手镯等（注意手镯要结实，防止细小部件脱落被婴儿误食，或划伤婴儿）。一定不要给婴儿戴手套。

3. 3个月

（1）这个阶段婴儿的双手能够在胸前互相握住并且进行玩耍，家长要给婴儿更多够物抓握的机会。家长可以在他看得见的地方悬吊带响的玩具，然后扶着婴儿的手去够取、抓握、拍打。悬吊的玩具可以是小气球、毛绒小动物、小动物、彩色手套、颜色鲜艳的小袜子等，质地应多样化，利于手部触觉训练。每日数次，每次3~5分钟。

（2）这个月家长要训练婴儿抓握触摸的能力。在婴儿情绪愉快的时候，家长可以把带柄的玩具或者自己的手指塞在婴儿的手掌中，使其抓握触摸，训练婴儿小手抓握触摸的能力。家长可以准备一些抓握的玩具，如摇铃、能捏响的软塑料或者橡胶玩具。

（3）婴儿会翻身以后，玩具就不要挂着玩了。

4. 4个月

（1）训练婴儿够取悬吊的玩具。家长先引导婴儿用手摸吊着的玩具，玩具会被推得更远。婴儿再伸手，玩具又晃动起来。经过多次努力，婴儿最后会用两只手一前一后把玩具抱住，并且会有非常开心的表情。大约要到5个月的时候婴儿才能用单手准确够物。

（2）家长把婴儿抱到桌子前面，桌上放几种不同的玩具，让婴儿练习抓握。每次3~5分钟。家长要经常变换玩具，可以从大到小，反复让婴儿练习，并记录婴儿能准确抓握的次数。

5. 5个月

（1）训练婴儿伸手抓握能力。把婴儿抱成坐着的姿势，在他面前放一些彩色小气球等物品，物品可从大到小，练习让婴儿伸手抓住物品。刚开始训练时，物品要放在婴儿一伸手就能抓到的地方，慢慢地移到远一点的地方，让他伸手抓握，再给他第二个让他抓握。观察婴儿是否会把第一个物品传给另一只手。

（2）训练婴儿手指运动能力。家长把一些带响的玩具（易于婴儿抓握）放在婴儿面前，首先让他发现，再引导他用手去抓握，并在手中摆弄。然后除继续训练他敲和摇的动作以外，还要训练婴儿做推、捡等动作，观察婴儿拇指和其他四指是否在相对的方向。

6. 6 个月

（1）家长要继续让婴儿练习够取小物体，可以由大到小、由近到远，让婴儿练习从满手抓到拇指、食指捏取。

（2）训练婴儿扔掉再拿。让宝宝坐着，给他一些能抓住的小玩具，如小积木、小塑料玩具等，先让婴儿两只手各抓住一个玩具（家长要一件一件地给），然后家长再给他第三件玩具，他会扔下手中的一个，来拿家长手中的这个玩具。

（3）训练婴儿把玩具倒手。家长在和婴儿玩玩具的时候，可以有意识地连续向一只手递玩具或者把食物给婴儿，家长示范让宝宝把手中的玩具从一只手倒到另一只手上。反复练习，婴儿就会掌握"玩具倒手"的技能。

7. 7 个月

（1）教婴儿练习抓握。家长要让婴儿练习用手抓起小积木。家长可以把婴儿熟悉的积木块放在他面前手能抓到的地方，训练他能用拇指和其他手指配合抓起小积木，每日练习数次。

（2）教婴儿做对击玩具的游戏。家长继续训练婴儿双手玩玩具，并能够对击。例如让婴儿手中拿一只带柄的塑料玩具，对击另一只手中拿着的玩具。婴儿敲击出声时，家长要鼓掌奖励。家长可以选择各种质地的玩具，让婴儿对击出各种声音，促进手、眼、耳、脑等感知能力的发展。

8. 8 个月

（1）家长要让婴儿练习用手捏取小的物品，如小珠子、豆子等。开始婴儿用拇指、食指取，以后逐渐发展至用拇指和食指对捏起。每日可训练数次。家长要陪同婴儿玩，以免他将小的物品塞进口、鼻呛噎而发生危险，离开时要将小物品收拾好。

（2）家长还要训练婴儿食指的灵活性。家长要鼓励婴儿将食指伸入洞内勾取小物品，也可以让婴儿用手指拨转盘，玩按键等，都能达到练习食指的目的。

（3）家长还可以让婴儿练习对敲和摇动的能力。家长可以相继给婴儿两块积木或者两种性质相同的小型玩具，鼓励婴儿两手对敲。也可以给婴儿一只拨浪鼓或铃鼓，鼓励婴儿主动摇摆，使玩具发出悦耳的声音。

9. 9 个月

（1）教婴儿放手。家长要让婴儿玩多种玩具，训练他有意识地把手中玩具或者其他物品放在指定的地方，家长可以给他做示范，让他进行模仿。家长还要反复用语言示意他"把××放下，放在××上"，让婴儿练习由握紧物品到放手，使手的动作受意志控制，手、眼、脑协调又进了一步。

（2）教婴儿练习投入。家长在婴儿能有意识地把手中的物品放下的基础上，训练婴儿玩一些大小不同的玩具，并教婴儿把小的物体投入大的容器中，如把积木放入盒子里，要让婴儿反复练习。

（3）教婴儿玩滚筒。家长把圆柱体的滚筒（饮料瓶代替也可）放在地上，让婴儿用两只手推动它向前滚动。等他熟练后，再让他用一只手推动滚筒，并把它滚到指定的位置。如果他做对了，家长要给予鼓励。婴儿在游戏中会逐渐建立起圆柱体能滚动的概念。

10. 10个月

（1）继续训练婴儿拇指和食指的对捏能力。家长要抓住有利的时机着重训练婴儿捏取细小物品的准确性（如小药片、小绿豆、玉米粒等），培养捏取的速度，再扩大捏取物品的范围，提高婴儿捏取动作的熟练程度。每天可以训练数次。

（2）教婴儿打开瓶盖。家长把一个带盖的塑料瓶放在婴儿面前，家长先给婴儿示范打开瓶盖再拧上盖子，之后让他练习只用拇指和食指将瓶盖打开，再拧上，反复数次。在此基础上还可以练习用塑料套杯，一个接一个套起来。

（3）教婴儿放进去，拿出来。在练习放下和投入的基础上，家长把婴儿的玩具一件一件地放进百宝箱里，边做边说"放进去"，然后再一件一件地拿出来，让婴儿模仿。这时，可以让婴儿从一堆玩具中挑出一件，练习几次。这除了可促进儿童手、眼、脑的协调发展，还可以增强婴儿的认知能力。

（4）家长准备两个木桶或两个奶粉空罐，家长拿一个，给婴儿一个，家长示范把积木或其他东西扔到罐子里，发出声响，婴儿觉得有趣也会模仿。家长要指导婴儿将积木对准罐子的口再放手，培养婴儿有目的地放手，为投掷做准备，也能锻炼婴儿前臂内侧肌肉的力量。

（5）学会翻书。家长给婴儿朗读故事的时候，可以抱着婴儿，帮助他把书打开看，让他边听边看。这样听故事的婴儿就知道正着看书，不会倒着看，知道从哪边开始。没这样听故事的婴儿有时就会倒着看书，乱翻页，看完不知道合上书，容易将书弄坏。

（6）教婴儿打响拨浪鼓。家长先转动手腕把拨浪鼓打响，然后递给婴儿，婴儿用摇花铃棒的办法来摇，不能让拨浪鼓两边的小球打在鼓上，这时家长再示范，明确摇动手腕才能让小球打在鼓面上，再把着婴儿的手腕练习，这样可以增加婴儿手腕的灵活性。

11. 11个月

（1）乱涂乱画。可给婴儿笔和纸，笔以彩色蜡笔为宜，先训练扶着他的手学握笔，再在鱼眼睛处点上小点，他看到自己"会画鱼眼睛了"，十分兴奋，以后他会经常练习"作画"，实际上是胡乱涂画。

（2）将书打开又合上。边看书边听故事的婴儿，记得将书打开又再合上。未边看书边听故事的孩子，不懂得翻开书页，只会双手拿书调来调去，不会掀开。无论是否听过故事书，或是否会开合，只要婴儿爱玩弄书本，就有教育效果。给婴儿翻的书最好画面大一些，字大而少，故事有趣。在翻书中，可以培养婴儿专注、喜欢读书、爱学习的习惯。

12. 12个月

（1）教婴儿搭积木。家长手把手地教婴儿把积木一块一块向上搭，练习多次，让婴儿自己学着向上搭两块积木。

（2）教婴儿翻书。拿一本婴儿的书，让婴儿边看边翻书，家长要观察婴儿是否能从头开始，按顺序、按页翻看，对错误的地方要简单纠正。

（3）将两块积木放进盒子里，婴儿能自发地再拿起两块积木学习家长的做法，放进盒子里，做这个活动是有意识的，不是偶尔的。

（4）家长用盒子把积木倒扣在里面，婴儿能明确地拿开盒子找到积木，锻炼婴儿的思维能力。

（5）准备一个塑料瓶，把盖子拧下来，婴儿能做到分别拿着玩，瓶和盖子之间无任何接触。

（6）准备纸和笔，家长做示范在白纸上用笔点点，婴儿看到后能模仿家长，用笔在纸上点点。

（7）家长要让婴儿多撕纸玩（纸质要干净的），看、听、触、动，体验事物的变化。

（8）这个月，家长还要继续训练婴儿自己穿鞋和戴帽子。

13. 13～14个月

（1）教婴儿盖盖，配盖。家长可以把用过的盒子、瓶子、杯子当玩具。家长先示范打开一个瓶盖，再盖上，然后让幼儿模仿。幼儿打开一个，再盖上，家长再给他另一个不同的，他又打开，盖上。练得熟练后，再练习给不同大小形状的瓶子配盖。幼儿在这种开盖、盖上、配盖的简单游戏中，动作智商的发展得到极大促进。

（2）教幼儿倒豆、捡豆。准备两个广口瓶子，其中一个放上豆子数粒，让幼儿练习倒豆，从一个瓶子倒到另一个瓶子中。开始时，家长扶住瓶子，以免瓶子倾倒，稍微扶一下幼儿拿瓶子倒的那只手，对准瓶口往里倒，慢慢地就不往地上撒了。还可以准备两个小盘和两个小瓶，让幼儿把盘中的豆子捡到瓶子里，如果幼儿都能放到瓶子里，就鼓励他，给予奖励。

（3）教幼儿搭高楼。搭积木是幼儿空间知觉和手、眼、脑协调水平提高的重要标志。开始搭时总搭不上，放歪或掉下来，家长在旁边要稍微扶一下，放上一个，要拍手给予表扬，以增强幼儿搭高楼的兴趣和成功的满足。

（4）教幼儿套塔。家长示范，将一个彩环套在垂直的塑料桩（或木桩）上，然后让幼儿模仿一个一个往上套，套上一个，就鼓励幼儿，如拍手，或者说"宝宝真棒"。待幼儿熟练后，便可让幼儿按颜色或者大小顺序套成彩色塔。

（5）教幼儿玩插片。此游戏需要更高的协调能力和手部小肌肉、关节的协同作用来完成。家长先示范，由简单到复杂，让幼儿学着插插片，练习造型。

（6）给幼儿准备笔和纸，让他握着笔在纸上涂鸦。

14. 15～16个月

（1）家长可以和幼儿用积木搭火车。家长先用积木示范，然后让幼儿自己接着搭，搭好后，家长要对幼儿给予鼓励和赞扬。

（2）家长可以和幼儿穿珠子。家长先示范，然后扶着幼儿的手让他穿，如果不会，可练习穿塑料的珠子。穿上后，家长要给予表扬。

（3）家长还可以准备一些简单的拼图，然后指导幼儿拼，当他拼好后，家长要把功劳归于幼儿，增加他的自信心。

（4）家长可以准备大小不同的杯子或筒，教幼儿一个一个地套在一起。

（5）家长可以把三种以上的豆子放在一起，让幼儿把它们挑出来。

15. 19～20个月

（1）仍然教幼儿穿珠子，让幼儿逐渐学会穿算盘珠子以及扣子等。

(2) 让幼儿往瓶中投小球。家长可以先示范，用食指、拇指拿住小球，拿到瓶口时手放松，使球落入瓶中。当幼儿熟练后可以计算幼儿每分钟能准确投入的数量。

16. 21~22个月

(1) 让幼儿练习穿珠子。教会幼儿用绳穿上几个珠子。幼儿会将绳子穿入小孔内，但在孔的另一侧将绳子提起的动作要经过反复练习才能熟练，渐渐可加快速度，并提高准确性。这是手、眼、脑协调训练的好方法。

(2) 教幼儿学开带锁的门。教幼儿学会拧开门把手，推开门，或者会拉开横栓和扣吊，打开柜门。教幼儿将钥匙插入锁眼，学着转动开锁。

17. 23~24个月

(1) 教幼儿倒来倒去。家长教幼儿用手泼水或用塑料小碗装满水倒来倒去，还可以帮助幼儿把小瓶小碗装满水让它们沉到水下面，又将水倒空使小瓶小碗浮在水面。

(2) 让幼儿玩沙。

家长教幼儿用玩具小铲将沙土装进小桶内，或者用小碗将沙土盛满倒扣过来做馒头。幼儿玩的沙土要先过筛将石头和杂物去掉，用水洗过；每次玩之前要用带喷头的水壶将沙土稍微浇湿，以免尘土飞扬；玩要完毕用塑料布将沙土盖上。玩沙是促进皮肤触觉统合能力发展的重要方法之一。

18. 25~27个月

(1) 家长要继续通过穿珠、画画、拼图训练幼儿手的精细动作，如用绳穿珠子，用筷子夹菜，解系按扣等。要边示范边让幼儿学，并让他反复练习。幼儿会正确握筷子后，可以用筷子吃饭。诱导幼儿涂涂画画，如画直线、圆、曲线等。拼图是一种很好的手部精细动作能力的训练，家长可将一幅图如人头像或一个水果，剪成两瓣或三瓣，让幼儿试着拼；或者家长先示范，然后让幼儿模仿。

(2) 家长还要让幼儿多玩套叠玩具。套叠玩具是一种按大小次序拆开和安上的玩具，可以选套碗、套塔、套桶等。家长可以示范指导幼儿按次序装拆，幼儿会聚精会神地自己尝试，既培养了专注能力，又学会了大小的顺序。幼儿通过用手操作，眼看实物一个比一个大，渐渐体会了数的顺序概念和空间概念。

19. 28~30个月

(1) 加强幼儿手的操作能力。在幼儿真正形成大小、多少概念的基础上，再教幼儿给物品配对。先配形状大小的同类物，如塑料瓶和瓶盖，即大瓶配大盖，小瓶配小盖，以及为两只鞋、袜、手套配对，动物亲子配对等。

(2) 让幼儿玩倒米和倒水的游戏。家长用两只小塑料碗，其中一只放1/3碗大米，让幼儿从一只碗倒进另一只碗内，练习至完全不撒出来为止。再学习用两碗倒水。

(3) 让幼儿按照顺序套桶。让幼儿按大小顺序套上6~8层的套桶，能分辨一个比一个大的顺序，而且手的动作协调，能将每一个套入，并且摆好。

20. 34~36个月

(1) 家长要注重幼儿日常生活中手部的训练。教幼儿学习用钝餐刀将馒头片切开，幼儿用勺吃饭不撒在外面，用手拿小杯子喝水或把一个水杯中的水倒入另一个杯子时不洒不溢。还要教幼儿学拿儿童剪刀剪纸条，和小朋友进行穿珠子比赛等。

（2）家长可以示范用正方形的纸对折成长方形或三角形，鼓励幼儿自己动手模仿。

（3）练习让幼儿用筷子夹花生米并放到盘中。

（4）将三种不同的豆子混装在一个盘里，让幼儿分类挑拣出来。开始训练时，家长用手帮助幼儿捡一种豆，以后熟练了，再让幼儿独立挑拣。

（5）学习将圆形切割开的许多碎片拼成圆形，教会幼儿拼中国地图。

（6）教幼儿学捏橡皮泥、油石灰、面团，做几种喜欢的物品，会折纸做飞机、风车等。

四、语言环节活动的组织（7～10分钟）

（一）语言环节歌谣的特点

（1）短小简单。

（2）生动有趣。

（3）朗朗上口。

（4）便于亲子互动。

（二）语言环节的组织形式

组织形式按照亲子互动的方式可以分为三种：膝上童谣、手指谣和一般形式的亲子互动。

1. 膝上童谣

活动方法：家长坐于地上伸腿，将婴幼儿放于自己的大腿上，然后有节奏地伴随歌谣做动作。

膝上童谣又可以分为单一形式的弹跳运动和变换形式的弹跳运动。

（1）单一形式的弹跳运动：动作不变换，家长只是做腿部的屈伸运动。

（2）变换形式的弹跳运动：婴幼儿仍然在家长腿上活动，只是家长的腿部动作发生了变化，如，双腿的左右摆动和绕环运动等。比如儿歌《小马驹》："小马驹，钉马掌，呱嗒呱嗒呱嗒呱，左一下右一下，钉了一下又一下，哈哈，马掌钉好啦。"这首儿歌比较适合变换形式的弹跳运动。

2. 手指谣

手指谣，顾名思义，也就是伴随手指动作吟唱的歌谣。手指谣分为被动手指谣和主动手指谣。

（1）被动手指谣：在家长的帮助下，婴幼儿完成手指谣的练习。家长可以拉过婴幼儿的手，边念歌谣便帮助婴幼儿做动作。如："切切菜，擀擀面，捏捏饺子捣捣蒜。"这是被动手指谣。

（2）主动手指谣：婴幼儿在教师的引导下，主动伴随歌谣做动作。比如《大拇哥》或者《Two Little Funny Birds》。

3. 一般形式亲子互动

语言活动环节第三种组织形式是一般形式的亲子互动，也分为被动式和主动式两种。

电风扇　　　小鱼游游

（1）被动式：婴幼儿在家长的帮助下伴随歌谣做动作。比如《鸟儿飞呀飞》和《秋千架》这两首歌谣，就是家长抱着婴幼儿伴随歌谣做动作。

（2）主动式：家长和婴幼儿在教师的引导下，伴随儿歌主动做动作。比如儿歌《小鸭掉进烂泥巴》就是教师带领家长和婴幼儿一起伴随歌谣做动作,婴幼儿模仿教师的动作。

(三) 语言环节活动的组织步骤

语言环节活动的组织步骤有三个:

1. 动作分解

教师将伴随歌谣做的动作分解开来,让家长对这一环节的动作进行熟悉和掌握。以膝上童谣为例,教师将家长要做的腿部的屈伸动作进行分解和讲解,并示范,家长按照教师指令进行初步练习。

2. 儿歌互动

在家长对要做的动作熟悉之后,教师引导家长和婴幼儿伴随儿歌做动作。

3. 目的介绍和家庭活动延伸

亲子教育活动的目的不仅仅在于让宝宝在一次活动中掌握多少知识,习得多少技能,重在指导家长如何在家庭中带领宝宝进行相关练习,因此目的介绍和家庭活动延伸必不可少。

(四) 注意事项

(1) 先动作分解,后结合儿歌做动作。

(2) 1岁以内的婴儿以膝上童谣为主,1岁以上的幼儿以一般形式的亲子互动为主。

(3) 将儿歌或者歌词写在黑板上,便于家长吟诵。

(五) 0~3岁婴幼儿语言发展家庭延伸训练

1. 1~2月

(1) 模仿面部动作。在婴儿情绪很好、很稳定的时候家长可以搂抱他,并在他面前经常张口、吐舌或者做各种表情,使婴儿逐渐会模仿家长面部动作或者微笑。

(2) 逗引婴儿发音、发笑。家长可以用亲切温柔的声音,面对着婴儿,使他能看见家长的口型,试着对他发单个韵母 a(啊)、o(喔)、e(鹅)、u(呜)的音,逗引婴儿笑一笑,玩一会儿,来刺激他发出声音。

2. 3个月

(1) 家长要定时给婴儿听音乐,说儿歌。寻找一切机会和婴儿说话,逗引婴儿自由发音和笑。每当妈妈给宝宝喂奶、换尿布时,要坚持和宝宝说话。当爸爸上班外出时,可以对婴儿讲:"宝宝,爸爸要去上班了,再见。"下班回家时可以说:"宝宝,你好吗?爸爸回来了。"等等。家长要不厌其烦地对婴儿说话,这对促进婴儿语言发展有极大的好处。

(2) 家长要经常和婴儿说话,逗引他发出声音。家长对婴儿发出的声音要给予不同的反应,如亲切和蔼的言语、命令式的声音及激动的喊叫等,并使婴儿能对不同的声音有不同的回应。如果胎教时曾经叫着婴儿的名字和他说话,那么此时如果有人叫他的名字,他就能去寻找,并能发出拖长的单元音或连续的两个音,如"啊咕""啊呜"等,渐渐地能模仿成人的口型发出声音。

3. 4个月

教婴儿学发声。家长拿一个带响的玩具,一边逗他玩一边喊:"宝宝 n——a(拿)住。"同时拉着婴儿的手让他握住玩具,激发婴儿能自发地连接两个不同的单音。

4. 5个月

(1) 注重婴儿发音练习。家长可以给婴儿听儿歌、念童话、放优美的音乐,教婴儿学习认人、认物、识字，扩大婴儿与外界的接触，不断提高他的社会交往能力。

（2）培养婴儿发音练习。家长可以教婴儿"啊——啊""喔——喔""咯——咯""爸——爸""妈——妈"等。

5. 6个月

（1）家长要经常对着婴儿发出各种简单的辅音，如：ba——ba、爸——爸、ma——ma、妈——妈、da——da、打——打、na——na、拿——拿、wa——wa、娃——娃、pai——pai、拍——拍等，让宝宝模仿发音。要求在6个月时能发出4~5个辅音。

（2）6个月的婴儿能把听到的词语和人、物品相对应起来。比如听到"爸爸"就看向爸爸，听到"娃娃"时能拿出娃娃。

（3）培养婴儿听儿歌做动作。让婴儿坐在妈妈腿上，妈妈拉住婴儿的小手边摇边念："小老鼠，上灯台，偷吃油，下不来。喵喵喵，猫来了，叽里咕噜滚下来。"当念到最后一个字时妈妈将手松开，让婴儿的身体向后倾斜（注意保护好婴儿安全）。经过几次反复游戏，以后只要是念到"滚下来"时，婴儿就会自己将身体按节拍向后倒。

6. 7个月

（1）家长要继续训练婴儿发音，如：爸爸、妈妈、拿、打、娃娃、拍拍等。家长要多和婴儿说话，扩大他的语言范围。

（2）家长还要继续训练婴儿理解语言的能力，引导婴儿用动作来回答，并且要教婴儿听儿歌做1~2种动作表演。

（3）这个月婴儿已经懂得"不"。如妈妈指着热水杯对婴儿严肃地说："烫，不要动！"然后轻轻拍打他的手，示意他停止要摸的动作。对婴儿不该拿的东西要明确地说"不"，使其懂得"不"的意义。此外，还要教他懂得大人的摇头、摆手也是在表示"不"。

（4）教婴儿模仿简单的声音，如：咳嗽声，小动物叫等。

7. 8个月

（1）家长要继续教婴儿练习发音，方法和7个月时相同。家长要注意听婴儿的发音，当他已能说出不同的单音时，要跟着重复他所发出的音，用动作表示音的意义，他再发音时就要表扬他。

（2）家长要继续训练婴儿理解语言的能力。家长在拿婴儿熟悉的物品时，边拿边问："宝宝要不要饼干？""宝宝要不要小熊？"让他用手推开或者皱眉表示不喜欢，用伸手、点头、谢谢表示喜欢、表示要。

（3）家长给婴儿讲"坐下""不能吃""给我""让我看看你的新鞋"等，婴儿会用动作来服从家长的要求。

8. 9个月

（1）培养婴儿理解家长的语言。家长在与婴儿的接触中，通过语言和示范告诉婴儿怎么做，如坐起来、拿、等一等，训练婴儿理解更多的语言。

（2）教婴儿模仿发音。家长要继续教婴儿练习模仿发音，能使用有意义的单词，如"爸爸""妈妈"之类的称呼。也训练他说一些简单的动词，如走、坐、站等。在引导他模仿发音后，要诱导他主动地发出单字的辅音。观察他是否见到父亲叫"爸爸"或者见到母亲叫"妈妈"。

（3）语言动作练习。训练婴儿能够执行简单的指令，如"小姐姐到我们家玩，我们握手欢迎"等，他做对了，家长要鼓掌、喝彩、夸奖，使他为自己的正确理解而高兴，尝到成功的喜悦。

9. 10个月

（1）家长要继续教婴儿认物发音的学习。家长可以在婴儿的床上放上各种玩具，家长叫婴儿的名字，说"你把铜铃递给妈妈，把小汽车给妈妈"等。家长要变化物品的种类，扩大婴儿接触物品的范围。当婴儿情绪愉快的时候，家长可以训练他寻找"爸爸在哪里，妈妈在哪里，阿姨在哪里"，还可以问他"挂钟在哪里""桌子在哪里"，让婴儿听懂大人的话，会用目光去追寻或用手指准确地指给家长，并模仿发出相应的声音。

（2）继续教婴儿模仿家长的发音，让他理解语言。这个阶段的婴儿能使用有意义的单词，如"爸爸，妈妈"之类的称呼。家长也要训练他说一些简单的动词，如走、坐、站等。家长引导婴儿模仿发音后，要观察宝宝是否能主动发音，能见到爸爸叫"爸爸"，看见妈妈叫"妈妈"。还要通过语言和示范动作教婴儿怎么做，如坐下、走、看等。

（3）继续给婴儿听音乐、念儿歌、讲故事。根据实际条件继续给婴儿播放音乐、儿歌等，给他提供一个优美的生活环境，提高婴儿对音乐的理解。在此基础上家长可以结合婴儿的生活环境，自己编一些有关的动听的小故事讲给婴儿听。

（4）家长在在教婴儿的过程中要注意语言和动作相结合。比如，让婴儿坐下的时候，嘴里要说"坐"，或结合"坐"字的字卡给婴儿看。

（5）家长要让婴儿经常练习发辅音，为他更快地学会说话做好准备。

（6）让婴儿练习响应。一个家长呼唤婴儿的名字，婴儿扭头看的时候，另一个家长要替婴儿答应"哎"，如此反复，时间长了，婴儿就知道响应了。平时也可以让婴儿做游戏模仿练习，家长可以给婴儿一个电话，或用积木当作电话，爸爸装作给婴儿打电话："喂喂，婴儿在哪里？"妈妈在婴儿的身边演示回答："喂，宝宝在这里。"让婴儿学会呼应，在问答中也能练习发音，得到快乐。其他场合也可以进行类似的练习。

（7）教婴儿会竖起食指回答大人的问题。可以问："宝宝，你几岁了？"给婴儿讲故事的时候，妈妈问他："苹果在哪里呀？"婴儿一般能指图回答妈妈的问题。

10. 11个月

（1）用一个音表示要求。婴儿经常是用一个音表示他的各种意思和要求。"妈走"的"走"可以代表"妈妈""妈妈走啦""去上街""自己走"等意思，要鼓励婴儿说出来，并做好翻译员。还要诱导婴儿联想、比较，比如婴儿说"球"时，可以把各种颜色大小的球一个一个拿出来，告诉婴儿这是"红球"，那是"绿球"，或这是"大球"，那是"小球"，等等。

（2）背儿歌、念唐诗。根据婴儿的兴趣，给婴儿念押韵的儿歌、唐诗，不在乎婴儿记住多少，而在于激起他的兴趣，建立韵律感知觉。

11. 12个月

（1）培养婴儿看画册。家长可以抱着婴儿，和婴儿一起看大幅的画册，要边看边讲解动物的名称和叫声。以后经常指着动物问婴儿："这是什么动物，它怎样叫？"让婴儿学会更多的发音，让发音与动物匹配，在不会说话以前用动物叫声代表动物的名称。如：鸭子——嘎嘎嘎，小羊——咩咩咩，小狗——汪汪汪。可以同时看图或字卡进行学习。

（2）培养婴儿听到琴声舞蹈的能力。家长弹琴或播放歌曲时，训练婴儿听到歌曲后手舞足蹈，做相应的动作。

（3）教婴儿主动发音。婴儿学会说话后，要有意识地引导婴儿说更多的话，教婴儿理解语言，并用动作来表示。当家长叫婴儿的名字时，教婴儿用"到""在"等答应家长。

（4）会用语言或手指头回答"你几岁了"。

（5）家长可以通过积木、字卡等教婴儿数数，一般这么大的婴儿会从1数到3，或更多。

（6）继续给婴儿听音乐，给他念儿歌，讲故事。家长可以根据实际条件，继续给婴儿放一些儿童乐曲，提供一个优美、温柔和宁静的音乐环境，提高婴儿对音乐歌曲语言的理解。给婴儿念一些儿歌，激发他的兴趣和对语言的理解能力。在此基础上，还可以结合婴儿的生活编辑一些小故事。

（7）教给婴儿单词和句子。当婴儿用一个声音代表一句话时，家长要鼓励婴儿加上另一个字，使这个单词能让家长了解，这样就可以开始早期语言交流了。比如妈妈拿两个水果，问婴儿想要哪一个，婴儿用手指的同时要鼓励婴儿发出声音"蕉"，再给婴儿。

12. 13~14个月

（1）当幼儿要东西时，家长要等他说出来再给。这个年龄的幼儿已经懂得很多意思，但语言表达仍处于单词阶段，习惯用动作表达需要和欲望。如果他想出去玩，他会用手指门，或拉着家长的衣服往门边拉。很多家长采取及时或快速满足的方法，幼儿就越来越懒得用语言表达。家长应当采取"延迟满足"的办法，促使幼儿用语言来表达自己的意思，教幼儿用"是"或"不是"，"要"或"不要"，并配合点头或摇头动作，家长最好坚持让幼儿说出来再给予满足。

（2）家长要教幼儿听从家长的吩咐。根据幼儿不肯闲着，喜欢做事，好听表扬的特点，每天都给幼儿一些展示自己才能的机会。家长可以吩咐他做些小事，如"帮妈妈把拖鞋拿来""给娃娃洗脸"等，幼儿在得到夸奖后会很乐意做这些小事情。

（3）教幼儿模仿动物叫。给幼儿讲关于小动物的故事，让幼儿模仿动物叫。如拿出小猫玩具，发出"喵喵"的叫声，还有小羊、牛、鸡等，幼儿会很快乐地发出特有的叫声，大大激发幼儿开口说话的兴趣。

（4）教幼儿会用手指指出身体5个以上部位（如眼、鼻、耳、胳膊、手等）。

13. 15~18个月

（1）指（说）名字。在帮助幼儿认识自己和家里人的基础上，家长还要教幼儿学说家庭成员的名字。先教他自己的名字，反复练习，会说后再教第二个人的名字，接着鼓励幼儿区别这些名字。如"宝宝把球拿给××"等。幼儿做对了，可以给一个拥抱、一个亲吻来奖励他。家长还要教会幼儿是男孩子还是女孩子，会回答别人问他几岁的问题。

（2）教幼儿学会日常的表达。在幼儿学会用语言正确地表达自己的要求的基础上，进一步训练用两个字以上的词组表达。如妈妈问："到哪儿玩去？"教幼儿回答说："上街玩去。"

（3）说儿歌押韵的最后一个字。幼儿一边随儿歌做动作时，一边跟着说押韵的最后一个字。渐渐地，家长在念儿歌时故意空出最后一个字，让幼儿补上。

（4）跟着说口令"一、二、三"。在牵着上楼梯时可让幼儿说"一、二、三"，在搭积木时也可以边搭边说"一、二、三"，会数5个以上的数字。

（5）发出生活中的声音。如打雷"轰隆隆"，打铃"叮铃铃"，拍手"啪啪"，等等，以丰富幼儿听声模仿的能力及听与动作的统合能力。

14. 19~20个月

（1）教幼儿使用双语句。为了使幼儿能够比较准确地使用一些词，家长要鼓励幼儿自己表述，能够说一些有名词和动词的双语句。如"宝宝喝水""我要苹果""我喜欢妈妈"等要求语，以及"我不要苹果""不想睡觉"等否定语。

（2）教幼儿分辨声音。家长给幼儿听幼儿磁带，教他分辨火车、锣鼓声、刮风声、下雨声、流水声、鸟声、动物叫等声音，再结合日常生活中的所见所闻，让幼儿听声说出"下雨""刮风""打鼓"等。

（3）增加幼儿的词汇量。家长应该准确地说出生活中常用的词汇，并鼓励幼儿模仿，如"吃饭""扫地""梳头""洗手""推车"等。

（4）家长仍要坚持教幼儿背诵儿歌。

（5）培养幼儿讲画片的能力。家长给幼儿看画片，讲故事，鼓励幼儿说出故事中的一个词或短语，如"小鸟飞""火车跑"等。

15. 21~22个月

（1）教幼儿说出自己的姓名。家长要教幼儿准确地说出自己的名字（包括姓），并使幼儿能够说出小朋友的名字、爸爸妈妈的名字。但是在一般情况下要让幼儿称呼自己的父母为"爸爸"和"妈妈"，不要直呼名字。

（2）教幼儿用"我"代替名字。幼儿往往用名字形容自己的东西。家长拿属于幼儿的东西，鼓励他说"我的衣服""我的床""我的鞋子"，而代替"宝宝的衣服""宝宝的床""宝宝的鞋子"等，这是幼儿自我意识的萌芽。说对了要表扬他。

（3）教幼儿用一个词形容家里的人，如"爸爸高""妈妈漂亮""宝宝乖"，使幼儿的词汇渐渐丰富起来。以后他会用词去形容玩具，如"娃娃可爱""大象鼻子长""小猪胖乎乎"等。

（4）继续教幼儿背诵儿歌。经过2~3个月的学习，有些幼儿能背诵3个字一句的儿歌4句，有些能记住第一句和最后一句。几个幼儿在一起背诵更有游戏性，一边背，一边表演动作，就易于学会。

16. 23~24个月

（1）家长要经常问幼儿问题，锻炼幼儿回答问题的能力。有人问"你几岁啦"时，幼儿会说"我两岁"，而不是"你两岁"。这是很大的进步，让幼儿懂得"你"和"我"的意义。

（2）锻炼幼儿跟娃娃讲话。幼儿在玩布娃娃时，口里不断地讲一些让人听不太懂的话，有时学家长的口气"噢，乖乖，不哭""饿不饿，喝奶"等，有时自言自语或者发出古怪的声音等，与娃娃交流。

（3）喜欢听讲过的故事。幼儿在睡前愿意让家长讲故事陪睡。幼儿在心中默默背诵着故事的每一句话，当家长讲得与过去不同，幼儿就会插一两个字来更正。

（4）教幼儿完整地背诵儿歌。幼儿喜欢与别人一起背诵儿歌，也能自己背诵。如果有一两句还不太熟，在共同背诵时可以得到别人的提醒而慢慢学会。已经背会一首，就喜欢再背一首新的。

17. 25~27个月

（1）教幼儿记住家人的称谓。家长要教幼儿记住爷爷、奶奶、爸爸、妈妈的称谓，可以将称谓写成12cm见方的字卡，进行认名游戏，认对了，给予鼓励。在幼儿面前用"你"来提问，用"我"来回答问题。如："这是你的衣服吗？"他可以用"我的衣服"或"这是××的鞋"来回答。"你""我"是一种相对的概念，幼儿掌握起来有一定的难度，开始时有混淆现象，家长不用着急，一定要用简单的句子和具体的物品在日常生活中练习，这样幼儿就会在轻松的气氛中无意识地记住。

（2）继续给幼儿读故事，念儿歌、古诗等并培养幼儿背儿歌、古诗的能力。家长还要常让幼儿听英语碟片。

（3）猜声音。让幼儿听周围会发出声音的东西，如窗外的鸟、路上的汽车、家里的小动物或门铃、电话。听到这些声音时，问幼儿是什么东西发出的声音，答不出来就直接让幼儿边看边听，并一一告诉他。家长讲话的声音、走路的声音也可以让幼儿辨识。

（4）家长还要教幼儿说完整的句子。教幼儿说完整的句子，即包括主语、谓语、宾语的句子。如"我要出去玩""爸爸上班去了"等，并教幼儿学会使用一些简单的形容词。如"我要红色的鞋子""我要圆饼干"等。注意，这些形容词一定是简单、形象，是幼儿生活中最常见的。

（5）家长要鼓励幼儿接故事或编故事的能力。刚开始时，家长可以给他讲讲过的故事，然后以提问的方式让他接几句，慢慢增加他接故事的内容。平时，家长也可以通过图片等培养幼儿讲故事的能力。

18. 28~33个月

（1）家长可以教幼儿看图、说话。家长与幼儿一起看生活日用品的图片，边看画片边讲各种物品的特点及用途，让幼儿模仿家长的语言，边指画边练习说，每天练习2~3次。

（2）训练幼儿的表达能力。家长和幼儿一起看动物的画册，让幼儿回答"这是什么动物"，并能用语言表达"这个动物在干什么"。

（3）念3个音节的儿歌。由3个音节的儿歌学起，家长带着表情教唱儿歌，幼儿跟随着一句句地学唱，并学会边唱边打拍子，边唱边以动作配合，增强韵律和快乐感。

（4）教幼儿分清左和右。学过拿筷子的幼儿会很快分清拿筷子的手是右手（不是绝对的），拿碗的手是左手。家长同幼儿练习分左右时要和幼儿在同一个方向，不宜在对面教导，因为这样的话左右是相对的，幼儿分辨时有一定难度。

（5）在幼儿能说几句英语的情况下，家长每天仍要坚持让幼儿看光盘学英语15分钟，逐步鼓励幼儿独自学习的能力。

19. 34~36个月

（1）指导幼儿复述故事。家长可以教幼儿看图说话。开始最好由家长讲图片内容给他听，让他听并模仿家长讲的话，逐步过渡到提问题让他回答，再让幼儿按照问题的顺序练习讲述。

（2）指导幼儿讲述自己的印象。家长可以用回答的形式，引导幼儿说出他自己的见闻。向幼儿提出的问题要具体，最好是能激发幼儿兴趣的问题，尽量让他讲自己经历的事情。

（3）家长与幼儿面对面坐下讲故事或讲动物画片，不断提问并引导幼儿回答"如果"

后面的话。例如："龟兔赛跑时，如果小兔不睡觉就会怎样？""小兔子乖乖如果以为是妈妈回来把门打开就会怎样？"通过这样的训练使幼儿学会初步的推理。

（4）家长要尽量丰富幼儿的词汇量。当幼儿自言自语或与人交谈时，要注意丰富其词汇量，可以用进一步提问的方式使幼儿词汇丰富。

（5）培养幼儿的表达能力。继续训练幼儿的表达能力，如带幼儿去公园玩，边欣赏景色边讲大自然中的植物、鸟、兽、鱼、虫、四季变化、夜晚星空等。然后，让他用自己的话讲述去新地方的经历，以提高语言表达水平。

（6）教幼儿学会反义词配对。家长与幼儿一起看画片或实物，教大小、冷热、高低、胖瘦等反义词，鼓励他结合日常生活中遇到的事物，反复练习。

（7）教幼儿背诵古诗。家长继续教幼儿背古诗，一首首背诵，鼓励他自己能背诵2～4首古诗和4首儿歌。

（8）教幼儿说英语。家长继续教幼儿英语单词、英语歌，主要是名词、动词和礼貌用语，反复练习。教唱英语歌是幼儿学英语的好方法。

（9）猜谜语。家长与幼儿玩猜谜语的游戏，注意用物品的特征编谜语，先让幼儿熟悉物品及特征，然后再让他猜谜。

相关链接

宝宝说话晚怎么办？

宝宝的语言发展速度和水平存在很大的个体差异。在一般情况下，一岁半的宝宝能说10个左右的单字，2岁左右能说简单的短句，但是也有少数宝宝到3岁左右才说出清晰的词句。我们常常对照书本上的"儿童发育里程表"细心地核对宝宝的发育状况，期待着那些表示一切正常的信号。然而，事实常常出乎我们的意料。某一天，我们可能突然发现宝宝的能力并不完全与书本上的说法吻合。实际上，将近30%的宝宝在那些发育里程表范围之外；10%的宝宝至少在一个重要的发育里程碑上"异常"地落后于其他宝宝，而实际并没有什么问题。

如果宝宝一岁以后，父母采取了适当的方法坚持对他进行语言训练，但宝宝仍然只字不吐，或者宝宝2岁后主要发一些单音，而很少或没有发出清晰的词句，那么父母就需要密切关注宝宝的情况，及时就医，排查语言发育迟缓的原因。宝宝语言发育迟缓的生理原因主要有遗传因素，此外，通常还有以下生理因素。

（1）听力障碍。因为听不到周围的声音，宝宝不具备学习发音的生理条件，也就不可能理解特定声音所代表的意义，因而无法用语言交流。如果宝宝听力异常发现太晚，就会对宝宝智力、情绪能力的发展造成严重影响。

（2）智力发育障碍。智力发育有障碍的宝宝语言发展也比同龄人差。

（3）发音器官发育异常。在确认宝宝听力完全正常之外，还需要进一步检查宝宝的发音器官是否正常，以确定是否需要对其进行专门的发音与说话训练。

除生理原因之外，宝宝说话晚还可能存在以下心理或教养环境方面的原因。

（1）父母少言寡语，宝宝缺乏学习与模仿语言的环境。

（2）父母对宝宝说话的要求高。一旦宝宝出现错误，父母总是急于纠正他的发音，或催促宝宝赶紧改正，父母的这种行为导致适得其反的结果，无形中抑制了宝宝的表达欲望。

(3) 父母说话速度偏快、偏长、偏于复杂，以致宝宝模仿困难。

(4) 父母喜欢包办宝宝的一切，对宝宝照顾极为细致，常常在宝宝发出需求信号之前就已经满足了宝宝的需求，或者习惯替宝宝表达需要。因此，宝宝无须通过语言来表达自己，他学说话的动机受到抑制

一旦发现宝宝语言发育迟缓，父母应尽快带宝宝就医，及时确定宝宝语言发育迟缓的原因，然后对症下药，积极调整宝宝的心理与语言环境，对宝宝进行有针对性的训练。

解决策略：

(1) 为宝宝创造良好的语言环境。宝宝是凭感觉学语言的，父母的神情、动作、声音，都能帮助他领会其中的意义。父母与宝宝之间的语言交流越多，宝宝的语言能力就越强。宝宝学习语言有一个积累的过程，因此，即便父母说了很多，他也可能无法及时回应，但是父母不要就此放弃，总有一天，你会发现，你所有的努力都没有白费。

(2) 激发宝宝说话的愿望。和宝宝一起游戏，一边游戏一边带着宝宝说儿歌或者向宝宝描述游戏过程中发生的这种情景。当宝宝有什么要求时，妈妈可以适当地根据宝宝年龄延迟满足，"逼迫"宝宝学习用语言表达自己的需求，然后再满足他的要求。

(3) 鼓励宝宝与年龄大的孩子玩。跟年龄大一点的孩子玩，在玩的过程，宝宝学习语言的积极性就会在游戏中得到有效的激化，对促进宝宝语言表达能力的发展具有不可低估的作用。

五、音乐环节活动组织

(一) 奥尔夫音乐简介

奥尔夫音乐教育体系是当今世界最著名、影响最广泛的三大音乐教育体系之一，由德国伟大的音乐家、指挥家和教育家卡尔·奥尔夫（1895—1982 年）创立。

1. 奥尔夫音乐教育原理

(1) 综合性。随着科学的发展，将艺术划分得也越来越细，但音乐不是以单一的形式存在的，不是单纯用嘴唱或用耳朵听，它是一种综合的艺术，可以一边唱一边跳一边用乐器演奏。奥尔夫指出：原本的音乐是什么呢？原本的音乐绝不是单纯的音乐，它是和动作、舞蹈、语言紧密地结合在一起的。这是人类本来的状况，是原始的，也是最接近人心灵的，因此可以说音乐是综合的艺术。

(2) 创造性（或者称即兴性）。婴幼儿的生活经验没有受太多的社会影响而定型，因此他们天然地具有对音乐的创造性。在看到一幅图画后，他们可以根据自己的理解用音乐去表达，通过简单的乐器即兴演奏、即兴表演，这是婴幼儿从事艺术家的工作，用音乐去挖掘、去创作、去发挥想象力。当没有乐器时，他们能用手、脚、筷子、报纸等代替音乐进行演奏，充分体现对乐器的创造性。

(3) 亲自参与、诉诸感性、回归人本。情商是人们智力发展的一个重要因素，以往人们不知道通过何种途径去培养，奥尔夫音乐教育就是一个培养情商的好方法。通过婴幼儿的视、听、触、嗅，最大限度地调动婴幼儿各个方面的能力，开发婴幼儿的潜能。原本的音乐是一种人们必须自己参与的音乐。其作用在于使人们成为一个主动者参与其间，而不仅仅是一个聆听者。当音乐响起，你可以用身体动作表达，就像有的婴幼儿，听到电视里面唱歌或者跳舞，也扭动小屁股跳起来，嘴里也哼唱起来。这种自娱自乐的音乐形式有助于情感的抒

发与宣泄。

（4）从本土文化出发。奥尔夫音乐教育的思想及教学方法，呈现一种开放性，这使得奥尔夫音乐教育体系在任何一个国家、民族的传播必然形成本土化。奥尔夫音乐教育重在理念，没有规定一个标准的示范课程，鼓励人们依照本国的文化，将奥尔夫的音乐教育理念融入其中。这样做虽然给教学带来一定难度，但也给各国的奥尔夫音乐教育工作者提供了一个无限发展的空间。

中国的奥尔夫音乐教育从本土出发，结合了本民族的文化、语言、民歌、童谣甚至是方言，具有通俗性，更被人们熟知，更为人们所接受，人们更易懂。因此，各国的奥尔夫音乐教育理念相同，在具体内容上不同，这样不会使奥尔夫局限在某一时代、某一国家，而是不断创新，世世代代发展下去。

（5）从儿童出发。音乐不是精英人才的专利品，在七种智能学说里面，提到可以通过艺术渠道对人进行培养。有些家长认为孩子没有音乐细胞，没必要对孩子进行音乐教育，这就大错特错了。艺术是每个人的本能，每个儿童都能感受和体验。

一个6岁以下的婴幼儿，声带发育还不成熟，如果让婴幼儿唱一个长音，他还唱不下来，有时出现唱歌唱不准的现象，也是正常的，但他的动作发展已经成熟，听觉也是成熟的，因此奥尔夫音乐教育最适于婴幼儿，让他们从小懂得节奏、韵律、了解音乐语言。

2. 奥尔夫音乐教学的方法

奥尔夫音乐教学从人的音乐本性出发（每个人都有音乐的本能，每个人天生都是喜欢音乐的）；以节奏为基础，将音乐与语言、动作、唱歌、舞蹈、表演、演奏和戏剧结合进行综合教学。

奥尔夫音乐教学法的教学内容主要包括以节奏为基础的语言节奏教学、声势训练及乐器演奏三个方面。

3. 奥尔夫语言节奏教学

（1）节奏教学的价值。节奏教学对人格素养培养和音乐教育都有非常重要的价值。首先节奏教学在音乐教育中发挥着重要作用。节奏教学可以培养婴幼儿敏锐的音乐感知能力；增强婴幼儿音乐记忆力；提高婴幼儿视唱节奏读谱能力；发展婴幼儿音乐感；奠定了婴幼儿音乐表演技能的基础。其次，节奏教学可以促进婴幼儿身心平衡发展；可以培养婴幼儿敏锐的反应能力；培养婴幼儿的自控把握能力；培养婴幼儿创造把握能力。

（2）奥尔夫节奏教学的方法：

①语言节奏练习：用有节奏的语言来进行节奏练习，没有旋律，只有节奏。比如"宝宝好，×××宝宝好。×××，你的名字叫什么？×××××××"、"老师好×××，老师好×××，我的名字叫小雪×××××××"。

②多声部及和声的节奏练习：在拍手、拍腿、跺脚的声势训练基础上，进行多声部及和声的节奏练习，对于婴幼儿掌握起来并不困难。

将婴幼儿分成三组，每组以一种声势和节奏型进行练习，然后将三组合起来为儿歌式歌曲伴奏，便成了三个声部的节奏音乐了。

比如，拍手××××、拍腿××、跺脚×——三个不同的节奏型，由三组婴幼儿和家长分别完成不同的节奏，三组为歌曲《土耳其进行曲》伴奏。

③轮说节奏练习：在以节奏型为基础的说儿歌的过程当中，如我们将婴幼儿分成两组或

三组进行轮说，这不仅能加强婴幼儿的节奏记忆能力，同时为今后学习轮唱奠定了深刻的感性认识基础。

④变奏节奏练习：同一首儿歌可用不同的节奏分别说，也可用不同的节奏同时说。各种不同节奏则表现出不同的风格特点。

4. 奥尔夫声势训练

（1）定义。声势是奥尔夫首创的音乐活动形式，它用身体作为乐器，以跺脚、拍腿、拍手和捻指等身体律动来进行节奏训练。这是一种不受条件、环境、时间制约的，极其简单易行又行之有效的培养婴幼儿节奏感的方法。

根据婴幼儿认识具体形象的基本特点，可以采取用红、绿、黑三种不同颜色，分别表示拍手的节奏、拍腿的节奏、跺脚的节奏。婴幼儿可自己看着谱而动作，也可由教师指导婴幼儿看谱来做节奏练习，还可以不看谱，而由教师先拍一种节奏型，让婴幼儿模仿，反复再现，从而使婴幼儿听觉快速反应得到培养，同时得到了节奏的练习。这种学习方式我们把它叫作声势练习。

（2）目的：促进婴幼儿身心平衡发展；培养敏锐的听力、注意力、反应能力；发展创造力；训练节奏感；增强音乐感。

（3）声势教学的主要方法。声势教学主要包含四个基本动作：捻指、拍手、拍腿、跺脚。每个动作可做无限变化和延伸。这四个基本动作组成八种声势组合，如表5-1所示。

表5-1　八种声势组合

分类	1	2	3	4	5	6	7	8
一	拍腿	拍腿	拍腿	拍腿	拍腿	拍腿	拍腿	空拍
二	拍腿	拍手	拍腿	拍手	拍腿	拍手	拍腿	空拍
三	拍腿	拍手	捻指	拍腿	拍手	捻指	拍腿	空拍
四	拍腿	交叉拍腿	拍腿	拍手	捻指	拍手	拍腿	空拍
五	右手拍右腿	右手背上打左手心	右手拍右腿	左手拍左腿	左手背上打右手心	左手拍左腿	右手拍右腿	空拍
六	拍	腿	拍	手	蝴	蝶	飞	空拍
七	拍手	左手拍右腿	右肘顶右腿	拍手	右手拍左腿	左肘顶左腿	拍手	空拍
八	右手拍右腿	左手拍左腿	右手拍右腿	左手拍左腿	右手背打左手心	左手心扶右肘	小手枪	空拍

5. 奥尔夫乐器演奏

奥尔夫乐器通常分为有固定音高和无固定音高两大类。由于婴幼儿年龄段特点，一般较多使用无固定音高乐器，比如沙锤、鼓、响板和腕铃等打击类乐器。

奥尔夫乐器分类：

（1）有固定音高的音条类乐器，铝板琴，木琴，钟琴。

（2）无固定音高的打击类乐器，包括：

①皮革类：手鼓、铃鼓、腰鼓、联排鼓、军鼓，声音低沉，运用于低声部或稳定节拍。

②木制类：打棒、双响筒、三响筒、多音筒、蛙鸣筒、响板，声音清脆、明亮。

③金属类：三角铁、碰钟、叉。清脆，有连绵音，不适合太欢快的音乐。

④散响类：沙锤、沙蛋、手摇铃、腕铃、腰铃、串铃，散响类乐器声音细碎，不适用于稳定节奏。

(二) 音乐环节活动组织（7~10分钟）

1. 总目标

（1）提高音乐感及表现力。

洞　　　　小手拍拍　　拉德斯基进行曲　　瑞典狂欢曲　　螃蟹舞　　　非洲舞

（2）学习正确使用乐器，并了解其名称。

（3）愿意通过音乐抒发情感。

（4）了解不同的曲式风格。

（5）喜欢参加音乐活动，体验音乐活动的乐趣。

2. 音乐环节的活动组织

（1）歌曲动作讲解与示范。教师将歌曲中的动作进行示范和讲解，让婴幼儿熟悉动作。

（2）歌曲互动。与歌曲配合一起完整示范。教师示范时，婴幼儿也可以跟教师一起表演，但不强制要求婴幼儿一定参与表演。

教师示范之后，带领婴幼儿和家长一起伴随音乐表演歌曲。

（3）乐器使用示范。教师用婴幼儿感兴趣的方式介绍乐器名称，示范乐器使用方法，并将接下来音乐活动中乐器使用的动作进行讲解和进一步示范。之后，配班教师给婴幼儿每人发一组乐器，教师带领婴幼儿进行乐器使用的练习。

（4）乐器互动。教师播放歌曲，完整示范乐器演奏方法。之后，教师带领婴幼儿配合歌曲演奏乐器。

（5）目的介绍和家庭活动延伸。在此环节，教师将乐器收回，物归原处。教师向家长讲解此环节的目的，在操作和使用乐器中应该注意的问题，回到家中家长可以利用哪些物品代替乐器进行歌曲互动。

3. 注意事项

（1）乐器使用注意问题。乐器使用示范时要注意对婴幼儿使用乐器的静音指导，教师示范乐器要配合音乐节奏，一定要稳，一次亲子教育活动使用一个乐器即可。

（2）音乐环节的内容选择。在选择音乐环节的活动内容时要考虑低技能要求，甚至不对技能有所要求，活动内容要来源于婴幼儿的生活经验。

(三) 音乐环节活动家庭指导

1. 营造和谐的音乐氛围，促进婴幼儿的音乐感知能力

经常处于音乐氛围中能训练婴幼儿默唱（内心听觉）的能力，所以家长不妨在婴幼儿起床、吃饭、阅读或绘画时播放音乐，营造温馨或活泼生动的家庭音乐环境。2岁以上的幼儿已经能够进行简单的跟唱,对此家长应该持鼓励的态度,在一旁打拍子或带唱,以提高婴幼儿对音乐的关注和兴趣。需要注意的是,不要仅凭家长的喜好播放某种类型的音乐,或只给婴幼儿听儿歌童谣,这样反而限制了他接触各种音乐类型的机会,古典音乐、乡村音乐、民族音乐等不同风格、不同演奏乐器的音乐都可以让婴幼儿多接触。在日常生活中,家长要经常给婴幼儿介绍一些音乐家的故事及粗浅的音乐知识,茶余饭后、节假日,全家同歌共舞,或为来访客人表演几个小节目等,既可以使家庭生活更加融洽、和谐和富于朝气,又可以使婴幼儿在音乐生活中心情舒畅,有利于培养婴幼儿开朗活泼的性格,促进身心健康。

2. 把音乐结合在游戏和生活中,培养婴幼儿的兴趣

无论作为婴幼儿的乐感培养还是日后的技能训练,热爱音乐的前提永远是培养兴趣。许多婴幼儿之所以将练习钢琴或小提琴看成枯燥乏味的学习任务,是因为他们无法从中享受到音乐带来的乐趣,而这种乐趣,家长最好能从小在婴幼儿的生活情境中培养。平时可以根据婴幼儿的年龄特点,开展一些简单、有趣的音乐活动让婴幼儿参与。如在学唱儿歌时用拍拍手、跺跺脚来训练其节奏感;利用音乐曲目编成童话故事;用环境、身体或乐器的声源来尝试音乐的组合搭配;用歌唱为未完成的旋律创编"答句",等等。另外也可通过听音乐会,让婴幼儿亲眼看看音乐家的表演,多途径培养婴幼儿对音乐的兴趣。

3. 了解婴幼儿的音乐水平,因材施教

婴幼儿的发展与遗传、环境、教育有直接的关系,因此,婴幼儿音乐能力的发展水平存在着个体的差异。家长要准确估计自己孩子的能力,对孩子的要求不要过高,也不要过低,要定在通过孩子自身努力能达到的水准上。

4. 加强对婴幼儿音乐素质的培养

在音乐艺术的熏陶中,发展婴幼儿对音乐的感受力、记忆力、想象力和表现能力,是音乐教育的重要任务。家长要通过多种有趣的音乐活动,把音乐与婴幼儿的生活、游戏融为一体,让婴幼儿在轻松愉快的气氛中感受音乐。家长应经常结合音乐作品的内容、歌曲的演唱、乐曲的演奏及音乐艺术表现手法等有关知识,启发引导婴幼儿通过想象理解音乐的内容,感知音乐的思想情绪和艺术表现手法。让婴幼儿欣赏一段抒情优美的音乐后,启发婴幼儿讲出"小鸟在天空自由自在地飞翔""蝴蝶在花丛中飞来飞去采花蜜"。听到轻快活泼的音乐后,婴幼儿可以讲出"小白兔蹦蹦跳跳地拔萝卜""小鸡小鸭在追逐游戏"等,也可鼓励婴幼儿通过对音乐的理解与感受用动作表演出来。通过帮助婴幼儿理解不同性质的乐曲,不仅可以提高婴幼儿对音乐作品的理解能力,还可让他体验到音乐所反映的情绪和思想感情,并与之产生共鸣。

六、大运动环节活动的组织(7~10分钟)

(一)总目标

(1)增强身体协调性及稳定性。
(2)刺激前庭平衡觉,提升触觉敏感性。
(3)锻炼四肢力量,训练本体觉。
(4)增强自信心、胆量。
(5)具备初步的团队意识,体验与人合作游戏的乐趣。

婴儿操

(二) 组织方法及注意事项

1. 组织方法

（1）导入。教师可以用图片、音乐、故事、道具、动作等引出活动的内容。

（2）实施游戏。引出活动内容之后，教师带领家长和婴幼儿共同进行大运动环节的游戏活动。

（3）结束游戏，整理教具。大运动环节通常会用到比较多的教具，尤其是感统教具。在游戏活动结束后，教师要带领婴幼儿及家长一起整理教具。在此活动中，还可以加入劳动教育和规则教育的内容。比如让婴幼儿知道什么是物归原处，让婴幼儿做力所能及的玩具整理，就是对婴幼儿的劳动教育，同时还可以培养婴幼儿初步的责任意识。

（4）目的介绍和家庭活动延伸。游戏结束后，教师向家长介绍此环节的活动目标以及回到家中之后家长如何带领婴幼儿进行相关的游戏。

下面，以彩虹伞游戏为例进行活动组织。

"请家长和宝宝站在蒙氏线外等候，老师为宝宝摆放器械/老师要带大家玩一个好玩的游戏，大家看这是什么？哇，彩虹伞呐。我们来玩洗衣机的游戏吧，请宝宝们背对背坐到伞中间，请家长朋友站到伞的边缘，拉起伞的边缘，一定要拉平。好了，现在宝宝们准备好了，开始洗衣服了，大家一起向左转，转起来，甩一甩，（快步走）向右转一转，洗一洗，甩一甩。衣服洗好了，我们把它们取出来吧。请宝宝和老师一起卷花卷，卷，卷，卷花卷，卷成一个小花卷，卷，卷，卷花卷，卷成一个大花卷。花卷卷好了，我们拿到锅里蒸一蒸吧。"（介绍玩法）"好，现在请宝宝听到音乐后从起点出发。"（工作完成后）"请家长和宝宝帮助老师把器械送到×××处。"

坐下来后，介绍目的："大运动环节可以培养宝宝身体协调性及稳定性，培养宝宝的胆量、自信心。回到家后，家长可以利用生活中的床单、被罩、窗帘等物品跟宝宝玩彩虹伞游戏，模仿课上活动。"

2. 注意事项

（1）游戏和器械的设计与选择适合婴幼儿年龄特点。1岁以内的婴儿以彩虹接龙、阳光隧道、球类、彩虹伞等软质器械为主，1岁以上的幼儿开始逐一添加万象组合、四分之一圆、平衡步道、触觉步道、跳床等器械。每个月份都可以玩彩虹伞。

游戏举例：

①一岁以内的婴儿：

抓物体：收集丝巾、小手绢或其他扔向空中能缓缓落下的气球之类的东西。与婴儿一起坐在地板上，把丝巾扔到空中，当它落下时，举起胳膊去抓它。再扔出去，让婴儿抓，让他张开双臂，使丝巾落在他怀里。继续用其他的物品玩。

开火车：毯子对折，将呼啦圈置于对折处，婴儿躺在或者坐在毯子上，妈妈用手拉住呼啦圈行走。

摆荡游戏：从婴儿出生起，就开始训练婴儿的感觉统合能力。家长将婴儿抱在怀里轻轻地摇晃，就可以达到刺激前庭、改善平衡反应、增加肌肉张力的效果。等到婴儿一岁大左右，就可以找一条大毛巾，将婴儿置于毛巾中间，由爸爸、妈妈各拉住毛巾的一边，轻轻摇晃。

②1~2岁的幼儿：

抓泡泡：家长用泡泡瓶吹出泡泡，逗引幼儿注意，鼓励幼儿追逐泡泡，并用手去抓泡泡。

大吊车：家长屈肘，让幼儿抓住家长的手臂，家长慢慢将幼儿吊起来，再放下。

搬运工：将玩具摊放在平面上，家长走开一定距离，请幼儿拿一样玩具走到家长处交给家长（如果幼儿已经具备对玩具的认知，家长可以指定幼儿拿取某一样玩具）。幼儿完成"任务"时，家长要给予表扬。

投篮：家长将手臂围成篮筐，幼儿将纸张团成球后，投篮。

双人两脚走：让幼儿骑在家长脖子上，握紧幼儿的双手，或快或慢，或走或跳，绕行于小障碍物之间。家长从背后用双手扶住幼儿腋下，让幼儿的双脚站在家长的双脚上，和幼儿一起边念口令"一二一，一二一"，边沿着画好的图形走。家长、幼儿可以一起往前走或者向后退，速度可快可慢，但要注意幼儿的安全。

③2~3岁的幼儿：

左右腿交替钻呼啦圈：给幼儿一个大号的呼啦圈，示范给他看如何双手分别握着呼啦圈两边，并把它放在正前方的位置。弯下腰，然后把一只脚跨入呼啦圈，接着跨入另外一只脚。

A. 开始时把呼啦圈放低一点，并且帮助幼儿握着呼啦圈；

B. 高度稍微调高，要求幼儿自己拿呼啦圈，必要时给予帮助；

C. 要求幼儿双脚跨入后转动双手把呼啦圈由后往前翻转到跨入前的位置（在身体的正前方）。

帮助给予：

A. 如果幼儿拒绝游戏，可以多做几次练习，并且邀请幼儿一同参与游戏；

B. 注意确保幼儿的安全，在每一需要的环节给予适当的身体和口头帮助；

C. 及时鼓励和表扬幼儿。

跳起并接触悬挂着的物件：在空中幼儿跳跃时可及的地方悬挂一个玩具（气球或会弹跳的玩具），鼓励幼儿跳跃并伸手触摸该玩具。

难度设置：

A. 悬挂物开始时挂得稍低一点，让幼儿容易触到；

B. 幼儿掌握了这一技能后，把悬挂物稍微挂高，鼓励幼儿利用自身的力量弹跳起来。

帮助给予：

A. 如果幼儿不懂得攀爬梯掌握身体的力量，可先用双手扶着他的腋下，帮助他练习弹跳；

B. 通过跳弹床和在床垫上跳跃来掌握弹跳；

C. 给予鼓励和奖励来促进幼儿练习的兴趣。

独木桥：将椅子摆成一列，幼儿依次从起点走到终点，在终点取一个玩具后走回来，将玩具放到起点的容器里，继续走独木桥。若幼儿不敢走，家长可以牵幼儿一只手。

过河摘果子：若干块半砖，踩在上面走。设置情景，如小河里有石头，必须踩在石头上过河，过河去采果子，后将果子送给妈妈。

镜子游戏：从幼儿2岁起就可以开始玩模仿游戏。在幼儿模仿父母动作的过程中，可借机让幼儿认识自己的身体及区分左右方向，这可以促进幼儿的观察与动作能力获得长足的进步。不过，一开始不要太难，应从一只手开始，再进展到全身，以免动作太复杂，幼儿因一时记不清而产生挫折。

能干的兔宝宝：去果园先要经过一座独木桥（S形平衡木），教师和家长保护幼儿走平衡木，接着要过果园大叔大熊的山洞，教师和家长引导幼儿钻过山洞到达果园，幼儿到蹦蹦床上学习小兔的动作摘悬挂着的水果，水果摘完后按原路回家。比一比哪个幼儿摘得多，教师和家长要给予鼓励或奖励。听说小兔摘了好多水果，小猴可馋了，也要去摘，于是小猴出发去摘果子了。小猴也先要经过一座独木桥（S形平衡木），过了桥之后它决定荡着树枝进入果园，幼儿抱着圆筒吊篮摇晃，教师和家长保护并时刻观察，幼儿全部通过后在蹦蹦床上学习小猴的动作摘悬挂着的果子，水果摘完后按原路回家。

（2）器械组织排放要求。器械组织排放，月龄越小，内容越简单，月龄越大，越综合。器械少时，可排列在蒙氏线中间（内）；器械种类多时，可沿蒙氏线排列。简单的器械排在前面，防止拥挤。攀爬类器械不设置拿物环节。教师摆放器械要迅速准确，收教具时引导家长和婴幼儿帮忙。

（3）活动设计要体现游戏性。教师为活动设计游戏情境，激发婴幼儿参与活动的兴趣。比如31~36个月的大运动环节，教师准备了平衡木、攀爬梯、呼啦圈等教具，设置了帮助熊猫宝宝送竹子的游戏情境，教师带领婴幼儿先走过独木桥（平衡木），再爬过高高的山（攀爬梯），再钻过几个山洞（呼啦圈竖起来，间隔一米），然后采竹子给熊猫吃。在此活动中，教师设计的钻、爬、平衡能力的目标已经达成，而婴幼儿也非常愉悦地参与了游戏。

在此活动中，主班教师要根据婴幼儿行为表现对工作（送竹子）的数量进行随机调整，当所有任务完成后，主班教师为婴幼儿展示成果，进一步增强婴幼儿的成就感。

（4）在游戏环节要播放有欢快的背景音乐。

（5）游戏环节教师要进行示范。要保证游戏的效果，教师必须真人示范，若游戏器械不能承重成人的力量，则用娃娃示范。

（6）游戏环节教师要注意观察。主、配班教师要在婴幼儿游戏时，有分工地观察婴幼儿及家长的表现。

（7）意外伤害的预警。准备消毒器和消毒液，以备婴幼儿尿了后进行消毒。同时准备医药箱，以备婴幼儿受伤后包扎等。安装消毒灯，在开关处注明，用文字说明不能随便开关。对于口欲期的婴幼儿教具一定要用醋泡，不要用"84"消毒。

相关链接

彩虹伞的常见玩法介绍

一、游戏名称：拉个圆圈走走

（一）游戏目标

1. 培养幼儿的节奏感。

2. 锻炼幼儿跑跳能力。

（二）游戏过程

1. 老师与家长一起说歌词，按节奏举伞、落伞。

2. 到歌词念到"走走走"时旋转。

3. 最后一句家长与宝宝一起蹲在彩虹伞底下，装作小动物，老师装作大灰狼抓小动物（游戏反复进行）。

（三）游戏指导

要求宝宝按节奏与家长配合拍手。

二、游戏名称：毛毛虫

（一）游戏目标

1. 培养宝宝的模仿能力。
2. 增强宝宝手部、腿部的力量。
3. 培养宝宝身体协调能力。

（二）游戏过程

1. 教师师范毛毛虫的爬行动作。
2. 听音乐，宝宝与家长学毛毛虫。
3. 宝宝坐在家长的腿上，让宝宝感受腿的力量带给宝宝的起伏感。

（三）游戏指导

要求家长腿部起伏要大，让宝宝充分感受到起伏感。

三、游戏名称：找妈妈

（一）游戏目标

1. 培养宝宝的节奏感。
2. 听音乐按节奏行动。

（二）游戏过程

1. 老师与宝宝一起在彩虹伞中踩伞泡。
2. 当音乐响起时，宝宝按节奏舞蹈，音乐停宝宝迅速跑回到家长的怀中。

（三）游戏指导

家长在抖彩虹伞时注意，动作不要太大。

四、游戏名称：蒙古包

（一）游戏目标

感受团体游戏带来的快乐。

（二）游戏过程

家长和教师抓住彩虹伞的伞边，听教师的口令："一举高，二放手，三举高，四的时候家长和宝宝一起到伞下坐到伞边上。"

（三）游戏指导

家长用自己的情绪去感染宝宝，多鼓励。

五、游戏名称：空中飞舞

（一）游戏目标

感受空间力，锻炼宝宝胆量。

（二）游戏过程

宝宝在伞中间，家长和教师一起把彩虹伞举起来，宝宝悬在空中，旋转彩虹伞。

（三）游戏指导

家长在转伞时，根据宝宝的掌握情况，可由慢到快。

六、游戏名称：卷麻花

（一）游戏目标

练习卷的动作，培养合作意识。

（二）游戏过程

1. 教师和家长、宝宝一起站到伞边，念儿歌"卷，卷，卷麻花，卷成一个小麻花"。
2. 一起往中间卷，感受由大变小的过程。

七、游戏名称：好玩的彩虹伞

（一）游戏目标

宝宝练习躲闪能力，体验游戏的快乐。

（二）游戏玩法

家长带着宝宝一同来到彩虹伞下，当伞儿飘低时，宝宝和家长低着头走一走；伞儿飘高时，宝宝踮起脚尖或跳起来摸彩虹伞；伞儿落下时，家长带着宝宝一同跳出彩虹伞。

八、游戏名称：跳伞、转伞、抓伞

（一）游戏目标

认识七彩的颜色，并在活动中发展宝宝的社会性，感受快乐。

（二）游戏玩法

1. 宝宝和家长一起站到伞上，教师念儿歌："宝宝，宝宝，我问你，红颜色宝宝在哪里？"家长和宝宝一起跳到红色的格子里。
2. 宝宝坐到伞的中间，教师和家长一起转伞，让宝宝感受色彩的变化。
3. 宝宝钻到彩虹伞下面，教师有序地把彩虹伞一掀一盖，让宝宝在伞里去抓不同的颜色。

（三）游戏指导

在这个过程中，宝宝的视觉、皮肤触觉及前庭触觉都得到了刺激。

九、游戏名称：荷花合，荷花开

（一）游戏目标

感受团体活动的快乐。

（二）游戏玩法

教师和家长一起抓住伞边，宝宝坐到伞的中间，当念到"荷花荷花合"时，把伞向中间合拢；当念到"荷花荷花开时"时，把伞再打开。

（三）游戏指导

家长在荷花合时，要把脸露出来让宝宝看见，以免宝宝产生恐惧感。

十、游戏名称：蛋糕

（一）游戏目标

培养儿童按要求指定做动作，培养思维敏捷力。

（二）游戏玩法

全体儿童拉直伞，听口令迅速坐在彩虹伞上形成蛋糕。

十一、游戏名称：波浪

（一）游戏目标

锻炼宝宝的跑、下蹲和站立动作，锻炼身体协调性。

（二）游戏玩法

全体儿童和家长抖动彩虹伞，向同一方向跑、下蹲、起立，形成波浪。

十二、游戏名称：钻山洞

（一）游戏目标

体验游戏的快乐，培养秩序感。

(二) 游戏玩法
1. 教师将彩虹伞举起，形成一个大山洞，儿童开着小火车（小飞机）钻过山洞。
2. 家长站在山洞的另一边，宝宝钻过山洞去找家长。
(三) 游戏指导
要求一个跟着一个钻。

十三、游戏名称：海底取宝
(一) 游戏目标
提高儿童动作的协调性和灵敏性。
(二) 游戏准备
"宝物"、彩虹伞、背景音乐。
(三) 游戏玩法
家长轻轻地抖动伞，用彩虹伞做大海，儿童扮作小动物，取宝的"小动物"当听到"海底隧道打开时"迅速进入伞中取宝，要把宝物取下来贴到身上，当说到"快快跑!"时要迅速离开。撑伞的小动物们边说儿歌便抖动伞，"海风吹，海浪摇，海里的宝物真不少，快快找来，快快跑!"，当说到"快快跑!"时，把伞迅速压下。

十四、游戏名称：走线
(一) 游戏目标
培养儿童的专注力。
(二) 游戏准备
彩虹伞、钢琴曲。
(三) 游戏玩法
家长与儿童一起先将彩虹伞铺开，然后沿着彩虹伞的边线玩走线游戏（听音乐学高人走、矮人走、兔子跳、鸭走等）。

(资料来源：宗宗love，彩虹伞的十几种玩法．百度文库，https://wenku.baidu.com/view/7f722ae369dc5022aaea00de.html. 2020. 3. 17)

七、再见环节活动的组织（3分钟）

(一) 组织步骤

1. 倾听、休息
放一段舒缓的音乐，如《摇篮曲》等，教师和婴幼儿、家长一起躺在活动室地板上闭上眼睛休息。比如"宝宝们都累了，我们躺下来休息一会儿吧"。

2. 课程总结
休息1分钟后，教师进行总结。课程总结要对本次活动的目的、婴幼儿的表现进行点评，同时对回到家中家长如何进行进一步的指导提出建议，比如"本堂课通过大运动、精细动作、语言、认知、社会情感对宝宝进行了综合性的潜能开发，回到家中，家长可以利用生活中常见的物品对本此活动所学内容进行练习。"

3. 再见歌
教师喊醒婴幼儿，与婴幼儿及家长一起表演唱再见歌。比如"丁零零，起床的闹钟响起来了，天亮了，宝宝们醒了，伸个懒腰，好舒服呀，伸出小手挥一挥。宝宝，再见，我们挥挥手，今天的游戏就要结束了，我们下周再见面，再见了再见了再见了。"一个园一首歌，园内各班一致。

4. 拥抱再见

师生拥抱再见，比如"唱完再见歌了，我们伸出小手抱一抱吧"。

（二）注意事项

1. 教师示范如何倾听音乐

在倾听和休息的环节，教师要和婴幼儿及家长一起躺下来休息，为婴幼儿提供示范。教师首先要享受音乐带来的快乐，才能让婴幼儿真正倾听和放松，不要流于形式。

2. 放松音乐要舒缓

倾听和放松休息的音乐要舒缓，要让婴幼儿真正心静。

3. 再见歌不要频繁变动

再见歌曲的选择最好不要频繁变动。一般来说，一所亲子园内的再见歌是一致的，让婴幼儿对歌曲形成条件反射，听到这首歌曲就知道活动要结束了。

相关链接

剖宫产儿童容易出现的问题及对策

问题一：感觉统合失调

（一）儿童感觉统合失调的表现

1. 视觉统合失调

这表现为阅读困难，常会出现跳行、翻书页码不对、抄错题目等视觉上的错误，并易产生疲劳、写错字、算错数和看书"串行"。另外，在生活中丢三落四，似乎经常在找东西。

2. 听觉统合失调

通常听不懂老师、爸爸妈妈的话，不清楚爸爸妈妈布置的任务，平时爸爸妈妈喊他，他也不在意。同时，记忆力差，和他说过多遍的事也会轻易忘掉。

3. 平衡失调

在重力感、方向感和距离感上都有问题。注意力不集中，写字过重或过轻、字的大小不一、出圈出格、偏旁颠倒；害怕上下楼梯、好动而笨拙，经常将鞋穿反。距离观测不准让儿童无法正确掌握方向；做事协调能力差则会使他们缺乏自信心。

4. 触觉过敏

对别人的触摸十分敏感，害怕触摸，有时正常接触也会被儿童认为是"打"了他。在学习与生活中表现为好动、不安、脾气大、爱咬手指、怕剃头、怕打针，且注意力难以集中，上课时老是做小动作。爸妈总以为孩子得了"多动症"。触觉统合失调的儿童在心理上总处在一定的紊乱状态，其学习与生活质量必然会下降。

5. 本体统合失调

由于各方面协调差，儿童可能运动时笨拙，如不会跳绳、跑步动作不协调，常常撞倒东西或跌倒；呼吸和语言的协调能力也差，唱歌发音不准，甚至会口吃等。这些原因导致儿童孤僻、害羞、固执、缺乏自信、爱挑衅、发脾气。

造成这种情况的原因较多，剖宫产是其中一个不良因素。因为正常经产道分娩的胎儿会受到宫缩、产道适度的物理张力改变等，使胎儿的身体、胸腹、头部有节奏地被挤压，而剖宫产儿童却缺乏这种刺激，所以容易出现触觉感、本体感以及前庭平衡感的失调，即"感觉统合失调"。

(二) 感觉统合失调的对策——运动游戏疗法

在儿童小的时候，可让儿童多做左右翻滚、匍行、爬行，玩亲子游戏如"飞机"升降等，再大一些可训练他们走平衡木、荡秋千、做旋转游戏等，并且早期给予精细动作等训练。有些儿童在婴幼儿时期也许不会表现出问题，但到了学龄期，可能会在学习能力上出现问题。因而家长要注意观察，以便及早给予儿童正确的指导和训练。

早期教育正是通过感觉—动作游戏来编织大脑的智慧网络，即各种学习能力，而不是教授技巧和知识。

运动游戏疗法是训练剖宫产儿童的唯一有效方法。

运动游戏疗法，又称感觉统合训练，是一种用游戏治"病"的方法。该疗法通过一些特制的器具，如滑板、滑梯、平衡木、滚筒、独脚凳等，根据每个儿童的不同特点，设立一系列游戏方案，比如用独木桥帮助儿童找到"平衡统合能力"，用滑板梯帮助儿童找回"触觉统合能力"。通过游戏活动，促进儿童身体和大脑之间的协调功能，帮助儿童找回失落的感觉运动统合能力，从根本上解决学习困难、多动、注意力不集中、语言发育迟缓、人际关系淡漠等问题的根源。

1. 大脑平衡功能的训练

(1) 本体感的训练：剖宫产儿童对自己的身体感觉不良，身体协调性差，动作磨蹭，写作业拖拉，有的儿童还会出现语言表达障碍和尿床等问题。可以训练他们翻跟头、拍球、跳绳、游泳、打羽毛球等活动。

(2) 触觉训练：感觉学习中，触觉分布最广，感觉信息输入最多，也最复杂。人之所以不同于动物，具有高级的思维、创新、情感、语言，能保持专注、镇静、快乐，是因为人类具有特有的触觉感官——皮肤。人类的皮肤薄而毛少，对各种刺激的分辨能力最多样，最细腻。皮肤能感知物体的性质、温度变化、触摸、挤压、碰击、疼痛等的性质和程度，还能感知来自机体本身的信息，如饥饿、渴、便意等。这些信息以每秒数以万计的频率刺激皮肤感觉器，大脑对这些信息具备两种反应：对危险的信息（如手触火炉、触电、刀割）产生回避/反抗性反应，叫作触觉防御性保护反应；闭上眼能说出触及物体的大小、形状、质地，这是大脑对触觉信息存在记忆和辨认的结果，叫作触觉识别。如果大脑对触觉信息刺激不加过滤，不分主次，一律忙于反应，而且反应过强，这便是触觉防御过度，会由此引发婴幼儿及儿童期后的诸多行为问题和学习障碍。

对于两三岁以前的儿童的吃手行为，不用限制他，再大一些儿童还有吃手、咬指甲、咬笔头、爱玩生殖器等问题，这是儿童触觉敏感的反映。有的儿童容易发脾气、胆小、紧张、爱哭、偏食、爱惹人等，可以让儿童玩水、土、沙子，游泳，赤脚走路，骑羊角球，洗澡后用粗糙的毛巾擦身体，用电吹风微风吹身体，用毛刷子刷身体，用毛巾把儿童卷起来做卷蛋卷游戏，和小朋友一起玩需要身体接触的游戏。

2. 爬行训练是预防儿童成长期感觉统合失调的重要手段

研究者通过对同龄儿童的对比观察发现，爬得好的儿童，走起路来也快，学说话也早，认字和阅读的能力也强。可见爬行训练对儿童的健康成长至关重要。

爬行的五大功能：

（1）爬行能锻炼儿童全身大肌肉活动的力量，尤其是四肢活动的协调性和灵活性，是一种综合性的强体健身活动。

（2）爬行需要大、小脑之间的密切配合，多爬能够丰富大、小脑之间的神经联系，促进脑的生长。

（3）爬行使儿童开始主动移动自己的身体，开阔眼界，增长见识，促进其认知能力的发展。

（4）多爬能增进母子间的交流，并促进儿童语言的发展。

（5）爬给儿童带来了许多意想不到的乐趣，而"摸爬滚打"也锻炼了儿童的意志和胆量，有利于儿童的个性培养。

忽略爬行，直接影响儿童的语言表达能力。爬行和脑部的发育有微妙的关系，如果忽略爬行，会因为脑部和语言有关的部位尚未发育成熟，导致不会说话。爬行时，儿童拼命地仰起头，这和仰卧、行走式的抬头不一样，是反过来向后脑部抬平，这样就刺激了颈部和后脑的发育，刺激了与语言获得相关的脑神经，为儿童的语言发展带来福音。

忽略爬行，儿童上肢的力量会削弱，脊椎的发育也比较迟缓。当儿童跌倒时，也不会用手来支撑身体，脸会直接撞击地面。

忽略爬行，容易影响儿童的正确走姿。一般而言，0岁儿童的大脚趾是往上翻的，这是因为爬行时，是用大脚趾贴在地上的缘故。所以，爬行时间越多，脚趾的使用就越多，也就越强韧。此外，在爬行运动当中，大腿是呈外旋的，这样可以帮助儿童学习到往后步行时的正确姿态。

儿童在缺少爬行的状况下直接学习走路，其步行方式会非常奇怪，脚会有点偏内，这是因为他的脚趾力量比较弱，而且也不懂得脚跟先着地，因此会晃来晃去，好像缺乏力量。

问题2：情绪敏感

（一）情绪敏感的表现

快捷的剖宫产使胎儿失去了分娩过程中被挤压的经历，缺乏了早期大脑和皮肤的压力触觉感受，从而产生以触觉防御性反应过度为主的诸多行为问题。

剖宫产出生的儿童顽皮，容易紧张，教师和家长不要训斥和惩罚他们，因为他们不是故意捣乱，而是需要训练矫正。

剖宫产引发儿童睡眠障碍、多动、易惊、哭闹等问题。情绪困扰主要与触觉防御性反应过度、识别性处理障碍有关，当然，也存在着本体—前庭觉统合不良。所以，调适措施以输入触觉刺激信息，整合触觉防御反应为主，佐以本体—前庭觉统合训练。

（二）情绪敏感对策

儿童一出生即有吸吮、抓握和防御等触觉反射，此时开始给予儿童皮肤感触觉信息刺激，例如多给儿童爱抚、搂抱、按摩、抓握不同质地的东西，天气好的时候，把儿童抱出去，让儿童接触风等刺激，或让儿童通过冷热水的刺激。对于1岁以下的儿童，按摩是一个非常有效的方法，把儿童包在浴巾里，轻轻地揉搓儿童，让他的全身都得到按摩。

问题3：协调能力差

（一）协调能力差的表现

有资料证明：剖宫产的儿童与自然分娩的儿童在智力上并无差异，但剖宫产的儿童的适应能力要比自然分娩的儿童的适应能力差。

1. 过度反应

人的皮肤是触觉学习的器官,具有正常的防御性反射。儿童要通过皮肤认识自身和环境,从而对客观世界有一个正常的反应。剖宫产的儿童有先天触觉学习不良问题,在婴儿时期都会有所表现,不能适应皮肤所接触的各种信息,比如洗澡、换衣服、换床铺,适应能力比较差,或者保护性反应比较过度,表现是情绪化、爱哭、睡不好觉、睡不实。剖宫产的儿童没有经过产道的挤压,所以皮肤的触觉信息比较差。剖宫产的儿童出生以后,可以通过养育方式把这种可能性降至最低。

2. 协调能力

对剖宫产的儿童的协调能力的随访、调查结果发现,50%以上的剖宫产的儿童具有反应过度、情绪化比较强烈、睡眠障碍等症状;高危儿童(心脏病、高血压等)中很多都是剖宫产的儿童,还发现剖宫产的儿童比顺产的儿童平衡能力差。剖宫产的儿童缺乏必要的触觉和本体感学习,情绪比较敏感,注意力不大集中,手脚笨拙。他们往往坐不住板凳,在家时脾气特别大,出门胆小退缩,不大方,怕拥挤,在陌生的环境中最喜欢躲在妈妈的身后。一句话,"在家是龙,出门是虫"。在社交上,剖宫产的儿童表现得胆小退缩,情绪波动比较大,注意力不能集中。这种儿童先天触觉防御过度,家庭需及早采取方法,尽快防治。

(二)协调能力差的对策

剖宫产的儿童适应和协调能力差,经过后天的锻炼可以弥补一定的缺陷。儿童出生之后,随着时间的变化,让儿童多翻身、打滚、爬行等,儿童的协调能力就不至于过于迟缓。有的妈妈剖宫产后,不愿动,也不让孩子动,把孩子捆得死死的,这种做法是不可取的,也是现代社会中最不应该的,相反,家长应该解放孩子。

第二节　亲子教育活动中的家长指导

一、家长指导的必要性

在我国,家长并不是天生就有教养效能的,相当一部分家长是没有经过培训就走上爸爸妈妈的工作岗位的。他们虽有重视孩子教育的理念,但因没有受过专门教养训练而手足无措。华东师范大学华爱华教授曾经提出"协商性早教指导"的概念。她认为,家长教育在早教机构中也是一种课程资源,应让家长成为教师的助教和合作伙伴,协同备课,实施课程。同时她还指出,早教机构主要为家庭提供育儿早教指导,实施按月龄分期的阶段性亲子活动方案,将婴幼儿教养活动与家长教育活动一并开展。0~3岁的婴幼儿大部分时间是在家庭中度过的,而且婴幼儿时期身心发展速度快、可塑性强,家长的养育态度、方法对婴幼儿的情绪、认知、人格的发展有着重要的影响。王诗尧经过研究发现,家长的育儿行为和婴幼儿的社会情绪能力呈显著正相关,且能力域的各个维度都与育儿行为呈显著正相关。而且大量研究表明,如 Bugental & Grusec(2006)和 Steinberg & Silk(2002)的研究表明,育儿行为会影响儿童和青少年的发展。家长在婴儿期和学步期积极的育儿行为主要包括:一是回应性,即对儿童的需求能够给予及时有效的回应;二是接纳性方面的,能够鼓励和支持儿童自主性发展和探索,使用恰当的管教策略为儿童建立规则等(Sroufe, Egelan, Carlson &

Collins，2005）。积极的父母养育（温暖和接受）有利于儿童的社会情绪适应，而消极的父母养育则会影响儿童的社会情绪，尤其是拒绝和惩罚的育儿行为对儿童的社会情绪调整产生不利影响。一些儿童规则内化有关的理论观点认为：当家长表现出积极的、支持性的育儿行为而不是消极的、控制性的育儿行为的时候，儿童更容易倾听并回应父母发出的指令和信息，听从并遵守家长的要求，同时控制好自己的情绪和行为。[①] 由此来看，家长指导工作无论是对家长还是对儿童来说，都有着非常重要的意义。

二、家长指导的目标

（一）认知目标

1. 熟悉不同年龄阶段婴幼儿身心发展的规律和特点

只有了解了不同年龄阶段婴幼儿身心发展的特点和规律，家长才能正确看待婴幼儿的行为表现。比如，1岁以内的婴幼儿总是喜欢吃，拿起什么东西都先放到嘴巴里，如果不了解这是婴幼儿的口欲期，家长就会很烦恼，为什么孩子什么都吃，不让吃就哭。

2. 掌握一些基本的营养基础知识

婴幼儿时期是一生中身体发育最快速的时期，家长掌握必要的营养基础知识，对于照料婴幼儿的生活很有必要。

3. 掌握婴幼儿喂养的知识

婴幼儿的消化功能比较弱，消化道不成熟，因此，家长掌握一些喂养知识对科学照料婴幼儿很有帮助。

4. 了解婴幼儿生理发育特点

家长需要了解婴幼儿生理发育的特点，才能更好地照顾孩子的生活起居。比如，新生儿刚一出生的时候就能喝奶，这是因为胎儿在妈妈肚子里20天的时候体内就开始分泌胃蛋白酶了，这个胃蛋白酶就能消化蛋白质。虽然他一出生的时候就发育得比较好，但是我们不能喂他其他的东西，只有4～6个月时才能添加辅食。为什么呢？那是因为4个月的时候他的淀粉酶、消化淀粉的酶才开始分泌。如果不了解这一点，家长可能急于给婴幼儿添加辅食，导致孩子消化功能紊乱。

5. 掌握婴幼儿常见病的知识

婴幼儿常见病的相关知识是家长应该掌握的，比如湿疹、腹泻、哮喘、上感、肺炎等，虽然家长不是医生，不能在家里对婴幼儿的常见病进行治疗，但是根据掌握的知识能够通过观察初步判断，为医生诊断和治疗提供便利，同时，常见病的护理常识也有助于提高家长对生病患儿的护理技能。

6. 掌握婴幼儿意外伤害的预防及处理知识

婴幼儿时期是儿童意外伤害死亡率最高的时期，因此家长掌握意外伤害的预防和处理知识，对于提高家长的教养水平至关重要。

7. 树立科学的育儿观念

在了解了婴幼儿身心发展是多方面因素共同相互作用的基础上，不仅要重视遗传的作

[①] 王诗尧. 家长育儿观念、行为与婴幼儿社会情绪能力的关系研究——基于公立早教机构质量提升的视角 [D]. 上海：华东师范大学，2019.

用，更要重视环境的教育作用，进而为婴幼儿提供安全的物质环境和宽松愉快的精神环境。

(二) 情感态度目标

1. 愿意主动学习科学育儿的知识和技能

调查发现，很多家长不愿意花时间来学习科学育儿的知识和技能，认为没有时间学习，甚至还有的家长的育儿的职责推给了祖辈，这是十分不可取的。认识到科学育儿的重要性并且愿意主动学习，是家长科学育儿的前提。

2. 喜欢参加亲子教育活动，并愿意配合教师完成婴幼儿指导工作

亲子教育活动应该是家长带着孩子与教师互动的活动，不能以工作繁忙或其他理由将亲子教育活动交由他人代替完成。有的年轻家长让保姆带孩子去参加亲子教育活动，自己去商场逛街购物，这种观念需要转变。每次亲子教育活动都应该由家长带着婴幼儿参加，并且在活动中主动配合教师完成工作。

3. 养成与婴幼儿经常沟通的习惯

弗洛伊德强调童年早期经验对毕生人格发展的影响，他认为，所有人的人格发展都源于婴幼儿时期心理性欲发展的变化，一个人人格的发展和适应都源于力必多能量的变化和发展。他按力必多能量贯注于人体有关部位的变化和发展把人格发展分为五个时期：口唇期、肛门期、性器官期、潜伏期、两性期。婴幼儿处于口唇期和肛门期。在这两个时期，家长要养成与婴幼儿沟通的习惯，建立良好的亲子依恋关系，为孩子在童年时期奠定健康的人格发展基础。

(三) 技能目标

1. 掌握婴幼儿喂养的方法

这包括奶粉的选择、冲调，母乳喂养，辅食制作等内容。

2. 掌握婴幼儿睡眠、二便、三浴的照顾方法

这包括如何为婴幼儿创设良好的睡眠环境，如何训练婴幼儿的大小便，如何为婴幼儿洗澡，如何进行日光浴和空气浴。

3. 掌握婴幼儿常见病的护理方法

俗话说，生病了之后三分治、七分养，因此常见病的护理方法很重要。比如婴幼儿感冒期间要多喝水，多休息，避免剧烈运动和去人口密集的地方。有的年轻家长在孩子感冒后，为了哄孩子开心，带孩子去室内游乐场玩耍，这种做法不利于孩子身体的恢复。

4. 掌握婴幼儿意外伤害的预防和处理方法

儿童医学中心一项统计显示，儿童意外伤害病例占急诊病例总数已经从 5 年前的 10% 上升至 14%。中国每年有近 50000 名 14 岁以下儿童死于意外伤害，占儿童死亡原因总数的 26.1%，而且这个数字还在以每年 7%~10% 的速度递增。

据统计，烫伤、骨折和窒息成为儿童意外伤害发生比例最高的三项。家长了解孩子周围的危险点，做好预防措施，意外发生时，冷静急救，能在很大程度上争取时间，减少事故造成的损失，减少儿童伤残和死亡的发生。比如婴幼儿摔伤之后不能马上把孩子抱起来，而应该先观察。

5. 掌握婴幼儿常见游戏的设计与组织方法

家长与婴幼儿一起进行亲子游戏，不仅可以提高婴幼儿的认知、语言能力，提高婴幼儿社会性发展水平，还可以增进亲子之间的情感交流。家长在掌握婴幼儿各年龄阶段身心发展特点的基础上，有针对性地利用家中常见的物品设计和组织游戏是一项必备的父母技能。比如，我们可以利用家里的碗和豆子、大米等让婴幼儿练习大把抓的动作，可以提高婴幼儿的小肌肉灵活性，增强手眼协调能力。还可以利用家中不同质地的废旧布料，训练婴幼儿的触觉等。

6. 能为婴幼儿创设宽松愉快的心理环境

在掌握婴幼儿身心发展特点的基础上，家长还要学会倾听孩子，为孩子创设宽松愉快的心理环境，做一个接纳的家长。

三、家长指导的形式

（一）现场活动指导

现场活动指导指的是在教师预设的有准备环境中，家长和教师以孩子活动的现时状况为交流主题，以寻找问题的原因和发现认识或教养误区为内容，展开的面对面地直接交流和沟通。

（二）网络指导

网络指导是指早教中心利用网络手段，在早教中心和区内需求家庭之间建立无形的信息互通渠道，设立虚拟的早教指导平台。平台的网络化实体即早教指导网站。

（三）专家讲座

专家讲座是指早教中心将婴幼儿教养的专业人士请入早教中心，以专题讲座的形式对家长进行指导的一种形式。

（四）家长沙龙

家长沙龙是指围绕家长们共同感兴趣的教养话题，由指导教师将家长在一定的环境下组织起来，并准备研讨素材，引导家长就话题展开讨论的集体指导的活动形式。

四、家长指导的组织

（一）现场活动家长指导的组织

1. 活动之前的指导

亲子教育活动开始之前，教师向家长介绍活动的内容与玩法，提出在活动中的一些要求和建议。另外，活动开始之前，创设整洁、有序的环境，教师热情与家长和婴幼儿问好，对于家长来说也是一种潜移默化的指导。有秩序的环境会让家长亲身感受环境的重要性，教师蹲下来跟孩子打招呼，对家长来说，也是一种成人与婴幼儿沟通方式的示范。

例如，教师在活动开始前可以这样指导家长："各位家长朋友，今天我们进行的第一个活动是小螃蟹（夹夹子），这个活动主要是让宝宝练习夹的动作，锻炼宝宝手眼协调能力、手部动作的灵活性，以及让宝宝体验给螃蟹添完了脚之后带来的乐趣。我们给宝宝准备了没有脚的螃蟹，每位宝宝一只，还有夹子，家长朋友一会儿要向宝宝示范如何使用夹子。"

2. 活动过程中的指导

在活动进行过程中，教师首先示范如何指导婴幼儿活动，教师找一个宝宝进行示范指导，让家长看如何带孩子进行活动，并且告诉家长在此过程中注意哪些问题。然后教师要请一位家长参考教师的示范与宝宝进行互动。教师观察家长与宝宝的互动，然后再指导。

自由操作时，婴幼儿与玩具进行互动，家长观察并指导婴幼儿的活动。主班教师和配班教师分工对家长的指导行为进行观察，并适时介入指导。

活动小结时，教师总结家长在亲子互动中的表现和问题，及时肯定与婴幼儿高质量互动的家长行为。在此过程中，教师还要指导家长如何将活动延伸至家庭，以便婴幼儿回到家中能继续学习和锻炼。比如在小螃蟹的活动小结时，教师可以这样指导家长进行家庭活动延伸："今天，宝宝们在活动中表现的能力各不一样，有的宝宝夹的动作非常好，有的还不会用三指抓的方式夹夹子，家长们回到家后可以根据自己宝宝的表现思考如何延续、创新活动。比如，家长可以利用家里的比较松的夹子进行夹夹子练习，在宝宝熟练掌握之后，再换成比较紧的夹子练习，逐步提高宝宝三指抓的动作技能。"

3. 活动结束后的指导

亲子活动结束后，可以指导家长和婴幼儿参与活动场地的整理工作，帮助家长和婴幼儿树立物归原处的好习惯。在此活动中，教师为家长提供了榜样的示范。既告诉家长要从小培养孩子独立自助的意识，也示范了家长如何在家庭与孩子互动。回到家，家长也会要求孩子将玩具用完物归原处。这样一来，家园要求一致，教育就形成了合力，而且婴幼儿将来在家里和在亲子园的表现就会行为一致。

教师可以在这个环节里告诉家长下周的活动内容，提醒家长教养注意事项，例如需要准备什么东西带来，在家庭中要有意观察孩子一周的表现等，做好下次活动的准备。

在活动结束后，教师还要针对在活动中发现的家长教养方式的问题进行个别沟通。比如有一次走线活动中，有一个宝宝不跟着老师走线，而是趴在地上顺着蒙氏线爬，家长喊了几次宝宝还是无动于衷，仍然在地上自顾自地爬，家长发怒了，拽起宝宝打了几下屁股，宝宝哇哇大哭，即使在活动中老师已经提醒家长，不要干涉宝宝，但是家长还是按照自己的想法让宝宝站起来，宝宝边哭边走，情绪一直不好。针对此，教师活动结束后，将家长留下，跟家长就教养观念和方式进行了沟通。

（二）网络指导的组织

网络指导的最大优势在于能更广范围地满足家长的早教指导需求，服务范围更加广泛。早教中心不仅针对自己的会员进行指导，还可以与社区合作，将服务范围扩大到所在社区，让更多家长受益。

网络指导的载体比较广泛。比如可以通过微信公众号推送教养常见问题及对策的文章，还可以通过微信群对家长的问题进行即时指导和解答，还可以利用早教中心的网站发布家庭中常见的亲子游戏开展方法，还可以利用抖音或者快手等直播平台推送视频资源，比如手指谣、音乐律动游戏等。

网络指导的内容更加广泛，包括不同年龄段的婴幼儿身心发展特点和保教要点，不同年龄段婴幼儿辅食制作方法，婴幼儿儿歌、睡眠曲、故事等，婴幼儿不同时期容易出现的行为问题及预防对策，婴幼儿常见病及护理要点，婴幼儿意外伤害的预防措施，不同年龄段婴幼儿家庭游戏设计方法，优秀的亲子阅读绘本以及阅读方法等。

0～3岁宝宝
绘本推荐清单

（三）专家讲座的组织

专家讲座要作为常规性工作有规律地开展。比如可以每个月举办一次讲座。讲座一般围绕三方面的内容展开：一是婴幼儿的生活照料；二是婴幼儿保健护理；三是婴幼儿教育指导。生活照料和保健护理可以找经验丰富的儿科医生讲座，将不同时期婴幼儿的保健护理要点结合案例进行讲授。婴幼儿教育指导可以请经验丰富的早教教师或者高校早期教育专业的教授进行讲授，比如讲授婴幼儿家庭游戏的设计，婴幼儿常见心理问题及对策，婴幼儿不同时期年龄特点及教养策略。专家讲座还要设置答疑和交流时间，专家针对讲座内容就家长有疑惑的地方以及家长在教养中的疑难问题进行交流和解答。

讲座之后，在征求专家同意的基础上，可以将专家的联系方式留下，让专家的指导延续，还可以将专家聘为早教中心的顾问，讲座之外还可以定期开展现场咨询和线上咨询。

（四）家长沙龙的组织

家长沙龙可采用的形式很灵活，可以由教师按照活动内容、参与人数、活动进展情况设计或者调整。家长沙龙主要有案例分析法、讨论法、角色扮演法。

1. 案例分析法

案例分析法是指在家长沙龙中，向家长呈现婴幼儿教育中常见的问题或亲子教育活动中家长出现的常见问题，引发家长对涉及问题的思考、讨论，从而产生了解相关知识的动力，达到对问题深刻认识的目的。案例可以由教师事先向各位家长进行征集，可以做成PPT或文字记录，也可以收集视频资料。亲子教育活动中家长常见的问题由教师提供，教师将活动中的片段截取，向家长呈现。案例分析法生动形象，能够让家长产生共鸣。案例分析法还可以训练家长的观察和分析能力，让家长养成在教养过程中主动观察婴幼儿的行为，分析其行为背后的原因，并反思自己的教养方式的习惯。

2. 讨论法

讨论也是家长沙龙中比较常用的一种指导方式。在这种形式中，教师会选取一个家长比较感兴趣和关心的话题，让家长充分讨论。教师对讨论的过程进行记录，最后进行总结。这种经过充分思考和讨论的结果，是家长认同的，通常在教养过程和亲子活动中也会按照自己讨论出来的办法实施。比如，很多家长都关心宝宝几岁入幼儿园比较合适，如何帮助宝宝做好入园的各种准备。这样的问题经过家长查阅资料、思考、讨论之后，教师进行梳理和总结，最后，家长共享讨论结果。

3. 角色扮演法

角色扮演法就是教师设置情境，有的家长扮演宝宝，有的家长扮演家长，再现生活中常见的亲子沟通的方式。这种情境是家长非常熟悉的，而且很多家长在生活中常常做法比较一致但又不是利于婴幼儿身心发展的行为。教师选择这样的情境让家长进行角色扮演，在角色扮演中体会婴幼儿的心理变化。比如，当孩子要求吃饭后看电视或者玩玩具时，家长面对还没吃完饭的孩子就会说："好好吃饭，不好好吃饭就不让看电视。"或者说："不好好吃饭就不让玩玩具。"本来没有关系的两个活动，让家长的一句话硬生生地联系在一起，孩子就会对吃饭产生抵触心理，久而久之，孩子就有可能厌食。还有的孩子到了独立性发展的关键期，特别喜欢自己的事情自己做，想自己吃饭但使用勺子不灵活，吃饭的时候把饭撒了一桌子，身上也都是饭汤。家长看到后，就训斥孩子，责骂孩子笨手笨脚，并且不再让孩子自己吃饭。在这过程中，孩子的自我效能没有建立起来，而且容易产生逆反心理，影响良好亲子关系的建立。通过角色扮演，家长可以亲身体会孩子的感受，从而反思自己的教养行为。

第三节　亲子教育活动评价

一、亲子教育活动评价的内涵

钟启泉将课程评价定义为：以一定的方法、途径对课程的计划、活动以及结果等有关问题的价值或特点作出判断的过程。虞永平对幼儿园课程评价的定义为：幼儿园课程评价是一种特殊的认识活动，是针对幼儿教育的特点和组成要素，通过收集和分析比较系统全面的有关资料，科学地判断幼儿教育的价值和效益的过程。参考以上两种课程评价的定义，我们将亲子教育活动评价定义为：亲子教育活动评价是针对亲子教育活动的特点，通过一定的方法途径，对亲子教育活动的各个环节进行科学、客观的分析和判断的过程。主要包括活动设计方案、活动过程、活动效果等的评价和分析。

二、亲子教育活动评价的价值取向

亲子教育活动评价应注重发展性评价。婴幼儿发展性评价是指以促进婴幼儿的发展为目的，以关注婴幼儿发展过程中的表现为手段，以诊断婴幼儿在一定时期的发展状况并提出合理化建议为具体措施的评价理念。

发展性评价的主要功能是促进评价主体和评价对象的发展，它体现了主体取向的评价理念。同时，发展性评价又非常注重教学或评价对象成长过程中有关信息资料的收集和汇总，体现了过程取向评价的理念。

（一）评价功能侧重发展

婴幼儿发展性评价强调发挥评价"促进发展"的功能，强调评价不是教学过程结束后的鉴别、筛选工具，而是在教学过程中促进婴幼儿发展的有效手段。发展性评价承认婴幼儿个体之间的发展差异，但是评价的目的不是要确定个体在群体中的位置，致使评价对象之间的差异明确化、扩大化，而是要根据这些差异判断个体存在的问题与不足，找出适合评价对象发展的教育方法，促进个体在现有基础上获得实实在在的发展。

（二）评价类型侧重过程性评价

婴幼儿发展性评价倡导的是以促进发展为目的的过程性评价，认为只关注结果的终结性评价只是对过去的关注，不利于促进婴幼儿现在和将来的发展。发展性评价是一个过程，并不仅仅发生在教育教学活动之后，同时也应贯穿于亲子教育活动的每一个环节。促进发展的评价不仅需要终结性的结果评价，更需要形成性的过程评价，应该通过关注"过程"来促进"结果"的提高，评价的重心在过程。

（三）评价内容全面化

亲子教育活动的评价既包括对活动设计方法的评价，也包括对活动实施过程的评价，还包括对教师和婴幼儿发展的评价。评价内容比较全面，比如针对婴幼儿发展的评价，涵盖了婴幼儿的动作发展、言语发展、情感和社会性发展、认知发展等各个方面。

（四）评价方法多样化

亲子教育活动评价的方法既包括量化评价，还包括质性评价，还有定性和定量结合的评价。量化评价与质性评价相结合，强调运用质的分析的评价方式对量的评价结果进行整合，从而保证评价结果的客观性和有效性。如记录和收集能够反映婴幼儿成长与进步的事件、作品以及成人对婴幼儿发展过程所作的描述性记录等资料，在综合分析评定的基础上提出促进婴幼儿发展的具体建议和指导策略。另外，评价的方法还包括观察法、问卷法、成长记录法、访谈法、自我评价、测验法等。

（五）评价参照标准的多元化

按照评价参照标准不同，亲子教育活动评价包括相对评价、绝对评价和个体内差异评价。比如在评价亲子教育活动质量时，亲子园教师之间开展评比和大赛，将教师们组织的亲子教育活动分级评奖，这就是相对评价。而每一个亲子园在教师面对家长和婴幼儿开展活动之前，都要经过严格系统的培训和考核，只有通过考核，才能上岗，那么，对亲子教师的考核标准是一个客观标准，不受亲子园哪个教师的水平的影响，这种上岗评价就是绝对评价。比如一个宝宝2.5岁时比2岁时语言的词汇量增加了不少，而且表达意思也比原来清晰很多，这说明这位宝宝的语言能力比原来有了较大发展，这种评价就是个体内差异评价。再比如，一位亲子园教师发现自己的亲子教育活动的组织能力比对家长的指导能力好，因此，在工作中她特别注重积累家长指导的知识，用更多的业余时间跟同事学习如何指导家长。这也是个体内差异评价。

三、亲子教育活动评价的内容

亲子教育活动评价的内容主要包括两大方面，即从教师角度出发的对教育活动设计与指导有效性的评价和从婴幼儿角度出发的对活动参与有效性、婴幼儿发展的评价。从教师的角度对活动的设计和组织的评价主要涉及的评价内容有教育活动目标、活动准备、活动过程、方法、教师素质等。对婴幼儿发展的评价包括婴幼儿参与活动的状态、婴幼儿动作发展、认知发展、言语发展、情感和社会性交往等方面。

（一）对亲子教育活动设计和实施的评价

1. 亲子教育活动目标的评价

目标是教育活动的起始环节，是开展教育活动的出发点和归宿，它规定了教育活动预期所要获得的某种效果，它是教育活动的内容选择、方法运用、效果评价的依据和准则。

（1）目标的确定是否建立在婴幼儿发展现状的基础上。所有的教育活动的目标都应该建立在了解婴幼儿已有发展经验的基础上，婴幼儿发展现状决定了活动目标的起点。只有了解了婴幼儿原有的发展经验，才能准确确定婴幼儿发展的最近发展区以及活动的发展目标。

（2）目标的表述是否恰当。目标表述是否恰当包括表述主体是否统一、表述是否为发展目标、表述是否全面等。

目标表述主体应该一致统一，这在前面活动设计部分已经讲过，在此不再赘述。活动目标的表述应为发展性目标，从婴幼儿的角度来表述目标，不能表述为"培养……""教会婴幼儿……"等这种方式，应该表述为"学会……""愿意……""喜欢……""感受……"等。目标应该包括情感、能力、知识三个纬度，在面面俱到中做到重点突出，同一条目标可以包含几个纬度的内容，防止活动目标的片面性，尤其要避免只重知识和技能，忽略情感、社会性和实际能力的倾向。

（3）目标的难度适中。目标的确定在了解了婴幼儿发展经验的基础上，难度应该适中，太简单的目标婴幼儿没有参与活动兴趣，太难的目标婴幼儿经过努力达不到，体验不到成就感。比如针对13～18月宝宝的一次亲子教育活动，其中一条目标是"学会辨别粉红、深红、大红三个不同色度的颜色"，在活动中，无论教师怎么示范和指导，大部分婴幼儿都不能辨别这三个色度。这个目标对于这个年龄段的婴幼儿来说难度太大，婴幼儿到2岁才能认识三原色，但对于混合色和不同色度的颜色很难辨别。

（4）目标的达成度较高。亲子教育活动结束时要逐条对照，确定目标是否都实现了。活动目标达成度的评价是一个比较困难的过程，因为这里涉及一个教育活动的及时效应和发展的潜在性问题的关系，也就是说如果我们过于注重及时效应，那么我们可能会使婴幼儿牺牲了个性多方面发展的机会。活动目标的评价要从长远考虑，也就是要考虑培养孩子能够终身受益的品质为其终极目标。

2. 亲子教育活动准备的评价

对活动准备的评价包括以下几方面的内容：

（1）活动准备是否与该活动的内容相适应。

（2）活动准备是否能适合教育活动的开展。

（3）活动准备的材料利用是否充分。

（3）活动准备是否考虑了婴幼儿的心理准备。

3. 亲子教育活动内容的评价

（1）内容的选择是否与活动目标一致。亲子教育活动的内容应该围绕目标选择和制定，偏离了目标，内容的选择是无效的。比如，一位教师将亲子教育活动的目标设定为"初步懂得外出时不能跟陌生人走"。在活动中，教师选择了一个绘本对婴幼儿进行安全教育，绘本中有不给陌生人开门、不吃陌生人的食物等内容，但在整个活动中，教师没有告知婴幼儿外出不能跟陌生人走。婴幼儿阶段不可能通过"不能给陌生人开门"学习到"不能跟陌生人走"。本次活动的目标和内容就不一致，活动目标的达成也就无法实现。

（2）内容的选择是否与婴幼儿发展水平相一致。教育内容的选择应该既有针对性又有挑战性，即评价教师能否把握住各领域中婴幼儿的关键经验以及应该获得的基本经验，同时在关注婴幼儿的现实生活经验的基础上，对婴幼儿已有的经验进行整合，使教育活动内容更体现出挑战性、针对性，能促进婴幼儿在最近发展区的水平上实现经验的提升。

（3）内容的选择是否来源于婴幼儿的生活。婴幼儿的生活经验比成人缺少很多，内容的选择应该贴近婴幼儿的生活实际，来源于生活，并且有助于婴幼儿积累关键经验。比如有关颜色、植物、动物、大小、多少等的认知活动，有助于婴幼儿自理能力提升的精细动作等活动，有助于积极情感发展的"我喜欢……""我就不想……"，有助于婴幼儿社会性发展的"我的好朋友""××对不起"等活动。

4. 亲子教育活动方法的评价

（1）活动方法的选择和运用是否与活动的目标和内容相呼应。任何教学方法的功能都具有相对性，只有与活动目标和活动内容相适应，才能充分发挥教学方法的最大效果。比如针对活动目标"喜欢音乐游戏，感受亲子游戏的乐趣"，选择的教育活动方法一定是游戏法。

（2）活动方法的选择和运用是否与婴幼儿的年龄特点相适应。活动方法要契合婴幼儿的年龄特点。婴幼儿的思维以直观行动思维为主，选择的活动方法不能以讲解法为主，而应该是讲解和示范相结合。另外还有操作法，让婴幼儿在动手操作中学习。

（3）活动方法的选择和运用是否体现了婴幼儿活动的主体性。亲子教育活动不是教师的表演，一定要考虑婴幼儿主体性的发挥。因此，在方法的选择上，要考虑婴幼儿的主体性，更多地运用游戏法、操作法，让婴幼儿有充分的时间进行操作和游戏。

（4）活动方法的选择和运用是否注重婴幼儿与家长的互动。亲子教育活动目标包括增进亲子之间情感交流，提高家长科学育儿的水平。因此，在亲子教育活动中，教师选择的方法是否能够注重婴幼儿与家长的互动是目标是否达成的关键。由此来看，亲子游戏法是亲子教育活动中一项最重要的方法。

5. 亲子教育活动过程的评价

（1）活动组织情况的评价。活动组织合理，各环节之间衔接自然流畅。所谓合理性就是要求活动步骤适合活动特点，比如体验性活动需要更多操作、体验、探索的机会，而表现性活动则需要多提供展示和表现的机会，合理的活动步骤还应当是动静交替、张弛有度的。

（2）活动秩序的评价。亲子教育活动秩序井然，不嘈杂，不混乱，教师能够巧妙解决突发事件。比如有很多教师在活动开始之前就告诉家长，不要太多干涉婴幼儿的自由操作活动，婴幼儿如果不喜欢参与活动，不要强行要求，如果哭闹不止，请家长带离宝宝，待其情绪安定后再返回活动室。

（3）教师语言和教态的评价。在亲子教育活动中，教师语言亲切、温和、富有童趣，语音语调适宜，语速适当，不急不缓，语言随教学情境变化适当改变。教师切忌在整个活动中一直保持特别高的调值，容易使婴幼儿听觉疲劳。

（4）教师对婴幼儿和家长指导的评价。教师在活动中是否注重对婴幼儿和家长的指导是活动评价的一项重要内容。每一次亲子教育活动，教师都会设计婴幼儿自由操作时间，教师在婴幼儿操作时，要注意观察婴幼儿的操作行为以及家长对婴幼儿的指导行为。在观察基础上，与每一位婴幼儿家长进行沟通。教师一定要利用好个别指导的时间，在这个时间内，教师的个别指导可以很好地弥补集体指导的缺陷，更好地考虑婴幼儿的个别差异和因材施教。教师更要注意婴幼儿与家长的互动，尤其是家长如何指导婴幼儿的自由操作活动。在观察活动中，我们发现，有很多家长急于求成，在婴幼儿操作时，急于告知孩子如何操作或代替孩子操作，这种做法十分不可取。教师面对这样的问题，一定要及时跟家长沟通，让家长了解到婴幼儿的学习过程比学习结果更重要。

（5）教师之间配合的评价。一般来说，亲子教育活动由两名教师协作完成，主、配班教师要事先将任务合理分配，主班教师干什么、配班教师干什么，都应具体细化。在亲子教育活动实施过程中，两位教师努力配合，竭诚合作，保证活动顺利进行。例如精细动作操作环节，主班教师在示范教具操作之后，宣布宝宝的自由操作时间到了，这时配班教师要及时在教具柜前等待婴幼儿取完工作毯后取教具。收教具的音乐想起来后，主班教师要及时来到教具柜前准备收教具，配班教师要到工作毯架前准备婴幼儿送工作毯。取、放教具和工作毯时，主班和配班教师的位置进行调换，目的是在收完教具后，主班教师能马上进入下一个环节的活动准备。如果下一个活动由配班教师完成，则主班教师要最后收工作毯。在婴幼儿自由操作环节，主、配班教师要分工对婴幼儿的操作和家长的指导进行观察和指导。在评价活动时，主班和配班教师配合是否默契，也是评价的要点。

（二）对婴幼儿参与活动状态的评价

1. 对婴幼儿参与活动积极性的评价

婴幼儿对亲子教育活动的参与程度十分外显，很容易被观察。其评价内容主要涉及在教育活动组织过程中婴幼儿注意力的集中程度，在学习、探索及表现活动中是否有积极性和主动性。在亲子教育活动实施过程中，婴幼儿兴趣高、愿意参与活动、在活动中表现得很投入，这直接反映了活动开展的情况。游戏是婴幼儿最喜欢的活动，婴幼儿在各种游戏活动中往往能表现出浓厚的兴趣和较高的投入。

2. 对婴幼儿在教育活动中互动程度的评价

这主要评价婴幼儿在教育活动过程中与同伴、教师、家长互动交流状况，包括活动中与他人合作交流与互动的次数、形式及有效性等。

3. 对婴幼儿在教育活动中的能力的评价

这主要评价教育活动中婴幼儿在能力发展水平上的表现和反应，包括活动中的语言表达能力，分析、判断等思维发展的能力，动手操作及创造性表达能力，婴幼儿活动的坚持性、轮流、合作及分享等基本行为技能等。例如，在活动过程中婴幼儿是否获得新的经验，是否面临问题并努力去解决问题，婴幼儿是否有效地运用了已有的经验。换言之，活动有没有将婴幼儿带到最近发展区。①

（三）对婴幼儿发展的评价

对婴幼儿发展的评价主要采用游戏方法进行，通过与婴幼儿进行游戏，对婴幼儿的发展进行评价。

1. 对婴幼儿认知发展的评价

对婴幼儿认知发展的评价主要包括感知觉、记忆、想象、思维等方面。比如通过走迷宫"帮助小动物找到家"，评价婴幼儿注意的稳定性。

2. 对婴幼儿动作发展的评价

这包括对婴幼儿大动作和精细动作的评价两方面。比如可以通过"给小熊宝宝喂饼干"这一游戏，测试婴幼儿手眼协调能力、拇指和食指对捏取物的能力，这是对婴幼儿精细动作的评价。在感觉统合训练活动环节，通过设计"帮助熊猫宝宝采竹叶"的游戏，教师可以对婴幼儿的平衡能力、钻的动作、双脚连续向前跳的动作进行评价。

3. 对婴幼儿语言发展的评价

对婴幼儿语言发展评价的主要内容包括语言理解力和语言表达能力两方面。比如在亲子教育活动中，为婴幼儿讲绘本，然后就绘本的内容提问，既可以评价婴幼儿的理解力，又可以评价婴幼儿的语言表达能力。

4. 对婴幼儿情感和社会性发展的评价

这包括对婴幼儿在活动中的情绪状态、自我意识的发展情况、对社会行为规范的掌握情况等。比如婴幼儿在活动中是否一直情绪稳定并且愿意主动参与教师组织的活动，在活动过程中不大喊大叫不乱跑，活动材料取放环节能自觉遵守秩序，自觉排队，活动材料能够物归原处，阅读绘本不乱撕扯，等等。

---

① 秦旭芳.0~3岁亲子教育活动指导与设计［M］.北京：中国人民大学出版社，2017.

议一议

一位年轻的亲子园教师的困惑

小李老师是刚入职不足一年的亲子园教师。在一次交谈活动中,她对作者说:"老师,我现在一点都不打怵面对孩子和家长开展活动,而且我亲和力好,孩子们都喜欢我,但是我还有一个困惑,就是特别害怕面对家长,尤其是家长有问题要提问的时候,我特别担心他们问的问题我回答不上来。我对0~3岁婴幼儿身心发展的特点掌握得不好,还有婴幼儿辅食的制作、婴幼儿常见疾病的护理等,一遇到家长提问,我就一点自信都没有,您说我该怎么办?"

思考讨论:小李老师的困惑是什么?你会如何帮助小李老师解决她的困惑?

练一练

1. 简述亲子教育综合活动的组织环节有哪些。
2. 如何根据婴幼儿不同年龄阶段动作发展特点组织走线环节的活动?
3. 精细动作操作/综合认知活动环节的组织步骤有哪些?
4. 语言环节活动的组织形式有哪些?
5. 音乐环节活动的组织步骤有哪些?
6. 亲子教育活动有哪些常见的指导形式?
7. 现场活动家长指导如何组织?
8. 亲子教育活动评价的内容包括哪些?
9. 如何对亲子教育活动的设计和实施进行评价?

做一做

1. 根据0~3岁婴幼儿不同年龄阶段的身心发展特点,设计亲子教育活动方案并小组内模拟组织实施活动。
2. 从以下歌谣中任选一首进行语言环节活动的展示,要求展示的形式符合婴幼儿年龄特点。

《拍拍手》:拍拍手,点点头,敬个礼,握握手,拍拍手,点点头,笑嘻嘻,好朋友。

《洗澡歌》:小鸭子,嘎嘎叫,走啊走,摇啊摇,见了水,要洗澡,扑通通,往下跳。

《小司机》:大马路,真热闹,小司机,本领高,小汽车,滴滴滴,接妈妈,去游戏,请妈妈,上车去。

《骑小车》:三轮车,真可爱,小宝宝,坐上来,两条腿,用力蹬,丁零零,跑得快。

《钉马掌》:小马驹,钉马掌,呱嗒呱嗒呱嗒呱,左一下右一下,钉了一下又一下,哈哈,马掌钉好啦。

《小白兔,白又白》:小白兔,白又白,两只耳朵竖起来,爱吃萝卜爱吃菜,蹦蹦跳跳真可爱。

《小木偶》:走路爸爸抱着走,吃饭妈妈送到口,天长长,日久久,有手不会拿,有脚不会走,变成一个小木偶。

《小燕子》:小燕子,真灵巧,飞得高,飞得低,尖尖尾巴像剪刀。

《树伞》:风呼呼,雨沙沙,小鸡躲到大树下,大树好像一把伞,护着一群鸡娃娃,护着一群鸡娃娃。

《起床歌》：小宝宝，起得早，睁开眼，眯眯笑，咿呀呀，学说话，伸伸手，要人抱。

《穿衣歌》：小胳膊，穿袖子，穿上衣，扣扣子，小脚丫，穿裤子，穿上袜子穿鞋子。

《小镜子》：小镜子，圆又圆，看宝宝，露笑脸，闭上眼，做个梦，变月亮，挂上天。

《丁零零》：丁零零，丁零零，一会儿远，一会儿近，小宝宝，耳朵灵，听铃声，找到铃。

《看画报》：小娃娃，看画报，睁大眼，仔细瞧，布娃娃，哈哈笑，伸出手，要你抱。

《胡萝卜》：胡萝卜，大白菜，嫩豆腐，鲜牛奶，红苹果，绿黄瓜，吃得多，长得快。

《逛公园》：逛公园，宝宝笑，东看看，西瞧瞧，花儿香，鸟儿叫，小草绿，小树摇。

《小汽车》：小汽车，滴滴滴，开过来，开过去。小宝宝，当司机，送妈妈，上班去。

《小鹅毛》：小鹅毛，飘啊飘，飘上天，不见了。小鹅毛，飘啊飘，飘下地，睡着了。

《光脚丫》：小娃娃，光脚丫，扶着走，跪着爬，蹲一蹲，站一站，蹦蹦跳，快长大。

《炒萝卜》：炒萝卜，炒萝卜，切切切；包饺子，包饺子，捏捏捏；火车来了，呜呜呜，到站了！

《老大扛猎枪》：老大扛猎枪，老二去打狼，老三去炖肉，老四吃得香，老五最可怜，只能喝点汤。

《肯德基》：汉堡汉堡汉堡，薯条薯条薯条，鸡翅鸡翅鸡翅，可乐可乐可乐，砰，咕咚咕咚。

《五只小猴在床上跳》：五只小猴在床上跳，一只小猴磕到了头，妈妈给医生打电话，医生说，不能在床上跳。四只……

《五只小猴荡秋千》：五只小猴荡秋千，嘲笑鳄鱼被水淹，鳄鱼来了，鳄鱼来了，啊呜啊呜啊呜，吃掉它。四只……

读一读

[1] 徐小妮.0～3岁婴幼儿早期教养指导模式初探[D].上海：华东师范大学出版社，2006.

[2] 刘懿.0～3岁亲子园课程之解析[D].上海：华东师范大学出版社，2008.

[3] 徐若燕.0～3岁私立早教机构家长参与教育的现状研究[D].昆明：云南师范大学出版社，2014.

[4] 陈旭梅.0～3岁亲子园课程评价的研究[D].太原：山西大学出版社，2015.

[5] 胡荷花.0～3岁婴幼儿亲子教育的问题与对策[D].荆州：长江大学出版社，2016.

[6] 于真.0～3岁婴幼儿家庭教养需求分析及社区指导方案建构[D].上海：上海师范大学出版社，2016.

[7] 刘婷.0～3岁早期教育机构课程设置的个案研究[D].武汉：华中师范大学出版社，2017.

第六章

0~3岁婴幼儿亲子教育综合活动范例

第一节 7~9个月婴儿亲子教育综合活动范例

范例一 7~9个月婴儿亲子教育综合活动教案

一、走线环节

（一）活动名称

被动走线。（2~3分钟）

（二）活动准备

蒙氏线、宝宝情绪安定愉悦。

（三）活动目标

1. 训练背部肌肉力量。

2. 拓宽宝宝视野。

（四）活动过程

1. 组织引领。

请家长托抱着自己的宝宝，一手环抱宝宝腹部，一手托着宝宝的屁股，然后站在教师身后的蒙氏线上，"我们开始走线，我们要迈步缓慢，让宝宝看见前面的视野。"

2. 归位引导。

音乐声音渐渐变小了，请家长抱着自己的宝宝坐在教师对面的蒙氏线上。

3. 目的介绍和家庭活动延伸。

托抱式的被动走线可以训练宝宝的背部肌肉力量，回家以后家长可以利用家中的地板线带领宝宝继续练习走线。

二、唱名环节

（一）活动名称

欢迎你们。（5~7分钟）

（二）活动准备

唱名简谱（《小星星》）、宝宝对《小星星》歌曲旋律熟悉。

（三）活动目标

1. 在语言的引导下知道自己的姓名、性别、年龄。

2. 学习初步的社会交往技能。

3. 学习使用手势语和礼貌用语。

(四) 活动过程

1. 主班教师打招呼做自我介绍:"我叫小美老师,我今年20岁啦,我是一个聪明可爱的女孩子。"

2. 唱欢迎歌:"宝宝们请伸出双手给小美老师唱一首欢迎歌吧。小美老师欢迎你,我们大家欢迎你,小美老师欢迎你,我们大家欢迎你。"

致谢:"谢谢大家,小美老师真是一个有礼貌的好老师呀,现在请我们的配班老师做一下自我介绍吧。"

配班教师:"我叫××老师,我今年23岁啦,我是一个可爱漂亮的女孩子。"

主班教师:"现在我们伸出双手给××老师唱一首欢迎歌吧。××老师欢迎你,我们大家欢迎你,××老师欢迎你,我们大家欢迎你。"

配班教师致谢:"谢谢大家。"

主班教师:"××老师真是一个有礼貌的好老师。"

3. 宝宝自我介绍。

主班老师:"现在请老师左手边的第一个宝宝的家长代替自己的宝宝做一下自我介绍吧。"

家长代替宝宝自我介绍:"我叫帅帅,我现在8个月啦,我是一个帅气的男孩子。"

主班教师:"现在我们伸出双手给帅帅宝宝唱一首欢迎歌吧。帅帅宝宝欢迎你,我们大家欢迎你。帅帅宝宝欢迎你,我们大家欢迎你。"

帅帅家长:"谢谢大家。"

主班教师:"帅帅宝宝真是一个懂礼貌的男孩子。"

4. 目的介绍和家庭活动延伸。

"唱名可以使宝宝在语言的引导下知道自己的姓名、性别、年龄,帮助宝宝学会使用手势语和礼貌用语,培养宝宝的自我意识和社会交往能力。回家以后可以带着宝宝在亲戚的面前做自我介绍,以此培养他们的社会交往能力。"

三、综合认知环节

(一) 活动名称

取放小球。(10~15分钟)

(二) 活动目标

1. 能手眼协调将小球从瓶中取出并投放入瓶中。

2. 体验手眼协调投放小球游戏带来的快乐。

(三) 活动准备

彩色小球25~30个、广口瓶子5~6只。

(四) 活动过程

1. 教师讲解。

主班教师:"宝宝们,智慧时间到了,老师今天带来了一些小彩球和瓶子,现在看老师怎么把小彩球放到瓶子里,抓一只小彩球,投进瓶子里。再抓一只小彩球,再放进瓶子里。我找一位宝宝试试。"

2. 教师找一位宝宝投放小彩球。

3. 教师将投进瓶中的小彩球取出来。

主班教师:"现在小彩球宝宝要从瓶子里出来,我们把它们拿出来,看老师是怎么做的。"

教师取出来3个小彩球,然后找宝宝尝试取出彩球。

4. 宝宝取瓶子和小球自由操作,教师巡回指导。

5. 目的介绍和家庭活动延伸。

主班教师:"取放小球可以培养宝宝的手眼协调能力,让宝宝学会抓和放的动作,提高宝宝的专注力。回到家中,家长可以利用家里的积木等玩具,让宝宝联系抓放以及投放的动作,还可以将打开的矿泉水桶开一个洞洞,将水桶装饰成玩具娃娃的头部,洞洞就是娃娃的嘴巴,与宝宝在家玩喂娃娃的游戏,进一步增强宝宝的手眼协调能力。"

四、语言环节

(一) 活动名称

拉大锯。(5~7分钟)

(二) 活动目标

1. 提高语言听说理解能力及语言表达能力。

2. 提高听指令做动作能力。

3. 增强反应力和模仿力。

4. 提高小肌肉灵活性。

5. 增强亲子情感交流。

(三) 活动准备

童谣《拉大锯》、宝宝情绪安定愉快。

(四) 活动过程

1. 动作分解。

主班教师:"请家长和自己的宝宝面对面在蒙氏线上坐好,跟着老师一起做动作,牵着宝宝的小手拉,伸,拉,伸,转一圈,左一圈,右一圈,将自己的宝宝抱在怀里。"

2. 儿歌互动。

主班教师:"接下来我们一起随着童谣做动作,今天的童谣写在黑板上啦,请家长看向前面的黑板,预备起。拉大锯,扯大锯,姥姥门口唱大戏,接闺女,待女婿,小外孙子也要去。宝宝好开心呀,那我们再做一次吧。拉大锯,扯大锯,姥姥门口唱大戏,接闺女,待女婿,小外孙子也要去。宝宝好棒呀。"

3. 目的介绍和家庭活动延伸。

主班教师:"语言环节可以培养宝宝的听说理解能力及语言表达能力,训练宝宝小肌肉的灵活性,刺激宝宝的前庭平衡觉,增强亲子情感交流,回家以后家长可以找不同的童谣对宝宝进行训练。"

五、音乐环节

(一) 活动名称

小毛驴。(7~10分钟)

(二) 活动准备

儿歌《小毛驴》、沙锤。

(三) 活动目标

1. 增强音乐感知力和表现力。
2. 学会正确使用乐器并了解其名称。
3. 指导通过音乐可以抒发情感。
4. 提高反应力和身体协调性。

(四) 活动过程

1. 歌曲环节。

主班教师:"现在进入我们美妙的音乐王国啦。"

"老师先给大家讲一个小故事:我呀有一只可爱的小毛驴,但是我从来都不骑它,有一天我突然想到啦,我的家里还有一只小毛驴,于是我心血来潮骑着它去集市上赶集,我手里拿着个小皮鞭,心里美滋滋的正得意,不知怎么哗啦啦摔了一身的泥。"

"接下来我们跟随美妙的音乐旋律把这个小故事表演出来吧!"

教师带领宝宝随歌曲表演做动作。

2. 打击乐环节。

"宝宝们,看老师今天给你们带来了好玩的东西,摇摇摇,它还会发出沙沙沙的声音呢,它有一个好听的名字叫作沙锤。跟老师一起说沙锤,请宝宝们依次到前面来领取沙锤。我们的小沙锤还有不同的玩法。左摇摇,右摇摇,对对碰,拍拍肩膀,拍拍腿。接下来我们跟着刚才的音乐来和我们的沙锤做游戏吧。"

3. 目的介绍和家庭活动延伸。

主班教师:"音乐环节可以增强宝宝的音乐感知力和表现力,学会正确使用乐器并了解其名称,通过音乐抒发情感,提高反应力和身体协调性,回家以后家长可以带着宝宝听不同的歌曲来玩耍。"

六、大运动环节

(一) 活动名称

好玩的彩虹伞。(7~10分钟)

(二) 活动目标

1. 增强四肢力量、本体觉。
2. 增强自信心、胆量、坚持不懈意志品质。
3. 刺激前庭平衡觉、触觉。

(三) 活动准备

彩虹伞。

(四) 活动过程

1. 教师布置活动场地。
2. 设置游戏情景:钻山洞、采蘑菇。

主班教师:"请家长带着宝宝站在教室边缘,老师开始布置活动场地。"

配班教师组织好家长带着自己的宝宝站一竖排。

主班教师和配班教师两人将彩虹伞撑开成一个山洞形:"今天天气可真好呀,我们一群可爱的兔子宝宝去采蘑菇吧，不过要穿越老师面前的彩虹山洞。好，现在第一个宝宝开始穿过来，后面宝宝紧跟着，小兔子们依次来到老师这里山洞的终点，山洞变矮啦，（宝宝们四肢着地慢慢地爬过来）小兔子们真勇敢呀，每一个都穿过来了。现在请宝宝们站在彩虹伞边缘拿着彩虹伞的一角，我们来撑起一个大大的筐用来采蘑菇，哇！大家的筐编得又大又圆，我们来转一圈。天啊，大灰狼来啦，我们快躲在伞下。好了，现在大灰狼走了，我们可以出来啦。太阳下山了，我们把今天的劳动成果卷起来吧。卷卷卷，老师看谁卷得最快。"

3. 目的介绍和家庭活动延伸

主班教师："通过今天的游戏，我们训练了宝宝的四肢力量、本体觉，宝宝增强了自信心、胆量，培养了坚持不懈的意志品质，刺激了宝宝前庭平衡觉、触觉。回家以后，家长可以用一些被单模拟成今天的彩虹伞玩一些大运动游戏。"

范例二　7~9个月婴儿亲子教育综合活动教案

一、走线环节

（一）活动名称

走线。（2~3分钟）

（二）活动准备

音乐《安妮的仙境》、蒙氏线。

（三）活动目标

1. 舒缓情绪，更好地进入活动环境。

2. 训练背部肌肉力量。

3. 拓宽视野。

（四）活动过程

1. 组织引领。

主班教师："请家长托抱着自己的宝宝，一手环抱宝宝的腹部，一手托着宝宝的屁股，然后站在老师身后的蒙氏线上。我们开始走线，我们要迈步缓慢，让宝宝看见前面的视野。"

2. 归位引导。

主班教师："音乐声渐渐变小了，请家长抱着自己的宝宝坐在老师对面的蒙氏线上。"

3. 目的介绍和家庭活动延伸。

主班教师："托抱式的被动走线可以训练宝宝的背部肌肉力量，舒缓宝宝的情绪，让宝宝更好地进入活动环境。回家以后家长可以利用家中的地板线带领宝宝继续练习走线。"

二、相识礼仪环节

（一）活动名称：

唱名。（5~7分钟）

（二）活动准备

唱名简谱《两只老虎》、小球。

（三）活动目标

1. 帮助宝宝在语言的引导下知道自己的姓名、性别、年龄。

2. 培养宝宝的自我意识。

3. 培养宝宝的社会交往能力。
4. 帮助宝宝使用手势语和礼貌用语。

(四) 活动过程

1. 主班教师自我介绍。

主班教师:"我叫小李老师,我今年20岁啦,我是一个聪明可爱的女孩子,希望大家能够喜欢我。"

"宝宝们请伸出双手给小李老师唱一首欢迎歌吧。小李老师,小李老师,欢迎你,欢迎你,我们大家拍手,我们大家拍手,欢迎你,欢迎你。"

主班教师:"谢谢大家,小李老师真是一个有礼貌的好老师呀!我们班级还有一个老师,老师拿出望远镜来看一看。呀!现在请我们的老师做一下自我介绍吧。"

2. 配班教师自我介绍。

配班教师:"我叫美美老师,我今年23岁啦,我是一个可爱漂亮的女孩子。"

主班教师:"现在我们伸出双手给美美老师唱一首欢迎歌吧。美美老师,美美老师,欢迎你,欢迎你,我们大家拍手,我们大家拍手,欢迎你,欢迎你。"

配班教师:"谢谢大家。"

主班教师:"美美老师真是一个有礼貌的好老师。"

主班教师:"现在老师手中的球滚到哪个宝宝那里,哪个宝宝的家长代替自己的宝宝做一下自我介绍吧。"(请宝宝做自我介绍环节)

家长代替宝宝自我介绍:"我叫小明,我现在9个月啦,我是一个帅气的男孩子"。

主班教师:"现在我们伸出双手给小明宝宝唱一首欢迎歌吧。小明宝宝,小明宝宝,欢迎你,欢迎你,我们大家拍手,我们大家拍手,欢迎你,欢迎你。"

小明家长:"谢谢大家。"

主班教师:"小明宝宝真是一个懂礼貌的男孩子。"(依次介绍直到介绍完)

3. 目的介绍和家庭活动延伸。

主班教师:"唱名可以使宝宝在语言的引导下知道自己的姓名、性别、年龄,帮助宝宝学会使用手势语和礼貌用语,培养宝宝的自我意识,培养宝宝的社会交往能力。回家以后可以带着宝宝在亲戚的面前做自我介绍,以此培养他们的社会交往能力。"

三、综合认知和精细操作环节

(一) 活动名称

漂亮的项链。(10~15分钟)

(二) 活动准备

工作毯、小花、线。

(三) 活动目标

1. 训练宝宝学会粘的动作。
2. 培养宝宝的手眼协调能力。
3. 培养宝宝的手部肌肉力量。

(四) 活动过程

1. 主班教师示范操作。

主班教师:"智慧时间到啦,现在是老师的工作时间。"

取工作毯：单膝跪地，双手拿起毯子的二分之一处回到原处跪下。

铺工作毯：左手按住一边，右手铺开工作毯，双手抚平毯子上、中、下部。

取教具：用托盘呈上来，单膝跪地，双手拿着托盘回到原地放在工作毯上。

介绍工作："今天老师带来的工作是做项链。这些是各种各样的小花，这是线，我们来拿起一个，看一看这个小花上有双面胶。现在我们把这个漂亮的小花粘到这根线上，来做一条漂亮的项链。穿，我们再来拿一个小花还是同样的做法。哇！老师的项链好漂亮啊！老师要把它送给××。"

2. 目的介绍和家庭活动延伸

主班教师："粘项链可以训练宝宝粘的动作，眼手协调能力和手部的精细动作，回家以后家长可以让宝宝用家中的物件来练习，以此训练宝宝的手部精细动作。"

教师收教具："教具用完了，现在物归原处。"（双手端起送到教具架上，收工作毯，右手捏边，左手底端旋转90°，右手抬起，送回原处）

3. 宝宝自由操作。

主班教师："宝宝的工作时间到了，请家长依次到前面取工作毯，取完工作毯后依次取教具。"（宝宝的工作时间）

（配班教师在教具柜前辅助，主班教师帮忙整理工作毯，整理好后两位老师跪坐在两侧蒙氏短线上观察，发现有问题绕到宝宝的右后方跪坐指导）

主班教师："音乐声响起来啦，请家长依次将教具送到教具柜前，并将工作毯送到工作毯架前。"

主班教师："哇！宝宝们的项链都好漂亮啊，快送给你们喜欢的人吧！"

四、语言环节

（一）活动名称

小老鼠搬鸡蛋。（5~7分钟）

（二）活动目标

1. 培养宝宝的理解能力。
2. 增强宝宝的反应力和模仿力。
3. 增强亲子情感交流。

（三）活动准备

童谣《小老鼠搬鸡蛋》。

（四）活动过程

1. 动作分解。

主班教师："请家长将宝宝放在腿上像老师这样做（屈、伸）；再将宝宝抱起来，最后让宝宝坐在地上，双手扶住宝宝的腋下。"

2. 儿歌互动。

主班教师："接下来我们一起随着童谣做动作，今天的童谣写在黑板上啦，请家长看向前面的黑板，预备起。小老鼠，搬鸡蛋，鸡蛋太大怎么办？一只老鼠地上躺，紧紧抱住大鸡蛋，一只老鼠拉尾巴，拉呀拉呀拉回家。宝宝玩得好开心啊，我们再来一次。小老鼠，搬鸡蛋，鸡蛋太大怎么办？一只老鼠地上躺，紧紧抱住大鸡蛋，一只老鼠拉尾巴，拉呀拉呀拉回家。宝宝好棒呀。"

3. 目的介绍和家庭活动延伸。

主班教师:"语言环节可以培养宝宝的听说理解能力及语言表达能力,增强亲子情感交流,回家以后家长可以找不同的童谣对宝宝进行训练。"

五、音乐环节

(一) 活动名称

小星星。(7~10分钟)

(二) 活动目标

1. 增强音乐的感知力和表现力。
2. 学会正确地使用乐器并了解其名称。
3. 提高反应力和身体的协调性。

(三) 活动准备

沙锤、音乐《小星星》。

(四) 活动过程

1. 动作分解+歌曲互动。

主班教师:"宝宝,你们看见过星星吗?知道星星是什么样子的吗?"

主班教师:"哇!我们班级这么多宝宝见过小星星呀,今天老师带来的音乐是《小星星》。请宝宝像老师这样伸出手,我们一起抖抖我们的小手像小星星一样(一闪一闪亮晶晶);之后再把手摇一摇(满天都是小星星);伸出小手指数星星(挂在天上放光明);我们再把我们的小手像老师这样大拇指和食指放在一起(好像许多小眼睛)。哇!宝宝们做得都好漂亮啊!"

主班教师:"我们一起跟着音乐再来一次。"(播放音乐做舞蹈动作)

2. 乐器分解和乐器互动。

主班教师:"宝宝们,老师今天还带了一个新朋友,我们看一看它是谁?——原来是沙锤宝宝。我们一起和沙锤宝宝做游戏吧!晃、晃、晃,停!当老师说停我们就停下来。我们继续用沙锤拍拍我们的小肩膀,再拍拍我们的膝盖,最后拍拍我们的小脚丫。"

主班教师:"宝宝们,像老师这样做。一闪一闪亮晶晶(晃沙锤),满天都是小星星(拍肩膀),挂在天上放光明(拍膝盖),好像许多小眼睛。(拍拍小脚丫)。"

主班教师:"我们跟音乐来做一次。"

3. 目的介绍和家庭活动延伸。

音乐环节的目的是增强宝宝音乐的感知力和表现力,学会正确地使用乐器并了解其名称,提高反应力和身体协调性。回到家以后,家长可以用瓶子装一些沙子做一个简单的小沙锤,带领宝宝一起做游戏。

六、大运动环节

(一) 活动名称

小兔子采蘑菇。(7~10分钟)

(二) 活动目标

1. 提高身体的协调性。
2. 锻炼坚持不懈的意志品质。

3. 刺激前庭平衡觉和触觉。

（三）活动准备

彩虹伞、音乐《我的宝贝》。

（四）活动过程

1. 情景导入。

主班教师："宝宝坐下来，找个苹果坐下来。今天，老师给宝宝们带来了一个好朋友，原来是彩虹伞宝宝。今天我们的宝宝做小兔子，我们一起和彩虹伞宝宝做游戏。"

2. 开始游戏。

主班教师："我们的宝宝都是小兔子，彩虹伞宝宝都是小山洞，我们要爬过小山洞，山洞变高时我们要走着穿过山洞，山洞变矮时，我们就要爬过去。"

主班教师："我们要开始啦！山洞变高了，小兔子们快点穿过山洞。山洞变矮了，我们要爬过去。"

主班教师："我们已经顺利地穿过小山洞了，现在小兔子可以开心地玩耍了，宝宝和家长们，我们一起拉着彩虹伞，甩一甩。一会儿大灰狼来了宝宝们就要快速地钻进彩虹伞里面。"

主班教师："准备好了吗？宝宝们，我们要开始了，我们采蘑菇，甩一甩。大灰狼了，我们快钻进彩虹伞中，不要被大灰狼抓住哦！"

3. 收彩虹伞。

主班教师："宝宝们好棒啊！没有被大灰狼抓住，我们一起采蘑菇吧，宝宝们像老师这样，我们看一看哪只小兔子采的蘑菇最多。"

4. 目的介绍和家庭活动延伸。

主班教师："大运动环节的目的是增强宝宝的身体协调性，刺激宝宝前庭平衡觉和触觉，增强宝宝坚持不懈的意志品质。家长回到家后可以找被单、毛毯等和宝宝一起做大运动训练。"

范例三　7~9个月婴儿亲子教育综合活动教案

一、走线环节

（一）活动名称

被动走线。(2~3分钟)

（二）活动准备

蒙氏线、音乐《安妮的仙境》。

（三）活动目标

1. 拓宽视野。

2. 锻炼腿部力量，为站立做准备。

（四）活动过程

1. 组织引领。

主班教师："请家长站抱着宝宝，一手托住宝宝的胸腹部，一手托宝宝的足底，然后站在老师对面的蒙氏线上。我们开始走线，我们迈步要缓慢，让宝宝看到前面的视野。"

2. 归位引导。

主班教师:"音乐声渐渐小了,请家长抱着自己的宝宝坐到老师对面的蒙氏线上。"

3. 目的介绍和家庭活动延伸。

主班教师:"站抱式走线可以训练宝宝的腿部力量,为站立做准备,还可以拓宽宝宝的视野,请家长利用家中的地板线让宝宝进行走线练习。"

二、相识礼仪环节

(一) 活动名称

唱名。(5~7分钟)

(二) 活动准备

唱名简谱《两只老虎》。

(三) 活动目标

1. 在语言的引导下,知道自己的姓名。
2. 学习手势语"你好""谢谢"。
3. 在人群面前情绪安定。

(四) 活动过程

1. 教师唱名。

主班教师打招呼做自我介绍:"我叫明明老师,我今年21岁了,我是一个美丽可爱的女孩子。"

唱欢迎歌:"宝宝请伸出我们的双手给明明老师唱欢迎歌吧。明明老师,明明老师,欢迎你,欢迎你,我们大家欢迎你,我们大家欢迎你。"

致谢:"谢谢大家,明明老师真是一个懂礼貌的好老师。现在请我的配班老师做一下自我介绍吧。"

配班教师打招呼做自我介绍:"我叫婷婷老师,我今年20岁了,我是一个可爱美丽的女孩子。"

主班教师:"现在伸出我们的双手给婷婷老师唱欢迎歌吧。婷婷老师,婷婷老师,欢迎你,欢迎你,我们大家欢迎你,我们大家欢迎你。"

配班教师致谢:"谢谢大家。"

主班教师:"婷婷老师真是一个有礼貌的好老师。"

2. 宝宝唱名。

主班老师:"现在请老师左手边的第一个宝宝的家长代替宝宝做下自我介绍。"

家长代替宝宝做自我介绍:"我叫硕硕,我现在8个月,我是一个可爱的女孩子。"

主班老师:"现在请伸出我们的双手,为硕硕宝宝唱欢迎歌吧。硕硕宝宝,硕硕宝宝,欢迎你,欢迎你,我们大家欢迎你,我们大家欢迎你。"

硕硕家长:"谢谢大家。"

主班教师:"硕硕宝宝真是一个懂礼貌的好宝宝。"

3. 活动目的和家庭活动延伸。

主班教师:"唱名可以帮助宝宝在语言的引导下,说出自己的姓名、性别及年龄,可以帮助宝宝学习手势语和礼貌用语,培养宝宝的自我意识,增强宝宝的自信心、爱心和胆量,培养宝宝社会交往能力。回家之后可以带着自己的宝宝在亲戚朋友面前做自我介绍来培养宝宝的社会交往能力。"

三、综合认知环节

（一）活动名称

好吃的水果。（10~15分钟）

（二）活动目标

1. 初步认识几种水果的图片、名称。

2. 感知不同水果的质地，以及榨成果汁的味道。

（三）活动准备

苹果（黄元帅）、香蕉、凤梨、山竹四种水果及对应的图片大卡。

（四）活动过程

1. 教师指认水果并讲解。

主班教师："宝宝们，智慧时间到了，今天老师给大家带来了好吃的水果，我们来看看它们都是谁。这是苹果，苹果黄黄的，圆圆的，请宝宝们摸一下。这是香蕉，香蕉黄黄的，弯弯的，请你们摸一摸。这是凤梨，凤梨扎扎的，椭圆形，宝宝摸的时候请家长扶住宝宝的小手，以免扎到宝宝。这是山竹，山竹滑滑的，圆圆的，请宝宝们摸一下。"

"老师还带来了水果大卡，看看这是什么水果？对，这是苹果，我们把它跟苹果放在一起……"不同的水果大卡对应不同的水果。

2. 发放水果及大卡，家长引导宝宝感知。

3. 品尝果汁。

主班教师："下面是我们的水果宝宝变身果汁的时间，请宝宝们把手里的水果给老师送过来，老师给大家做好果汁，我们一起品尝。"

老师带领宝宝品尝果汁，并告知宝宝不同果汁的味道。品尝果汁的时候请家长注意不要让宝宝呛到。

4. 目的介绍和家庭活动延伸。

主班教师：本次活动让宝宝认识常见的几种水果，并且通过眼看、手摸、嘴尝的方式感知不同水果的质地、味道。进一步提高宝宝的认知能力。回到家中，家长可以带领宝宝一起做水果拼盘、榨果汁，进一步巩固对水果的认知，并且让宝宝体会参与活动的乐趣。

四、语言环节

（一）活动名称

雪馒头。（5~7分钟）

（二）活动准备

童谣（《雪馒头》）。

（三）活动目标

1. 提高语言的理解能力。

2. 刺激前庭平衡觉。

3. 增强亲子情感交流。

（四）活动过程

请家长带着宝宝坐到老师对面的蒙氏线上，我们来进行膝上童谣活动。首先，请家长双腿伸平，把宝宝放在膝盖上，我们先来动作分解。双腿屈——伸——屈——伸，然后把宝宝放在地上。我们跟着童谣来一遍,团呀团,团雪球,我用雪球做馒头。雪馒头,圆又圆,送给雪人尝一口。"

目的介绍和家庭活动延伸:膝上童谣可以培养宝宝的听说理解能力及语言表达能力,刺激宝宝的前庭平衡觉,增强亲子情感交流,回到家以后家长可以带着宝宝一起练习,增进亲子间的情感。

五、音乐环节

(一)活动名称

包饺子。(7~10分钟)

(二)活动准备

音乐《宝贝宝贝》、腕铃。

(三)活动目标

1. 学习使用乐器,并了解乐器名称。
2. 提高反应力和身体的协调性。

(四)活动过程

1. 请宝贝坐好。
2. 导入。

宝宝们知道老虎是什么样的吗,它有两只大大的爪子,小白兔有两只长长的耳朵,小鸭子走路一摇一摆的。(动作分解)

现在我们跟着音乐来一遍。

乐器环节:宝宝看老师手上的是什么,这是腕铃。我们可以在腿上拍一拍,双手在右边晃一晃,左边晃一晃,双手拍一拍。跟着音乐来一遍。

3. 目的介绍和家庭活动延伸。

主班教师:"通过这个儿歌培养宝宝正确使用乐器,并了解乐器名称,提高反应力和身体的协调性。"

六、大运动环节

(一)活动名称

包饺子。(7~10分钟)

(二)活动准备

彩虹伞。

(三)活动目标

刺激前庭平衡觉和触觉,增强四肢力量和本体觉。

(四)活动过程

1. 情景导入——包饺子。

让宝宝坐在彩虹伞下面,老师和家长一起拉住彩虹伞的边缘,然后上下抖动,一边抖动一边念童谣:"卷呀卷呀卷白菜,剥呀剥呀剥白菜,装呀装呀装饺子馅,捏呀捏呀捏饺子皮,盖呀盖呀盖锅盖。"最后把宝宝包住。

2. 目的介绍和家庭活动延伸。

主班教师:"彩虹伞的游戏可以刺激前庭平衡觉和触觉,增强四肢力量和本体觉。家长回家以后可以用家里的床单被罩代替来进行这个游戏。"

第二节　10～12 个月婴儿亲子教育综合活动范例

范例一　10～12 个月婴儿亲子教育综合活动教案

一、走线环节

（一）活动名称

走线活动。（2～3 分钟）

（二）活动准备

仿真娃娃、舒缓的音乐。

（三）活动目标

1. 通过走线活动，学习正确的走路姿势。
2. 舒缓情绪，更好地进入活动环境。

（四）活动过程

1. 家长与宝宝坐好。

主班教师："请家长辅助宝宝坐到老师前方的蒙氏线上。"

2. 让宝宝熟悉蒙氏线、熟悉游戏环境。

主班教师："小宝宝们，伸出你们的双手，像老师一样拍拍你们的小手。小手小手拍拍，我的小手拍一拍。小手小手拍拍，我的小手拍一拍。现在宝宝们伸出小手摸一摸你们前面的线，它叫蒙氏线。"

3. 指导家长带领宝宝走线。

主班教师："现在请家长辅助宝宝站在老师身后的蒙氏线上，让宝宝正向面对家长，宝宝的小脚站在家长的大脚上面，家长倒退着走。"

第二圈增加难度。主班教师："宝宝们伸手去抓住爸爸妈妈的大手，让爸爸妈妈带领你们走线吧！我们再来一圈。"

4. 目的介绍和家庭活动延伸。

主班教师在剩余半圈的时候加快步伐走到蒙氏垫前方，"音乐声逐渐小了，现在请宝宝坐在老师对面的小苹果上。"主班教师坐下后说："走线，可以很好地培养宝宝的走姿，养成正确的走路习惯。回家之后家长可以陪宝宝在地板线上练习走线。"

二、相识礼仪环节

（一）活动名称

唱名环节。（5～7 分钟）

（二）活动目标

1. 学习礼貌用语。
2. 在教师引导下，尝试说出自己的姓名、性别以及年龄。

（三）活动过程

1. 教师自我介绍。

主班教师："宝宝们，我是鑫鑫老师，我是个 20 岁可爱的女孩子。现在宝宝伸出手为老师唱欢迎歌吧。"待宝宝唱完之后,主班教师说:"谢谢大家,我真是一个有礼貌的好老师。现在,请配班老师为大家做一下自我介绍吧!"待配班老师介绍完,引导配班老师谢谢大家夸奖配班老师。

2. 请家长协助进行自我宝宝介绍。

主班教师:"现在请红衣服的宝宝上老师前面来介绍一下自己吧。"待自我介绍完后,引导宝宝谢谢大家,并夸他真是一个懂礼貌的好宝宝。然后依次叫其余宝宝。

3. 目的介绍和家庭活动延伸。

主班教师:"1岁的宝宝会说重叠词,并且知道自己的名字,唱名环节可以帮助宝宝在语言的引导下,用重叠词的方式说出自己的小名,在家长的引导下,初步认识自己的性别和年龄,同时还可以增强宝宝的自信心,锻炼宝宝的胆量。回到家中,家长可以引导宝宝在家人面前介绍自己,并且通过绘本让宝宝认识男孩和女孩。"

三、综合认知环节

(一) 活动名称

好玩的吸管。(10~15分钟)

(二) 活动目标

1. 在家长帮助下练习穿的动作。
2. 提高手眼协调能力。

(三) 活动过程

1. 教师示范操作。

主班老师:"智慧时间到啦,现在是老师的工作时间。"

取工作毯:单膝跪地,双手拿起毯子的二分之一处回到原处跪下。

铺工作毯:左手按住一边,右手铺开工作毯,双手抚平毯子上、中、下部。

取教具:用托盘呈上来,单膝跪地,双手拿着托盘回到原地放在工作毯上。

介绍工作:"今天老师带来的工作是穿吸管。这些是吸管,这是木棍儿,我们来拿起一个看一看。这个吸管上有小孔,现在我们把这个漂亮的吸管穿到这根木棍儿上,把这根木棍装扮得漂亮一点。穿,我们再来穿一个吸管,还是同样的做法。"

2. 目的介绍和家庭活动延伸。

主班教师:"穿吸管可以训练宝宝穿的动作、眼手协调能力和手部的精细动作,回家以后家长可以让宝宝用线穿一些类似珠子、吸管等带孔的物件,以此训练宝宝的手部精细动作。"

教师收教具:"教具用完了,现在物归原处"(双手端起送到教具架上,收工作毯,右手捏边,左手底端旋转90°,右手抬起,送回原处)

3. 宝宝自由操作

主班教师:"宝宝的工作时间到了,请家长依次到前面取工作毯,取完工作毯后依次取教具。"

(配班教师在教具柜前辅助,主班教师帮忙整理工作毯。整理好后,两位教师跪坐在两侧蒙氏短线上观察,发现有问题绕到宝宝的右后方跪坐指导)

宝宝收教具:"音乐声响起来啦,请宝宝依次将教具送到教具柜前,并将工作毯送到工作毯架前。"

四、语言环节

（一）活动名称

膝上童谣。（5~7分钟）

（二）活动准备

仿真娃娃。

（三）活动目标

1. 通过语言活动，提高语言听说理解能力。

2. 喜欢膝上童谣活动，感受亲子游戏的乐趣。

（四）活动过程

1. 家长与宝宝坐好。

主班教师："请家长将宝宝面对自己放在自己的腿上。"

2. 动作分解。

主班教师："家长们看一下，我们今天学的动作主要有三个，分别是屈、伸、坐下。现在家长跟老师来试一下吧。"

3. 带领家长一起跟随童谣做动作

此环节做两次。

4. 目的介绍和家庭活动延伸。

主班教师："语言活动的训练可以培养宝宝的理解能力和语言表达能力，训练宝宝的小肌肉动作，刺激宝宝的前庭平衡觉，还可以增进宝宝与家长的亲子情感。回家之后，家长可以随意找时间陪宝宝玩该游戏。"

五、音乐环节

（一）活动名称

小花猫。（7~10分钟）

（二）活动准备

儿歌、沙锤。

（三）活动目标

1. 通过音乐活动，提高对音乐的感知力和表现力。

2. 增强身体的反应力和协调性。

（四）活动过程

1. 动作分解、歌曲互动。

主班教师："宝宝们看一看这是什么小动物呀？（教师将手在脸旁比画，比作小猫的样子），对，就是小花猫。"然后教师一边做动作，一边念出歌词。

2. 引导宝宝与教师一起做动作。

主班教师完整示范之后，带着宝宝一起边说边做一遍。

3. 乐器使用。

将儿歌的节奏点部分换成摇沙锤。"宝宝们像老师一样，跟着儿歌，来敲击地面吧。"

4. 目的介绍和家庭活动延伸。

主班教师："音乐活动可以增强宝宝的音乐感知力和表现力；学会正确使用乐器，并了解其名称；通过音乐能够抒发情感并且可以提高身体的反应力和协调性。回家之后家长可以在背景音乐下，带领宝宝做拍手、拍腿等发出声音的动作，训练宝宝对音乐的感知。"

六、大运动环节

（一）活动名称

好玩的彩虹伞。（7~10 分钟）

（二）活动准备

彩虹伞。

（三）活动目标

1. 喜欢彩虹伞游戏活动。
2. 练习站起、蹲下的动作。
3. 训练反应能力。

（四）活动过程

1. 讲故事介绍规则。

主班教师："今天宝宝们都变身啦！变成一个个小动物。当老师和爸爸妈妈们把彩虹伞举得高高的时候，宝宝就变成高高的巨人，站起来去碰彩虹伞；当彩虹伞变得稍微低一点了，宝宝们就变成一个小矮人，蹲下去；最后当彩虹伞最低最低的时候，宝宝们就要躺下来。"

2. 开始游戏。

指导家长辅助老师撑起彩虹伞，完成游戏。

3. 目的介绍和家庭活动延伸。

主班教师："彩虹伞的活动可以很好地培养宝宝的大肌肉发展，训练宝宝站起、蹲下和趴下的动作和宝宝的反应能力。回家之后家长可以利用床单代替彩虹伞，陪宝宝玩类似游戏。"

范例二 10~12 个月婴儿亲子教育综合活动教案

一、走线环节

（一）活动名称

走线。（3~5 分钟）

（二）活动准备

音乐《雪之梦》。

（三）活动目标

1. 舒缓宝宝情绪，让宝宝更好进入环境中来。
2. 培养宝宝正确走路的姿势，训练宝宝四肢力量及身体协调性。
3. 增加亲子交流的感情。

（四）活动过程

1. 开始部分。

主班教师："宝宝们，伸出你们的小手，和老师一起来动动手指头吧。小手小手拍拍拍，我的小手伸出来。小手小手拍拍拍，我们的宝宝最可爱。"

2. 基本部分。

主班教师："好啦，现在宝宝们的面前有一条线，它呀叫蒙氏线，让我们伸出小手摸一摸它，让我们伸出我们的小脚踏一踏。现在请家长协助宝宝们站在老师身后的蒙氏线上，我们开始走线。音乐声开始了，然后我们把手臂平举。"

3. 结束部分

主班教师："现在我们还可以换一个动作，再换一个动作，走半圈，现在音乐声渐渐变小了，家长们和宝宝们回到原来的位置上坐好。"

4. 目的介绍和家庭活动延伸。

主班教师："走线可以培养宝宝四肢力量以及身体的协调能力，更能舒缓宝宝的情绪。回到家后，宝宝和爸爸妈妈一起沿着家里的地板走线。"

二、唱名环节

（一）活动名称

唱名。（3~5分钟）

（二）活动准备

欢迎歌。

（三）活动目标

1. 宝宝知道在教师指导下，说出自己的年龄和性别。
2. 学习手势语和使用礼貌用语。
3. 增强自信心、爱心和胆量，提高社会交往能力。

（四）活动过程

1. 开始部分。

主班教师："宝宝们好，我是你们的彩虹老师，今年我20岁啦，我是一个可爱的女孩子。下面宝宝们和老师一起唱欢迎歌，欢迎一下彩虹老师吧。彩虹老师欢迎你，我们欢迎你。谢谢宝宝们，真有礼貌。"

2. 基本部分

主班教师："下面从老师左边的宝宝开始介绍一下自己吧。"

家长代替宝宝自我介绍："大家好，我是××宝宝，我今年×岁了。我是一个可爱的女孩子。"

主班教师："下面让我们大家一起欢迎一下××宝宝吧。××宝宝欢迎你，我们欢迎你。谢谢，宝宝们真有礼貌。"

3. 目的介绍和家庭活动延伸。

主班教师："唱名环节可以培养宝宝的自信心、爱心以及胆量，还可以让宝宝顺利说出自己的性别和年龄。回到家后，宝宝与家人一起练习，让宝宝更加有礼貌。"

三、精细动作操作环节

（一）活动名称

熊宝吃点心。（10~15分钟）

（二）活动准备

勺子、一个小碗、两个熊宝宝。

（三）活动目标

1. 了解如何三指用勺子，初步了解舀的基本动作。
2. 学习舀的动作。

3. 体验到成功的乐趣。

(四) 活动过程

1. 开始部分。

用故事法进行导入,激发宝宝活动兴趣。

主班教师:"现在智慧时间到了,宝宝们要学习新本领啦。"

取工作毯,铺工作毯,打开抚平三下,取教具,放教具。

主班教师:"今天我给大家带来的工作是熊宝宝吃点心,这是盛满点心的碗,这是勺子,这是两个熊宝宝。"

主班教师:"宝宝们,熊妈妈今天要出门买菜了,可是熊宝宝自己在家肚子饿得咕咕叫。现在宝宝面前有一个小碗,碗中有好吃的小点心,那么宝宝们拿起勺子喂我们的熊宝宝吃点心好不好呀?"

2. 基本部分。

主班教师:"宝宝们,现在老师先给大家示范一下,如何用勺子喂熊宝宝吃点心吧。首先,让我们用三指拿起勺子,我们把勺子放到我们的小手中,然后对准碗中的点心,舀、倒,舀、倒。现在,舀起我们的小点心。宝宝们看,小熊的嘴巴在哪里呀?对啦,小嘴巴在这呢。把点心放入小熊的嘴里面。好啦,我们再喂熊宝宝吃一个点心,舀、倒。好啦,熊宝宝吃饱啦。现在让我们换一只手再喂另一个熊宝宝吃点心,舀、倒,舀、倒。好啦,熊宝宝吃得可开心啦。"

"现在老师的工作做完了,工作毯哪里拿的送回到哪里去,现在我去送教具。"

主班教师跪坐于教具柜前,"现在是宝宝的工作时间,请宝宝依次到工作毯架前取工作毯,取完工作毯的宝宝到教具架前取教具进行自由操作。"

3. 结束部分。

(配班教师发教具) 主、配班老师跪坐于蒙氏线的短边,两人观察宝宝操作,并分别进行个别指导。示意配班教师放音乐,主班教师到教具柜前:"收教具的音乐响起来了,请家长辅助宝宝将教具送回到教具柜前,收完教具的家长将工作毯放回工作架,并引导礼貌用语说'谢谢'。"

4. 目的介绍和家庭活动延伸。

主班教师:"熊宝宝吃点心可以锻炼宝宝的手指灵活能力,以及宝宝的手眼协调能力。回到家后,宝宝可以和爸爸妈妈一起用勺子练习吃点心。"

四、语言环节

(一) 活动名称

好听的膝上童谣。(5~7分钟)

(二) 活动准备

膝上童谣《小白兔,白又白》,写在黑板上。

(三) 活动目标

1. 提高听说理解力。
2. 能听指令做动作。
3. 刺激前庭平衡觉。
4. 增强亲子之间情感交流。

(四) 活动过程

1. 开始部分。

主班教师:"现在请家长和宝宝坐在老师对面的蒙氏线上,家长把宝宝放到自己的膝盖上,我们要做屈伸动作啦,屈——伸(做三遍屈伸动作)。"

2. 基本部分。

主班教师:"今天我们要学习一首好听的小童谣《小白兔,白又白》,老师已经把童谣写在了我身后的黑板上,家长可以看黑板和老师一起来边做屈伸动作边唱童谣:小白兔,白又白,两只耳朵竖起来,爱吃萝卜爱吃菜,蹦蹦跳跳真可爱。小白兔,白又白,两只耳朵竖起来,爱吃萝卜爱吃菜,蹦蹦跳跳真可爱。哇!老师看宝宝们笑得可真开心啊,让我们再来做一遍吧。小白兔,白又白,两只耳朵竖起来,爱吃萝卜爱吃菜,蹦蹦跳跳真可爱。小白兔,白又白,两只耳朵竖起来,爱吃萝卜爱吃菜,蹦蹦跳跳真可爱。"

3. 目的介绍和家庭活动延伸。

主班教师:"现在家长可以把宝宝放下来了。膝上童谣可以刺激宝宝的前庭平衡觉,同时也可以增强亲子之间的情感交流。回到家以后,家长可以换一首新的童谣来和宝宝一起做膝上童谣的活动。"

五、音乐环节

(一) 活动名称

好听的音乐。(7~10分钟)

(二) 活动准备

摇铃、音乐。

(三) 活动目标

1. 增强音乐感及表现力,提高身体的反应能力和协调性。

2. 了解不同的曲式风格,学会正确地使用乐器,并了解乐器名称。

3. 初步了解可以通过音乐抒发情感。

(四) 活动过程

1. 开始部分。

主班教师:"请家长和宝宝坐在老师对面的蒙氏线上。宝宝们,故事时间到了,让我们一起来听好听的故事吧。让我们一起竖起我们的小耳朵,仔细听一听老师给大家带来了什么故事吧。从前有一个可爱的小星星,它就在夜空中,大眼睛对着我们一眨一眨的,冲我们笑呢!现在宝宝们和老师一起来做分解动作吧。宝宝们的小手摆动得可真整齐,让我们跟着音乐来做一遍吧。宝宝们做得真是太棒了!今天我们的星星宝宝给大家带来了一个小乐器,说要和我们宝宝一起做游戏呢。"

2. 基本部分。

主班教师:拿出摇铃,"宝宝们看,这就是小摇铃,两个小摇铃碰在一起就可以发出哗啦哗啦的声音。现在宝宝们到老师这里来取小摇铃吧,每个宝宝拿2个,我们把两个小摇铃晃动起来,听听它们的声音。哇!真的很好听啊。哗啦哗啦的声音好像微风在唱歌呢!现在我们一起跟着音乐来晃一晃吧。"

3. 结束部分。

主班教师:"一闪一闪亮晶晶,满天都是小星星,挂在天空放光明,好像千万只小眼睛。音乐声渐渐停了宝宝们把摇铃送还给老师吧,老师要把它们还给小星星啦。"

4. 目的介绍和家庭活动延伸。

主班教师:"通过使用乐器可以增强宝宝对音乐的感知力和表现力,提高宝宝身体的反应力和协调性,同时通过音乐来抒发情感。回到家以后,爸爸妈妈们可以用家里的小木棍绑上小铃铛做成摇铃。"

六、大运动环节

(一) 活动名称

好玩的彩虹伞。(7~10分钟)

(二) 活动准备

彩虹伞、爆米花道具。

(三) 活动目标

1. 提高身体的协调性。
2. 刺激前庭平衡觉和触觉。
3. 增强自信心、胆量、坚持不懈的意志品质。

(四) 活动过程

1. 开始部分。

主班教师:"宝宝们和家长们在蒙氏线上坐好,看看老师今天给宝宝们带来了什么好玩的物品。"

2. 基本部分。

主班教师:"宝宝们,今天老师给大家带来了一个好玩的游戏,大家看,这是什么呢?哇!原来是彩虹伞呀,现在请我们的家长和宝宝一起抓住彩虹伞的边缘,拿起彩虹伞。"

"宝宝们有没有见过爆米花呢?宝宝们知不知道爆米花是怎么变熟的呢?现在就让我们一起崩爆米花吧!首先,我们先开小火,慢慢慢慢的(轻轻抖起彩虹伞),家长和宝宝们一起来抖一抖彩虹伞,拉低彩虹伞再抬高彩虹伞。好,现在我们开大火啦!(快速抖动彩虹伞),好啦,现在我们盖锅盖(家长和宝宝们一起走到中间,将彩虹伞扣上),数数,一二三,好啦开锅盖。"

3. 结束部分。

主班教师:"现在,爆米花崩好啦,宝宝们一起尝一尝吧。好啦,现在我们卷花卷啦(家长宝宝一起,将彩虹伞向中间卷去)。卷呀卷,卷花卷,卷了一个大花卷,一二三,三二一,花卷花卷卷好啦,嗷嗷嗷,吃掉它!哇,宝宝们都好棒,我们一起来给自己鼓鼓掌。"

4. 目的介绍和家庭活动延伸。

主班教师:"通过大运动可以刺激宝宝的前庭平衡觉和触觉,提高宝宝身体的协调性,同时增强宝宝自信心、胆量、坚持不懈的意志品质。回到家,家长可以和宝宝们一起用床单等做类似的有趣游戏。"

七、再见环节

(一) 活动名称

再见。(5~7分钟)

(二) 活动过程

主班教师:"宝宝们,我们的游戏环节已经结束啦,该到了我们说再见的时间啦。宝宝们回到家可以和爸爸妈妈一起做我们做过的游戏哦，宝宝们，我们下次再见！"

范例三　10~12个月婴儿亲子教育综合活动教案

一、走线环节

（一）活动名称

小脚踩大脚。（2~3分钟）

（二）活动准备

蒙氏线、音乐《安妮的仙境》。

（三）活动目标

1. 可以扩展宝宝视野。

2. 锻炼宝宝身体的协调性及脚部肌肉力量。

（四）活动过程

1. 组织引领。

主班教师："请家长带领宝宝站在老师身后的蒙氏线上，并辅助宝宝踩在自己的脚上，我们开始走线，我们要迈步清晰缓慢，让宝宝看见前面的视野。"

2. 归位引导。

主班教师："音乐的声音渐渐小了，请家长抱着自己的宝宝坐在老师对面的蒙氏线上。"

3. 目的介绍和家庭活动延伸。

主班教师："小脚踩大脚可以锻炼宝宝身体的协调性及脚部肌肉的力量，回到家之后家长可以带领宝宝沿地板线练习走线。"

二、相识礼仪环节

（一）活动名称

唱名。（5~7分钟）

（二）活动准备

唱名简谱《新年好》。

（三）活动目标

1. 在语言的引导下知道自己的姓名、性别及年龄。

2. 学习使用手势语和礼貌用语。

（四）活动过程

1. 教师打招呼做自我介绍。

主班教师："我是凤凤老师，我今年20岁啦，我是一个聪明可爱的女孩子。"

唱欢迎歌："请宝宝们伸出小手为凤凤老师唱一首欢迎歌吧。凤凤老师，凤凤老师，我们拍手欢迎你，凤凤老师，凤凤老师，我们拍手欢迎你。"

致谢："谢谢大家，凤凤老师真是一个懂礼貌的好老师。现在请我们的配班老师在做一下自我介绍吧。"

配班老师："我是××老师，我今年20岁啦，我是一个聪明可爱的女孩子。"

主班老师："现在我们一起伸出小手来为××老师唱欢迎歌吧。××老师，××老师，我们拍手欢迎你，××老师，××老师，我们拍手欢迎你。"

配班老师致谢："谢谢大家。"

主班老师:"××老师真有礼貌。"

2. 宝宝自我介绍。

主班教师:"现在请老师左手边的第一个宝宝来做一下自我介绍吧。"

宝宝家长:"大家好,我叫明明,我今年一岁啦,我是一个活泼爱动的男孩子。"

主班老师:"现在我们大家一起伸出小手来为明明唱欢迎歌吧。明明宝宝,明明宝宝,我们拍手欢迎你,明明宝宝,明明宝宝,我们拍手欢迎你。"

3. 目的介绍和家庭活动延伸。

主班教师:"唱名是为了帮助宝宝在语言的引导下正确地说出自己的姓名、性别及年龄;回到家之后,家长可以带领宝宝在亲戚面前进行自我介绍。"

三、精细动作操作环节

(一)活动名称

抓珠子。(10~15分钟)

(二)活动准备

工作毯、一个空碗、一个装满珠子的碗、托盘。

(三)活动目标

1. 可以训练宝宝的手部精细动作。

2. 锻炼宝宝的手眼协调能力。

(四)活动过程

1. 教师示范。

主班教师:"宝宝们,我们要学习新本领了。"

主班教师去取工作毯,铺工作毯,取教具。"今天我带来的工作是抓珠子。"

展示教具,将空碗放在工作毯的左面,装满珠子的碗放在右面,伸出右手示范抓、放的动作,展示空碗。"现在老师还可以换一只手试试。"抓、放,展示空碗。"老师的工作做完了,工作毯从哪里拿的送回哪里去。"

收教具:"教具用完了,现在物归原处。"双手端起送到教具柜上,收工作毯,右手捏边,左手底端旋转90°,右手抬起,送回原处。

2. 宝宝操作。

主班老师:"宝宝的工作时间到了,请宝宝依次到前面取工作毯,取完工作毯的宝宝依次到教具柜前取教具。"(配班教师在教具柜前辅助,主班教师帮忙整理工作毯,整理好后两位教师跪坐在两侧蒙氏线上观察,发现有问题,绕到宝宝的后方跪坐指导)

宝宝收教具:"音乐声响起来啦,请宝宝依次到教具架前,并将工作毯送回到工作架前。"

3. 目的介绍和家庭延伸。

主班教师:"抓珠子可以训练宝宝的手部精细动作,也可以锻炼宝宝的手眼协调能力,回家后家长可以找类似的东西和宝宝继续训练。"

四、语言环节

(一)活动名称

膝上童谣。(5~7分钟)

（二）活动准备

童谣《小老鼠》。

（三）活动目标

1. 培养宝宝听说理解能力。

2. 训练宝宝听指令做动作的能力。

3. 增强宝宝的模仿力和反应能力。

4. 训练宝宝小肌肉的灵活性。

5. 刺激宝宝的前庭平衡觉。

6. 增强亲子情感交流。

（四）活动过程

主班教师："这是一个做着玩的游戏，请家长和宝宝坐在老师对面的蒙氏线上，将宝宝抱到自己的膝盖上面对面坐着，动作要轻柔，并用表情与宝宝交流，说童谣时吐字要清晰，便于宝宝听清楚。"

1. 动作分解

主班教师："下面我们先来做几个动作，屈——伸——屈——伸，坐。"

2. 儿歌互动（完整示范两遍）

主班教师："今天我们要学习的童谣已经写在黑板上了，请家长看向前面的黑板，我们一起来跟随童谣做动作。小老鼠，上灯台，偷油吃，下不来，喵喵喵，猫来了，叽里咕噜滚下来。"（双手抱住宝宝的腋下，重复做单一形式的屈膝和伸腿动作）

3. 目的介绍和家庭活动延伸。

主班教师："单一形式的膝上童谣能训练宝宝的听说理解能力以及语言表达能力，增强宝宝的模仿力和反应能力，刺激宝宝的前庭平衡觉，增强亲子间的情感交流。回家后，家长可以带领宝宝玩一玩其他形式的膝上童谣，训练宝宝的小肌肉灵活性。"

五、音乐环节

（一）活动名称

捏拢放开。（7~10分钟）

（二）活动准备

儿歌《捏拢放开》。

（三）活动目标

1. 增强音乐的感知力和表现力。

2. 了解不同的曲式风格。

（四）活动过程

1. 歌曲环节。

主班教师："宝宝们，我们的音乐时间到啦！现在伸出我们的小手跟着老师一起做动作，捏拢放开，捏拢放开，小手拍一拍，再把小手放在我们的小腿上，再放在我们的小肩膀上，我们的小手指在脸上爬一爬，小手再举过头顶。"

"下面我们一起跟着美妙的音乐来一遍吧。"

主班教师带领宝宝跟随音乐做动作。

2. 打击乐环节。

主班教师:"今天老师给宝宝们请来了两位好朋友,我们一起来看看是谁吧。当当当当,这个好朋友有一个好听的名字叫作沙锤,我们一起来晃一晃,它会发出沙沙的响声,所以我们叫它沙锤,我们一起拿起沙锤左晃晃,右晃晃,再碰一碰,再举过头顶。下面,我们一起跟着音乐来玩一玩沙锤吧!"用沙锤跟随音乐做动作。

3. 目的介绍和家庭活动延伸。

主班教师:"音乐环节可以增强宝宝的音乐感知力和表现力,学会正确使用乐器并了解其名称,通过音乐来抒发情感,提高宝宝的反应力和身体协调性。回家以后家长可以带领宝宝听不同风格的歌曲一起来玩耍。"

六、大运动环节

(一)活动名称

好玩的彩虹伞。(7~10分钟)

(二)活动准备

彩虹伞。

(三)活动目标

1. 增强身体的协调性。
2. 刺激宝宝的前庭平衡觉。
3. 增强四肢力量和本体觉。
4. 增强自信心和胆量。
5. 培养宝宝坚强不懈的意志品质。

(四)活动过程

1. 主班教师:"宝宝们看这个五颜六色的大伞,是不是很好看啊?它还有一个好听的名字叫作彩虹伞。接下来我们一起跟彩虹伞宝宝玩个游戏吧!"

2. 请家长带领宝宝在教室的两边站好,配班教师配合主班教师把彩虹伞撑好,然后家长把宝宝抱到彩虹伞的中间,家长也辅助主配班教师撑好彩虹伞,然后放音乐,宝宝们在彩虹伞下躲好,玩《打地鼠》的游戏,宝宝可以在伞下随意动,当教师开始打的时候要蹲下去,以免被教师打到。

游戏可以多次重复进行,调动宝宝的兴趣。

3. 目的介绍和活动延伸。

主班教师:"彩虹伞的游戏可以增强宝宝的身体协调性和四肢力量,培养宝宝坚持不懈的意志品质,增强宝宝的自信心和胆量。回家以后家长可以利用家里的被单和床单带领宝宝继续玩这种大运动的游戏。"

第三节 13~18个月幼儿亲子教育综合活动范例

范例一 13~18个月幼儿亲子教育综合活动教案

一、走线环节

(一)活动名称

走线。(2~3分钟)

（二）活动准备

蒙氏线、音乐《雨的印记》。

（三）活动目标

1. 舒缓宝宝情绪，让宝宝更好地进入环境。

2. 培养宝宝四肢力量。

（四）活动过程

1. 主班教师："宝宝们好，我们看这是不是有一条线？它叫蒙氏线，我们用小手摸一摸，再用小脚踏一踏。现在请家长辅助宝宝站到老师身后的蒙氏线上，我们要开始走线了。先抬起我们的小胳膊，接着拍拍我们的小肚子，再摸摸我们的肩膀。"

音乐声渐渐变小了，"请家长和宝宝们回到蒙氏线上坐好。"

2. 目的介绍和家庭活动延伸。

主班教师："走线可以舒缓宝宝的情绪，让宝宝更好的进入环境，还可以培养宝宝四肢力量。回家后家长可以利用家中的地板线带宝宝进行走线。"

二、相识礼仪环节

（一）活动名称

唱名。（5～7分钟）

（二）活动准备

欢迎歌、电子琴。

（三）活动目标

1. 在语言的引导下帮助宝宝说出自己的姓名、性别及年龄。

2. 增强自信心。

（四）活动过程

1. 自我介绍。

主班教师："宝宝们好，我是小杨老师，我今年23岁了，我是一个可爱的女孩子。现在我们一起唱欢迎歌欢迎一下小杨老师吧。小杨老师欢迎你，我们欢迎你。（唱一遍欢迎歌）谢谢大家，小杨老师真有礼貌。"

"现在请最左边的宝宝上前来介绍一下自己吧。你叫什么名字呀？（洋洋）洋洋今年多大了？那你是男孩还是女孩？我们一起唱欢迎歌欢迎一下洋洋吧。洋洋宝宝欢迎你，我们欢迎你。（谢谢大家）洋洋真是一个有礼貌的宝宝。"

2. 目的介绍和家庭活动延伸。

主班教师："唱名可以帮助宝宝在语言引导下说出自己的姓名、性别及年龄，并增强自信心。回家后家长可以多带宝宝在亲戚前介绍自己。"

三、精细动作操作环节

（一）活动名称

精细动作操作。（10～15分钟）

（二）活动准备

嵌套玩具。

（三）活动目标

1. 练习嵌套的动作。

2. 训练手眼协调能力。

3. 初步辨别大小。

(四) 活动过程

1. 主班教师示范操作。

智慧时间到了,取工作毯,取教具。"宝宝看,老师这里有几个不同大小的杯子,认真看老师怎么操作。"主班教师将杯子从小到大套叠在一起,再把杯子按照大小排列,把最大的和最小的拿出来,用三阶段教学法教宝宝认识大小。

操作完,主班教师送教具。"我的工作做完了,教具哪里拿的送回哪里去,我去送教具。"送工作毯。

2. 宝宝自由操作。

主班教师:"接下来是宝宝的智慧时间,请家长协助宝宝取工作毯和教具进行自由操作。"

3. 目的介绍和家庭活动延伸。

主班教师:"嵌套是把东西从容器里拿出来再放进去,宝宝能从中获得无穷乐趣。给宝宝介绍嵌套物品,让他把物品按特定的顺序放起来,以增加游戏的难度和趣味。家长可以从玩具店买些嵌套容器,用不同大小的量匙、搅拌钵或硬纸盒也可以。有些宝宝的手还不够灵活,没法把物品放进去再拿出来。要循序渐进,开始用两三个大小差别明显的嵌套杯做练习,向宝宝示范一件物品怎样放入另一件中。家长需要多演示几遍,最终宝宝会自己把东西放进去。一旦宝宝能够熟练地把最初的几个杯碗放好,就可以逐渐增加嵌套物品的数量。嵌套游戏让宝宝在认识大小不同时,大脑和手保持忙碌。这个游戏还帮宝宝学习解决问题(怎样把它们全都套在一起),提高手眼协调能力和小动作技能。家长和宝宝之间,互相给和拿的动作也很重要:家长一边说一边演示,宝宝一边听一边模仿。如果宝宝能把碗放好,再教给宝宝一些关于大小不同的知识,提高宝宝的认知能力。"

四、语言环节

(一) 活动名称

手指谣。(5~7分钟)

(二) 活动准备

儿歌《手指宝宝》。

(三) 活动目标

1. 发展语言表达能力和模仿力。

2. 训练小肌肉灵活性。

(四) 活动过程

1. 动作分解。

主班教师:"现在到了语言环节,请宝宝们伸出你们的小手,我们的大拇指在哪儿?我们比一比,弯一弯。小拇指在哪儿?弯一弯,再勾一勾。下面要开始我们的手指谣了:两根大拇指,比比一样高,相互点点头,然后弯弯腰。两根小拇指,一样都灵巧,相互拉拉钩,点头问问好。"

2. 儿歌互动。

主班教师:"请宝宝们拿出双手和老师一起做。"(两遍)

3. 目的介绍和家庭活动延伸。

主班教师:"语言环节可以训练宝宝的语言能力和模仿力,还可以训练宝宝的手指灵活性,回家后家长可以多带宝宝做类似的手指谣。"

五、音乐环节

(一) 活动名称

两只老虎。(7~10分钟)

(二) 活动准备

音乐《两只老虎》。

(三) 活动目标

1. 增强音乐感和表现力。

2. 训练身体协调性。

(四) 活动过程

1. 动作分解+歌曲互动。

主班教师:"今天老师带来一首儿歌,叫《两只老虎》,宝宝们知道老虎是什么样的吗?(手半握)是这个样的。下面我们学一下动作吧。左手摆一下,右手也摆一下,接着双手前后摆动,双手平摊。(做两遍)接下来我们随着音乐来跳一遍吧,宝宝们真棒。"

2. 乐器分解+互动。

主班教师:"宝宝们看,老师这有一个好玩的东西,它会发出铃铃铃的声音,它叫串铃。现在每个宝宝来老师这里取串铃。我们拿着手里的串铃,左边摇一摇,右边再摇一摇,再敲敲腿。现在我们要放音乐了。"

3. 目的介绍和家庭活动延伸。

主班教师:"音乐环节可以增强音乐感和表现力,训练宝宝身体协调性,回家后家长可以多给宝宝听不同的音乐。"

六、大运动环节

(一) 活动名称

大运动。(7~10分钟)

(二) 活动准备

彩虹伞、小球。

(三) 活动目标

1. 训练身体平衡。

2. 刺激前庭觉。

(四) 活动过程

1. 活动导入。

主班教师:"请家长和宝宝抻开我们的彩虹伞,今天我们要崩爆米花啦。(拿出小球)现在我要把玉米粒放进去,我们先小火崩(小波浪摇),再大火,再小火,再大火,接下来把锅盖扣上(把伞合上),数三个数就要好了,1——2——3,哇,爆米花崩好了,尝一尝香不香,真香。"

"我们要卷麻花了,卷卷卷麻花,卷了一个小麻花。卷卷卷麻花,卷了一个大麻花,好了,麻花卷好了。"

2. 目的介绍和家庭活动延伸。

主班教师:"大运动可以训练宝宝的身体平衡,刺激前庭觉,回家后家长可以用床单带宝宝练习钻、爬的动作。"

七、再见环节

(一)活动名称

再见。(3~5分钟)

(二)活动准备

《再见歌》。

(三)活动目标

1. 宝宝可以安静下来。

2. 知道课程结束了。

(四)活动过程

主班教师:"宝贝们围成一个圆圈,我们要唱再见歌了,啊,圆圈变小了,啊,圆圈变大了,再举起我们的宝宝,我们下课了。"

范例二　13~18个月幼儿亲子教育综合活动教案

一、走线环节

(一)活动名称

走线。(2~3分钟)

(二)活动准备

走线音乐、教师之间相互配合。

(三)活动目标

1. 训练宝宝四肢力量及身体协调性。

2. 培养宝宝正确的走路姿势。

3. 舒缓宝宝情绪,让宝宝更好地进入活动环境。

(四)活动过程

1. 主班教师盘坐在蒙氏线边说:"宝宝们好,我是你们的阳阳老师。请宝宝把小手伸出来,小手小手拍拍,我的小手拍一拍,小手小手拍拍,宝宝的小手拍起来。"

2. 介绍蒙氏线。

主班教师:"这是蒙氏线,请宝宝们伸出小手摸一摸蒙氏线,拍一拍蒙氏线,我们还可以伸出我们的小脚踩一踩蒙氏线"。

3. 走线。

主班教师:"请家长辅助宝宝站在我们的蒙氏线上,现在我们开始走线了,请宝宝双手掐腰,像老师这样"。(半圈换一个动作,用语言引导)

4. 结束,归位引导。

等宝宝马上走到自己位置了,主班教师快速地走回原位,边走边说:"音乐声渐渐小了,请家长和宝宝坐在蒙氏线上"。

5. 目的介绍和家庭活动延伸。

主班教师:"走线是为了培养宝宝的正确走路姿势,训练宝宝的四肢力量,舒缓宝宝的情绪,让宝宝更好地进入课堂。回家后,家长可以利用家里的地板线来训练宝宝走线。"

二、相识礼仪环节

（一）活动名称

唱名。（5~7分钟）

（二）活动准备

准备欢迎歌，教师之间配合。

（三）活动目标

1. 帮助宝宝在语言引导下说出自己的姓名、性别及年龄。
2. 帮助宝宝学会使用礼貌用语。
3. 培养宝宝的社会交往能力。

（四）活动过程

1. 主班教师唱名。

主班教师："大家好，我是你们的阳阳老师，我今年20岁了，是一个活泼可爱的女孩子，希望大家喜欢我。现在请大家和阳阳老师唱欢迎歌吧。"

"谢谢大家，我真是一个有礼貌的好孩子。"

"这个教室是还有一位老师，我们来找找她在哪里吧。咦，原来她在这里，请王老师来介绍一下自己。"（同上）

2. 引导宝宝。

主班教师："现在有请老师左手边的宝宝来介绍一下自己吧。你叫什么名字？今年几岁了？你是男孩子还是女孩子？现在请给我们的琳琳宝宝唱欢迎歌吧。"

引导宝宝说出"谢谢大家"。"琳琳真是一个有礼貌的好宝宝"，请宝宝回到座位上。

3. 目的介绍和家庭活动延伸。

主班教师："唱名是为了帮助宝宝在语言引导下说出自己的姓名、年龄及性别，培养宝宝的社会交往能力。回家后，家长可以让宝宝在日常生活中多和其他人交往，并且指导宝宝使用礼貌用语。"

三、精细动作操作环节

（一）活动名称

拾豆子和倒豆子。（10~15分钟）

（二）活动准备

两个塑料杯子、五粒豆子和一个小盘。

（三）活动目标

1. 学会捏和倒的动作。
2. 培养宝宝的专注力、手眼协调能力和抓握能力。
3. 锻炼宝宝的小手指肌肉运动。

（四）活动过程

1. 主班教师："智慧时间到了，宝宝要学习本领了。现在老师去取工作毯，铺工作毯。""现在老师去取教具。""今天老师带来的工作是拾豆子和倒豆子。"

介绍教具："这是空杯子，这是豆子。"（徒手展示"捏、放"）把豆子捏到靠近的杯子里。

2. "小狮子已经饿了，迫不及待想让宝宝喂食物。"（徒手展示"握"），握住一个杯

子，然后将豆子倒进另一个杯子里。"小狮子吃饱了，我们把食物收起来。"（换只手操作）

3. 收教具。

主班教师："老师的工作做完了，现在收教具。"

4. 宝宝自由操作。

跪在工作毯架前，"宝宝的工作时间到了，请宝宝到老师身边的工作毯架前取工作毯，取完工作毯的宝宝再去取教具。"

教师帮忙摆工作毯，跪在蒙氏线短边观察，然后在宝宝右后方指导。

主班教师跪在教具柜前，"收教具的音乐响起了，请宝宝依次把教具送到教具柜前，并将工作毯放到工作毯架前。"

"我们现在将教具物归原处。"

"现在收工作毯（右手向上）卷、拉、拍三下，送工作毯（放回原位）。"

5. 目的介绍和家庭活动延伸。

主班教师："本次活动是为了让宝宝学习捏和倒的动作，锻炼宝宝的小肌肉运动，培养宝宝的抓握能力。回家后，家长可以利用家里的塑料杯和食用奶豆对宝宝进行训练，培养宝宝的手眼协调能力。"

四、语言环节

（一）活动名称

膝上童谣。(5~7分钟)

（二）活动准备

童谣《红绿灯》。

（三）活动目标

1. 培养宝宝的听说理解能力及语言表达能力。
2. 训练宝宝听口令做动作。
3. 增强宝宝的模仿能力和反应能力。
4. 刺激宝宝的前庭平衡觉。
5. 增强亲子的情感交流。

（四）活动过程

1. 活动导入。

主班教师："今天老师带来了一首童谣，我们一起来学一学吧。"

2. 动作分解。

主班教师："请家长把宝宝放在膝盖上，让宝宝与家长面对面坐好，然后我们一起来做屈、伸动作，说到最后一句童谣时，家长将双腿分开，让宝宝坐在地板上。"

3. 儿歌互动。

把儿歌教给家长和宝宝，然后动作配合儿歌，一起做两遍。

4. 目的介绍和家庭活动延伸。

主班教师："本次活动是为了训练宝宝听指令做动作的能力，增强宝宝的模仿能力和反应能力，增强亲子的情感交流。回家后，家长可以找一些适合宝宝的童谣或手指谣，和宝宝进行亲子活动。"

五、音乐环节

（一）活动名称

小白兔乖乖。(7~10分钟)

（二）活动准备

儿歌《小白兔乖乖》、沙锤。

（三）活动目标

1. 增强音乐感知力和表现力。

2. 了解不同曲式风格。

3. 学会正确使用乐器，并了解其名称。

4. 通过音乐抒发情感。

5. 提高反应能力和身体协调性。

（四）活动过程

1. 主班教师："宝宝们，今天老师带来了一首儿歌《小兔子乖乖》。宝宝们，看老师的手变成了什么？"（变成了一只小兔子）

2. "现在老师把歌词读出来，我们一起来做动作。"

3. "请家长和宝宝一起伴随儿歌来做动作。"（间奏的时候可以晃一晃身体）

4. "宝宝们，今天老师还请来了一位新朋友，看一看它是谁？"（它是沙锤）

5. "请宝宝们到老师这里取一对沙锤。"（用沙锤敲敲肩膀、用沙锤敲敲腿、再用沙锤敲敲地板）

6. "现在我们再伴随着儿歌用沙锤做动作。"

7. 目的介绍及家庭活动延伸。

主班教师："本次活动是为了增强宝宝的表现力，引导他们学会正确地使用乐器，并了解乐器的名称，提高宝宝的身体协调性。回到家后，家长可以找一些适合宝宝的儿歌，用塑料瓶装上小豆子来制作沙锤，和宝宝更好地进行亲子活动。"

六、大运动环节

（一）活动名称

彩虹伞变泡泡。(7~10分钟)

（二）活动准备

彩虹伞。

（三）活动目标

1. 增强身体协调性。

2. 刺激宝宝的前庭平衡觉和触觉。

3. 增强四肢力量和本体觉。

4. 增强自信心、胆量和坚持不懈的意志品质。

（四）活动过程

1. 主班教师："请家长和宝宝站在教室四周，今天我们这里来了一位新朋友，我们来看看它是谁呢？"（原来是一个大大的彩虹伞）

2. "现在老师要让彩虹伞和小宝宝们一起做游戏了，游戏名称是大泡泡和小泡泡。"

3. "请家长辅助宝宝，让宝宝站在彩虹伞的边上，每个宝宝和家长各抓彩虹伞的一边，我们现在开始来吹泡泡了。"

"当老师说'大泡泡',我们就迅速地把彩虹伞撑到最大;当老师说'小泡泡'时,我们一起往中间走,聚拢;当老师说'泡泡飞到天上',我们就举起来;当老师说'落到地上'时,我们把彩虹伞放在地上。"

4. 收彩虹伞。

主班教师:"现在请宝宝们和老师一起来卷白菜。卷卷卷白菜,宝宝卷个大白菜,再将卷好的白菜折起来,送给家长。"

5. 目的介绍和家庭活动延伸。

主班教师:"彩虹伞变泡泡活动,可以增强宝宝的身体协调性,增强宝宝的四肢力量和本体觉,并且在游戏中训练宝宝的大运动技能。回家后,家长可以利用地垫以及被单、床单和宝宝进行彩虹伞的游戏,训练宝宝的大运动技能发展。"

范例三 13~18个月幼儿亲子教育综合活动教案

一、走线环节

(一) 活动名称

走线。(2~3分钟)

(二) 活动准备

音乐《The Promise》、蓝牙音箱、蒙氏线。

(三) 活动目标

1. 舒缓宝宝情绪,让宝宝更好地进入环境中来。
2. 培养宝宝正确走路姿势,训练宝宝四肢力量及身体协调性。

(四) 活动过程

"宝宝们伸出我们的小手,小手小手拍拍,我的小手伸出来;小手小手拍拍,宝宝的小手拍起来。宝宝们看,这是什么,伸出小手拍一拍、摸一摸,这是蒙氏线。宝宝们伸出我们的小脚,小脚小脚伸出来,小脚小脚踩一踩,宝宝的小脚踏起来。伸出我们的小脚踩一踩蒙氏线,下面请家长辅助宝宝站到老师身后的蒙氏线上,我们跟随着音乐走线。双手打开、双手掐腰,小手还能放在哪里呢?放在头顶上……随着音乐声越来越小,请家长和宝宝坐在蒙氏线的后面。"

"走线环节可以舒缓宝宝的情绪,让宝宝更好地进入环境活动中来;培养宝宝正确的走路姿势,训练宝宝四肢力量及平衡能力。回到家中,家长可以在家中的地板线上带宝宝进行走线的训练。"

二、相识礼仪环节

(一) 活动名称

唱名。(5~7分钟)

(二) 活动准备

电子琴、《欢迎你》歌词提示板。

(三) 活动目标

1. 在教师引导下说出自己的姓名、性别、年龄。
2. 增强自信心、爱心和胆量。
3. 提高社会交往能力。

4. 学习手势语和礼貌用语。

(四) 活动过程

1. 教师自我介绍。

主班教师:"接下来是唱名的环节,宝宝们好!我是你们的薇薇老师,我今年23岁了,我是一个可爱的女孩子。下面我们一起来唱欢迎歌,欢迎一下薇薇老师。薇薇老师,欢迎你,我们欢迎你。谢谢大家,薇薇老师真有礼貌。"

2. 宝宝自我介绍。

主班教师:"下面请宝宝们做自我介绍,老师用望远镜看一看,是哪一位宝宝呢?请左手边的宝宝到老师身边来做自我介绍。"

"你叫什么名字呀?""嘉欣。""你几岁了?""我一岁半了。""你是女孩还是男孩?""我是一个漂亮的女宝宝。""那我们唱欢迎歌欢迎一下嘉欣宝宝吧!嘉欣宝宝欢迎你,我们欢迎你!谢谢大家,嘉欣宝宝真有礼貌。"

宝宝们依次介绍姓名、年龄、性别、唱欢迎歌。

3. 目的介绍和家庭活动延伸。

主班教师:"唱名环节可以培养宝宝的自我意识,提高社会交往能力,增强自信心、爱心和胆量。活动结束后,家长可以让宝宝在亲人面前大胆地向他人介绍自己,使用礼貌用语与他人交流。"

三、精细操作环节

(一) 活动名称

木钮。(10~15分钟)

(二) 活动准备

工作毯、教具、音乐。

(三) 活动目标

1. 锻炼手指的灵活性、手眼协调性。

2. 学习拇指和食指对捏取物。

(四) 活动过程

1. 教师示范操作。

主班教师:"宝宝们,智慧时间了!取工作毯,铺工作毯。现在老师取教具,今天老师给宝宝带来的游戏是二指捏木钮。(拿出木钮,介绍教具)这是二指捏木钮。"伸出惯用手的拇指、食指,伸平手臂,从左到右慢慢平移,并和宝宝进行目光交流。

"用这两个手指慢慢张开、合上两次,做捏的动作,用这样的方法捏起木钮,放在教具的右边,按从左到右,从上到下的顺序,把木钮全部捏取完毕。"

邀请宝宝和教师一起按顺序把圆柄归位,一一对应。可由教师示范两次,然后请宝宝和教师轮流做。

2. 归位。

主班教师:"老师的工作做完了。工作毯哪里拿的送回哪里去。"

3. 宝宝自由操作。

主班教师:"现在到了宝宝的工作时间,请宝宝依次到教具架前取工作毯,取完工作毯的宝宝依次到教具柜前取教具,进行自由操作。"

主班教师到教具柜前,"送教具的音乐响起来了,请家长辅助宝宝将教具送回到教具柜。将工作毯送回工作毯架上。回到蒙氏线上坐好。"

4. 目的介绍和家庭活动延伸。

主班教师:"二指捏可以锻炼宝宝拇指和食指对捏取物的能力,提高小肌肉灵活性,培养手眼协调性。在家中,家长可以锻炼宝宝对捏取物,比如让宝宝自己捏饼干吃,或者用家里的花生米、黄豆等练习捏的动作。"

四、语言环节

(一) 活动名称

我的小手真灵巧。(7~10分钟)

(二) 活动准备

手指谣《我的小手真灵巧》。

(三) 活动目标

1. 锻炼宝宝的听说理解能力、模仿能力和反应能力。
2. 培养宝宝听指令做动作的能力。
3. 训练小肌肉的灵活性。

(四) 活动过程

1. 教师讲解示范。

主班教师:"到了语言环节,老师带来了一个小谜语,请宝宝们猜一猜答案是什么?一样东西人人有,一只左来一只右,吃饭穿衣全靠它,它是我的好朋友。宝宝们来猜猜,这是什么呀?答案是手。宝宝们太棒啦。现在老师要和宝宝们一起做游戏啦!伸出我们的小手,藏起来。看看老师变魔术,变出什么呢?一只小狗汪汪叫,我们再来看一看,还能变出什么来。小兔子,跳跳跳。再藏起,看一看是什么呢?是孔雀,孔雀是不是很漂亮啊。接下来老师能变出什么小动物呢?是小鸟,小鸟长出翅膀飞得高。然后是小猫,小猫喵喵叫……"

2. 教师带领宝宝和家长一起游戏。

主班教师:"现在请家长和宝宝一起伸出双手,我们一起来做手指谣——《我的小手真灵巧》。

一只小狗,汪汪叫;二只兔子,跳跳跳。

三只孔雀,真骄傲;四只小鸟,飞得高。

五只小猫,喵喵叫;六只小象,在洗澡。

七只乌鸦,吃面包;八只小鸡,啄樱桃。

九只虫子,在吃草;十个小孩,哈哈笑。

我们再来一次。"

3. 目的介绍和家庭活动延伸。

主班教师:"手指谣游戏锻炼宝宝的听说理解能力、模仿能力和反应能力,培养宝宝听指令做动作的能力,训练小肌肉的灵活性。活动结束后《我的小手真灵巧》手指谣会发到家长群里,家长可以在家中带宝宝练习。"

五、音乐环节

(一) 活动名称

吹泡泡。(7~10分钟)

(二) 活动准备

音乐《吹泡泡》、铃鼓、泡泡机。

(三) 活动目标

1. 增强音乐感及表现力，提高反应能力和身体的协调性。

2. 学会正确使用乐器并了解其名称。

(四) 活动过程

1. 活动导入。

主班教师："宝宝们，到了音乐的环节了，看看老师给你们带什么好玩的玩具呢？我们来看看吧！是什么呀？泡泡机，可以制作好多泡泡呢！现在我们一起随着音乐吹泡泡吧！拍拍手，拍拍腿，吹一吹，转一转，举起来。好啦，播放音乐来一遍。宝宝们太棒了！还有一个好朋友想和我们一起玩呢！是什么呀？这是乐器铃鼓。宝宝们到配班老师哪里取乐器。现在我们手拿铃鼓，晃一晃，拍一拍。放音乐，跟随音乐来一次。宝宝好棒！我们一起再来一次，宝宝们注意，要随着音乐的节奏。"

2. 目的介绍和家庭活动延伸。

主班教师："音乐环节可以增强宝宝音乐感及表现力，提高反应能力和身体的协调性；学会正确使用乐器并了解其名称。活动结束后，音乐会发到家长群中，家长可以在家中和宝宝一起使用其他乐器进行练习。"

六、大运动环节

(一) 活动名称

崩爆米花。(7~10分钟)

(二) 活动准备

彩虹伞、玉米粒、节奏欢快的音乐。

(三) 活动目标

1. 促进宝宝身体动作和身体协调能力的发展。

2. 刺激宝宝的前庭平衡觉，锻炼宝宝的平衡能力。

(四) 活动过程

1. 活动导入。

主班教师："宝宝们，今天我们要崩爆米花喽！请家长辅助宝宝站到彩虹伞的周围，我们开始崩爆米花，家长和宝宝们一起拉起彩虹伞，这是些玉米粒，宝宝们准备好了吗？倒入彩虹伞中，开始啦！先是小火，大火，小火，大火，盖住锅盖。哇！爆米花好啦，我们尝一尝，真好吃呀！宝宝们，我们来一起卷花卷。卷卷卷卷卷花卷，卷成一个小花卷；卷卷卷卷卷花卷，卷成一个大花卷。花卷卷好了，太好吃了。请家长和宝宝们回到蒙氏线上坐下休息。"

2. 目的介绍和家庭活动延伸。

主班教师："大运动可以促进宝宝身体动作和身体协调能力的发展，刺激宝宝的前庭平衡穴，锻炼宝宝的平衡能力。在家中，家长可以利用床单带宝宝进行其他活动的训练。"

七、再见环节

主班教师："宝宝的小手在哪里？给老师看看你们的小手！

宝宝请你拍拍手，拍拍手；

宝宝请你站起来，站起来；

宝宝请你转个圈，转个圈；

宝宝请你挥挥手，说再见！

各位家长和宝宝们，今天的活动结束了，我们下节课再见！"

第四节　19~24个月幼儿亲子教育综合活动范例

范例一　19~24个月幼儿亲子教育综合活动教案

一、走线环节

（一）活动名称

走线。（2~3分钟）

（二）活动准备

手机、蓝牙音箱、蒙氏线、钢琴曲《瞬间的永恒》。

（三）活动目标

1. 能够在蒙氏线上保持正确的走路姿势。

2. 能够边在蒙氏线上走边用双手做出动作。

（四）活动过程

1. 带领宝宝认识蒙氏线。

主班教师："Hello，宝宝们，欢迎来到我们今天的课堂。宝宝们看，我们前面有一条线，这是蒙氏线。现在请宝宝跟老师一起做，小手小手拍拍，宝宝的小手拍起来，拍拍蒙氏线。小脚小脚踏踏，宝宝的小脚踏起来，踏踏蒙氏线。"

2. 引导宝宝和家长站到蒙氏线上。

主班教师："现在请家长带领宝宝站到老师身后的蒙氏线上，我们要开始走线啦。"

3. 带领宝宝和家长走线，介绍走线的目的和家庭活动延伸。

主班教师："现在请宝宝们张开双臂，眼睛向前看，保持身体平衡。现在我们把手放在我们的肚子上，摸一摸。现在我们要把手放在头顶上。现在请宝宝们回到自己的小苹果上坐好。走线可以培养宝宝正确的走路姿势，训练宝宝的四肢力量及身体的协调性，回到家以后家长可以带领宝宝走地板线、地砖线。"

二、相识礼仪环节

（一）活动名称

唱名。（5~7分钟）

（二）活动准备

欢迎歌。

（三）活动目标

1. 能够在老师的引导下唱出自己的名字、性别和年龄。

2. 会用"我"介绍自己。

（四）活动过程

1. 主班教师唱名。

主班教师:"大家好,我是小王老师,我是一个女孩子,我今年24岁啦。"唱欢迎歌"谢谢大家,小张老师真有礼貌。"

2. 配班老师唱名。

主班教师:"小王老师的望远镜要看看能看到谁呢。呀,是我们的配班老师,现在请我们的配班老师来做一下自我介绍。"配班老师做自我介绍,唱欢迎歌。

"小李老师真有礼貌。"

3. 宝宝唱名。

主班教师:"现在老师要请宝宝们来老师这里做自我介绍,从老师左手边的宝宝开始。"宝宝做自我介绍,唱欢迎歌。"安安宝宝真有礼貌。"依次让宝宝上前做自我介绍。

4. 目的介绍和家庭活动延伸。

主班教师:"唱名可以培养宝宝的自我意识,增强自信心、爱心和胆量。回到家以后,家长可以带着宝宝在家人、朋友面前做自我介绍。"

三、精细动作操作环节

(一)活动名称

精细操作——穿线板。(10~15分钟)

(二)活动准备

手机、蓝牙音箱、火车卡片线板、线、音乐《钢琴曲——星空下的咖啡馆》。

(三)活动目标

1. 训练宝宝手部精细动作的发展,能够二指捏线头。
2. 训练宝宝手眼协调,练习"穿"的动作。

(四)活动过程

1. 活动导入。

主班教师:"智慧时间到了,取工作毯。"起身后退取工作毯。"铺工作毯。"将工作毯放身体的左侧,铺开,抚平三下。"取教具。"

"今天老师给宝宝们带来了一个新朋友,让我们看看他是谁!呀,是小火车。宝宝们一定都坐过小火车吧。

"这是线板,这是线。"右手食指和中指伸出抚摸线板上的洞,先感知里面的洞,再感知外面的洞。

穿三个洞之后结束。"现在老师还可以把它拔下来。"食指挑线。

"老师的工作做完了,教具哪里拿的送回哪里去。现在老师去送教具。"

"收工作毯,卷,拉,卷,拉,拍。送工作毯。"

2. 宝宝自由操作。

主班教师跪坐在工作毯架前,"现在是宝宝们的工作时间,请宝宝们依次到工作毯架前取工作毯。"

配班教师跪坐在教具架前,"请取完工作毯的宝宝们依次到教具前取教具,进行自由操作。"

主、配班教师跪坐在蒙氏线两个短边处,观察宝宝们操作。宝宝们快要没有兴趣时,主、配班教师分别进行个别指导。时间差不多时候,配班老师放音乐,主班教师跪坐到教具柜前,"收教具的音乐响起来了,请宝宝们将教具送到教具柜前,收完教具的宝宝请将工作毯送回工作毯架前。"

3. 目的介绍和家庭活动延伸。

主班教师:"拔、穿的动作可以训练宝贝手部精细动作的发展和手眼协调能力,回到家里以后家长可以带领宝宝穿鞋带。"

四、语言环节

(一) 活动名称

手指谣。(5~7分钟)

(二) 活动准备

手指谣《悄悄话》。

(三) 活动目标

1. 宝宝能听老师的指令做出相应的手指谣的动作。
2. 能够模仿老师,跟老师一起做手指谣。
3. 知道每个动作是什么意思,能够听懂手指谣。

(四) 活动过程

1. 活动导入。

主班教师:"宝宝们,接下来到了我们的语言环节了。今天有一个新朋友来和我们一起做游戏,让我们看看它是谁。请宝宝们仔细看好老师的手,新朋友要来咯。(用手做出小鸟的动作)宝宝们,你们知道它是谁吗?哇,宝宝真聪明,今天来的新朋友就是小鸟。那宝宝们知道小鸟怎么飞吗?啊,小鸟是拍动翅膀飞的,我们一起看看小鸟怎么飞。(用手模仿小鸟飞)宝宝们看,老师的手又变成了什么?变成了田鼠,跟着老师一起做一下田鼠的动作吧。宝宝们,现在让我们变成喇叭花,跟着老师做动作,下面我们来做一下小电话,对了,宝宝们真聪明。最后我们来做一下悄悄话的动作。现在请家长和宝宝们一起跟着儿歌做一遍手指谣,要开始啦:小鸟呀小鸟住在大树上,田鼠啊田鼠住在大树下,喇叭花呀喇叭花往上爬,喇叭花呀喇叭花变成小电话,叽叽叽,喳喳喳,小鸟和田鼠在说悄悄话。宝宝们都做得非常棒,现在我们再跟着儿歌再来一遍。"

2. 目的介绍和家庭活动延伸。

主班教师:"手指谣可以培养宝宝的听说理解力、语言表达力,增强宝宝的模仿力和反应能力,训练宝宝的小肌肉灵活性。回到家以后家长可以和宝宝一起做一些手指谣。"

五、音乐环节

(一) 活动名称

音乐。(7~10分钟)

(二) 活动准备

手摇铃、蒙氏线、音乐《头发肩膀膝盖脚》。

(三) 活动目标

1. 宝宝能跟着歌曲的节奏做动作。
2. 能够正确使用手摇铃,知道手摇铃的名字。

(四) 活动过程

1. 活动导入。

主班教师："宝宝们，音乐时间到啦。现在请宝宝们伸出我们的小手晃一晃，把小手放在我们的头发上，再把手放在肩膀上，接着把手放在膝盖上，最后把手放在脚上。好了，让我们再熟悉一遍。宝宝们都这么棒，现在有一位乐器宝宝想和我们一起玩这个游戏，我们来听一听这个乐器宝宝能够发出什么声音，现在我们一起看一看这个乐器宝宝是谁，他的名字叫手摇铃。现在请宝宝依次来老师这里每个人拿两个手摇铃。现在宝宝们的手里都有手摇铃了，我们看看它是怎么样发出声音的？宝宝们跟着老师的节奏一起摇手摇铃，老师喊停的时候就要停下来不要让它发出声音。1，2，1，2，1，2，停，嘘……再来一次，1，2，1，2，1，2，停，嘘……现在我们戴着手摇铃摸摸头发，摸摸肩膀，摸摸膝盖，摸摸脚。宝宝们真棒，现在我们和手摇铃一起跟着歌曲，做动作吧。（播放音乐）宝宝们做得真棒，让我们再来一次。玩具哪里拿的送回到哪里去，现在请宝宝们把手摇铃送回老师这里。"

2. 目的介绍和家庭活动延伸。

主班教师："音乐游戏可以提高宝宝的反应能力和身体的协调性，让宝宝了解不同的曲式风格，增强音乐感及表现力。回到家里家长可以带领宝宝跟着节奏感强的音乐，用乐器跟着音乐的节奏演奏。"

六、大运动环节

（一）活动名称

多彩的彩虹伞。（7~10分钟）

（二）活动准备

彩虹伞。

（三）活动目标

1. 宝宝能够认识彩虹伞里的颜色。
2. 体验游戏的乐趣，并能知道天黑了。

（五）活动过程

1. 活动导入。

主班教师："宝宝们，游戏环节到了，今天老师给大家带来一个新玩具——彩虹伞。接下来，老师要让宝宝们都躺到彩虹伞下面，我们的家长来把彩虹伞撑起来。宝宝们，准备好了吗？我们的游戏开始喽。（家长边走边转动彩虹伞）宝宝们看，彩虹伞上都有哪些颜色啊？哦，有红、绿、黄、蓝，这么多颜色啊，那宝宝们注意喽，天要黑了，不要害怕哦。（家长一起把伞盖在宝宝身上，让宝宝感受天黑）现在天要亮了。"（一起把彩虹伞拿起来，重复几次，收伞）

2. 目的介绍和家庭活动延伸。

主班教师："这个游戏可以锻炼宝宝不怕天黑，知道白天和夜晚。回到家里，家长可以拿被单、毯子之类的物品带领宝宝玩卷花卷等游戏。"

范例二 19~24个月幼儿亲子教育综合活动教案

一、走线环节

（一）活动名称

走线。（2~3分钟）

(二)活动准备

音乐《安妮的仙境》。

(三)活动目标

1. 培养宝宝正确的走路姿势。

2. 训练宝宝的四肢力量及身体协调性。

3. 舒缓宝宝情绪,让宝宝更好地进入活动环境中。

(四)活动过程

1. 主班教师坐在蒙氏线上说:"宝宝们你们好,我是你们的小熊老师,现在请宝宝们伸出小手,小手小手拍拍,我的小手拍起来,小手小手拍拍,宝宝的小手拍起来。"

2. 感知蒙氏线,介绍蒙氏线。

主班教师:"这是蒙氏线,请宝宝们伸出小手,我们一起来摸一摸我们面前的蒙氏线,再伸出我们的小脚,踩一踩我们的蒙氏线。"

3. 走线。

主班教师:"现在请家长辅助宝宝站在老师身后的蒙氏线上,我们开始走线。现在请宝宝像老师这样双手展开,我们可以像小鸟一样,扇动我们的翅膀,我们还可以双手掐腰。"(半圈换一个动作,注意语言引导)

4. 结束。

主班教师:"音乐声渐渐小了,现在请家长和宝宝坐到老师对面的蒙氏线上。"

"宝宝宝宝坐下来,找个苹果坐下来,宝宝宝宝坐下来,找个苹果坐下来。"

5. 目的介绍和家庭活动延伸。

主班教师:"走线可以培养宝宝正确的走路姿势,训练宝宝的四肢力量及身体协调性,还可以舒缓宝宝的情绪,让宝宝更好地融入活动环境中。回到家后,家长可以利用家中的地板线帮助宝宝练习走线。"

二、唱名环节

(一)活动名称

唱名环节。(5~7分钟)

(二)活动准备

彩色小球。

(三)活动目标

1. 帮助宝宝在语言的引导下说出自己的性别、姓名及年龄。

2. 帮助宝宝培养自我意识。

3. 培养宝宝的社会交往能力,帮助宝宝使用礼貌用语。

4. 增强宝宝的爱心、自信心和胆量。

(四)活动过程

1. 主班教师唱名。

主班教师:"宝宝们你们好,我是你们的小熊老师,我今年20岁了,是一个活泼可爱的女孩子,现在请宝宝们伸出小手,我们一起来唱欢迎歌吧。小熊老师,小熊老师,我们大家欢迎你,我们唱歌,我们跳舞,我们大家欢迎你。谢谢大家,我是一个有礼貌的好孩子。"

2. 配班老师唱名。

主班教师："现在老师这里有一个神奇的望远镜,让我看看,我看到了谁呢?我看到了我们的婷婷老师,那现在就让婷婷老师做下自我介绍吧。"

"现在请宝宝伸出我们的小手,一起为婷婷老师唱欢迎歌吧。婷婷老师,婷婷老师,我们大家欢迎你,我们唱歌,我们跳舞,我们大家欢迎你。"

配班教师:"谢谢大家,我是一个有礼貌的好孩子。"

3. 宝宝依次唱名。

主班教师:"老师这里有一个彩色的小球,我们以小球滚滚的形式,小球滚到了哪个宝宝的面前,哪个宝宝拿着小球到老师身边做下自我介绍。"

宝宝在教师语言的引导下,说出自己的姓名、性别、年龄。

教师与宝宝们一起唱欢迎歌。

教师表扬宝宝,真是个有礼貌的好宝宝。

4. 目的介绍和家庭活动延伸。

主班教师:"唱名游戏让宝宝增强自我意识,敢于大胆表达,在语言引导下说出自己的姓名、性别及年龄等,帮助宝宝学习和使用礼貌用语,增强宝宝的爱心、自信心和胆量,增强宝宝的社会交往能力。回到家后,家长可以在亲戚、朋友的影响下,增强宝宝的社会交往能力。"

三、精细动作操作环节

(一) 活动名称

穿珠子。(10~15分钟)

(二) 活动准备

工作毯、珠子、线、托盘、音乐《菊次郎的夏天》。

(三) 活动目标

1. 训练宝宝的"穿"的动作。
2. 培养宝宝的手眼协调能力。
3. 培养宝宝的手部精细动作的发展。

(四) 活动过程

1. 教师示范操作。

主班教师:"智慧时间到了,现在是老师的工作时间。"主班教师取工作毯铺好,取来教具,拿穿珠的工作放在工作毯上。

工作介绍:"今天我们的工作是穿珠。"左手捏起一颗珠子,右手捏住绳子的一端,留出约2cm,从珠子的孔中穿过去,在珠子另一端露出大于1cm绳子的时候,把线拉过去,整理珠子到线的底端。同样方法,进行再次示范。邀请宝宝来选喜欢的珠子,并穿上去。尽量让宝宝都尝试一下。展示穿在一起的珠子。把珠子一粒粒取下来,放在盘中,把线平整地放入托盘。工作材料归位。

2. 宝宝自由操作。

主班教师:跪坐在工作毯一侧,说:"宝宝的工作时间到了,现在请宝宝依次到工作毯架前取工作毯,取完工作毯的宝宝,依次到教具柜前取教具。"(宝宝操作教具,教师观察指导宝宝)

主班教师:"收教具的音乐响起了,请宝宝依次将教具收好送到教具柜前,并将工作毯送回到工作毯架前。"

3. 目的介绍及家庭活动延伸

主班教师:"穿珠子可以训练宝宝'穿'的动作,可以培养宝宝的手部精细动作的发展,培养宝宝的手眼协调能力。回到家后,家长可以和宝宝进行'穿手链'的游戏活动,来训练宝宝'穿'的能力。"

四、语言环节

(一) 活动名称

逛公园。(5~7分钟)

(二) 活动准备

膝上童谣《逛公园》。

(三) 活动目标

1. 刺激宝宝的前庭平衡觉。
2. 增强宝宝的模仿力和反应能力。
3. 培养宝宝的听说理解能力及语言表达能力。

(四) 活动过程

1. 动作分解。

主班教师:"宝宝们你们好,今天我们进行膝上童谣的练习。现在请家长和宝宝像老师这样,将宝宝放在自己的膝盖上,我们一起来做下动作分解。"(屈伸两次,向左,向右,绕一圈,将宝宝举高)

2. 儿歌互动。

主班教师:"现在我们完整地来一遍,记不住的家长可以看黑板上的童谣。

附:儿歌《逛公园》

逛公园,宝宝笑,

东看看,西瞧瞧。

花儿香,鸟儿叫,

小草绿,小树摇。

3. 目的介绍和家庭活动延伸。

主班教师:"这个游戏可以刺激宝宝的前庭平衡觉,培养宝宝的听说理解能力及语言表达能力,增强宝宝的模仿力和反应能力。回到家后,家长可以利用空闲时间与宝宝进行童谣练习,增强亲子情感交流。"

五、音乐环节

(一) 活动名称

小兔子乖乖。(5~7分钟)

(二) 活动准备

音乐《小兔子乖乖》、沙锤。

(三) 活动目标

1. 增强音乐感知力和表现力。
2. 学会正确使用乐器,并了解其名称。
3. 通过音乐抒发情感。

4. 提高反应力和身体协调性。

（四）活动过程

1. 边讲故事边做动作分解，儿歌互动。

主班教师："有一天大灰狼到小白兔的家门前，想把小白兔吃掉，它对小兔子说：'小兔子乖乖，把门开开，快点开开，我要进来。'小白兔说：'不开不开我不开，妈妈没回来，谁来也不开。'"

跟着儿歌完整来一遍。

2. 乐器使用分解，乐器互动。

主班教师："今天，我们班来了一个玩具宝宝，让我们看看，它是谁呢？沙锤，我们可以用它敲敲我们的肩膀，敲敲我们的腿，我们还可以让它停下来。现在请宝宝到老师这里取沙锤。现在我们用沙锤敲敲我们的肩膀，敲敲我们的腿，中间晃晃，停。现在我们跟随音乐完整来一遍吧。"

3. 目的介绍和家庭活动延伸。

主班教师："通过本次活动，可以增强宝宝对音乐的感知力和表现力，还可以让宝宝了解乐器名称，正确使用乐器，通过音乐抒发情感，提高宝宝的反应力和身体协调性。回到家后，家长可以将矿泉水瓶中装上石子，以此来模仿沙锤训练宝宝。"

六、大运动环节

（一）活动名称

彩虹伞。（7~10分钟）

（二）活动准备

彩虹伞。

（三）活动目标

1. 增强身体的协调性。
2. 刺激前庭平衡觉和触觉。
3. 增强四肢力量和本体觉。
4. 增强自信心和胆量，培养坚持不懈的意志品质。

（四）活动过程

1. 布置玩教具。

主班教师："现在请家长和宝宝站在活动室的边缘，请配班老师来帮忙布置教具。"

"现在请家长和宝宝站在彩虹伞的边缘。"

2. 介绍游戏规则。

主班教师："今天我们来做一个好玩的游戏，游戏的名字叫作彩虹伞，现在老师说下游戏规则：

当家长和老师把彩虹伞举高的时候，彩虹伞里的宝宝就跳起来去碰彩虹伞；当家长和老师把彩虹伞放低的时候，宝宝们就低着头走；当老师说'我们一起抓住它'的时候，宝宝们就应快速跑出彩虹伞。现在我们一起来做游戏吧。"

3. 开始游戏。

在游戏过程中，教师要观察宝宝的行为，同时注意宝宝的安全。

4. 游戏结束。

主班教师:"现在我们一起把彩虹伞送回家吧。"

把彩虹伞平铺在地上,以卷花卷的方式,把彩虹伞送回家,看谁卷得快。

5. 目的介绍和家庭活动延伸。

主班教师:"通过这个游戏,可以增强宝宝的身体协调性,刺激前庭平衡觉和触觉,增强宝宝的四肢力量和本体觉,增强宝宝的自信心和胆量,培养坚持不懈的意志品质。回到家后,家长可以利用家中的被单等来与宝宝一起进行游戏。"

范例三 19~24个月幼儿亲子教育综合活动教案

一、走线环节

(一)活动名称

走线。(2~3分钟)

(二)活动准备

手机、蓝牙音箱、蒙氏线、钢琴曲《瞬间的永恒》。

(三)活动目标

1. 能够保持正确的走路姿势。
2. 能够边在蒙氏线上走边用双手摆出小鸟的翅膀、小鸭子的尾巴、大象的鼻子。

(四)活动过程

1. 带领宝宝认识蒙氏线。

主班教师:"Hello,宝宝们,欢迎来到我们今天的课堂。宝宝们看,我们前面有一条线,这是蒙氏线。现在请宝宝跟老师一起做,小手小手拍拍,宝宝的小手拍起来,拍拍蒙氏线。小脚小脚踏踏,宝宝的小脚踏起来,踏踏蒙氏线。"

2. 引导宝宝和家长站到蒙氏线上。

主班教师:"现在请家长带领宝宝站到老师身后的蒙氏线上,我们要开始走线啦。"

3. 带领宝宝和家长走线,介绍走线的目的和家庭活动延伸。

主班教师:"现在请宝宝们张开双臂,我们变成了一只小鸟,我们的胳膊是小鸟的翅膀,我们像小鸟一样飞。现在我们要变成小鸭子,伸出小手放到身后,变成小鸭子的尾巴。现在我们要变成大象,大象长长的鼻子,甩来甩去。现在请宝宝们回到自己的小苹果上坐好。走线可以培养宝宝正确的走路姿势,训练宝宝的四肢力量及身体的协调性,回到家以后家长可以带领宝宝走地板线、地砖线。"

二、相识礼仪环节

(一)活动名称

唱名。(5~7分钟)

(二)活动准备

欢迎歌。

(三)活动目标

1. 能够在老师的引导下唱出自己的名字、性别和年龄。
2. 会用"我"介绍自己。

(四)活动过程

1. 主班教师唱名。

主班教师："大家好，我是小张老师，我是一个女生，我今年23岁啦。"（唱欢迎歌）
"谢谢大家，小张老师真有礼貌"。

2. 配班老师唱名。

主班教师："小张老师的望远镜要看看能看到谁呢，呀，是我们的配班老师，现在请我们的配班老师来做一下自我介绍。"配班老师自我介绍，唱欢迎歌。
"小李老师真有礼貌。"

3. 宝宝唱名

主班教师："现在老师要轻宝宝们来老师这里做自我介绍，从老师左手边的宝宝开始。"宝宝做自我介绍，唱欢迎歌，"琪琪宝宝真有礼貌。"

4. 目的介绍和家庭活动延伸。

主班教师："唱名可以培养宝宝的自我意识，增强自信心、爱心和胆量。回到家以后，家长可以带着宝宝在家人、朋友面前做自我介绍。"

三、精细动作操作环节

（一）活动名称

精细动作——送小汽车回家。（10～15分钟）

（二）活动准备

手机、蓝牙音箱、蒙氏线。

（三）活动目标

1. 训练宝宝手部精细动作的发展，能够二指捏绳子头。
2. 训练宝宝手眼协调，能够用二指捏绳子穿过吸管。

（四）活动过程

1. 活动导入。

主班教师："智慧时间到了，取工作毯。"起身后退取工作毯。"铺工作毯。"将工作毯放身体的左侧，铺开，抚平三下。"取教具。"

"今天老师给宝宝们带来了一个新朋友，让我们看看它是谁！呀，是小汽车。可是小汽车找不到回家的路了，我们一起帮小汽车找到回家的路。"左手拿图板，右手感知吸管的孔，右手指捏绳子的头，用二指捏线头把线头穿进吸管。

"现在我们已经帮助小汽车找到回家的路了，老师的工作做完了，教具哪里拿的送回哪里去。现在老师去送教具。"主班教师去送教具。

"收工作毯，卷，拉，卷，拉，拍。送工作毯。"

2. 宝宝自由操作。

主班教师跪坐在工作毯架前，"现在是宝宝的工作时间，请宝宝依次到工作毯架前取工作毯。"配班教师跪坐在教具柜前，"请取完工作毯的宝宝依次到教具柜前取教具，进行自由操作。"主、配班教师跪坐在蒙氏线两个短边处，观察宝宝操作。

宝宝快要没有兴趣时，主、配班教师分别进行个别指导。时间差不多时候配班老师放音乐，主班教师跪坐到教具柜前。"收教具的音乐响起来了，请宝宝将教具送到教具柜前，收完教具的宝宝请将工作毯送回工作毯架前。"

3. 目的介绍和家庭活动延伸。

主班教师："穿的动作可以训练宝宝手部精细动作的发展和手眼协调能力。回到家里以后家长可以带领宝宝穿鞋带、穿线板。"

四、语言环节

(一) 活动名称

五只小鸟。(5~7分钟)

(二) 活动准备

手指谣《五只小鸟》、儿歌歌词提示纸。

(三) 活动目标

1. 宝宝能听教师的指令做出相应的手指谣的动作。
2. 能够模仿教师,跟教师一起做手指谣。
3. 知道每个动作是什么意思,能够听懂手指谣。

(四) 活动过程

1. 动作分解。

主班教师:"宝宝们,接下来到了我们的语言环节了。今天有一个小客人来到了我们的课堂,让我们看看它是谁。请宝宝仔细看好老师的手,新朋友要来咯。(用手做出小鸟的动作) 宝宝们,你们知道它是谁吗? 哇,宝宝真聪明,今天来到我们课堂的小客人就是小鸟。那宝宝们知道小鸟怎么飞吗? 啊,小鸟是拍动翅膀飞的,我们一起看看小鸟怎么飞。(用手模仿小鸟飞) 宝宝们看,老师的手又变成了什么? 变成了大树,我们一起数一数大树有几个树杈,1、2、3、4、5,有5个树杈,看我们的小鸟要飞回鸟巢里啦。现在树杈要变成鸟巢啦。小鸟看见妈妈回来啦,叽叽喳喳地叫妈妈。"

2. 儿歌互动。

主班教师:"现在请家长和宝宝们一起跟着儿歌做一遍手指谣,要开始咯:五只小鸟要回家,五个树杈等着它。小鸟飞回鸟巢里,叽叽喳喳叫妈妈。宝宝们都做得非常棒,现在我们再跟着儿歌一起送小鸟回家。"(再做一遍)

3. 目的介绍和家庭活动延伸。

主班教师:"手指谣可以培养宝宝的听说理解力、语言表达力,增强宝宝的模仿力和反应能力,训练宝宝的小肌肉灵活性,回到家以后家长可以和宝宝一起做一些手指谣活动。"

五、音乐环节

(一) 活动名称

好玩的音阶。(7~10分钟)

(二) 活动准备

手机、蓝牙音箱、蒙氏线。

(三) 活动目标

1. 宝宝能跟着歌曲的节奏用手摇铃摸歌词中出现的身体部位。
2. 能够正确使用手摇铃,知道手摇铃的名字。

(四) 活动过程

1. 活动导入。

主班教师:"宝宝们,现在到了音乐时间啦。宝宝们猜猜今天老师请来的朋友。我们看看它是谁呀,今天呀老师请来的是音阶宝宝。你们有看到音阶宝宝吗? 原来淘气的音阶宝宝和我们玩了一个游戏藏了起来,藏到了我们身体的各个部位,现在我们一起来找到音阶宝宝吧。现在请宝宝们像老师这样坐，我们看看 Do 宝宝藏在哪里，咦，Do 藏在了我们的小脚上，我们一起拍拍小脚，Do，Do，Do，Do。接下来我们看看 Re 藏在了哪里，哇，Re 藏在了我们的膝盖上，我们一起拍拍膝盖，Re，Re，Re，Re。现在我们接着找 Mi 宝宝，我们看看 Mi 宝宝在……原来 Mi 宝宝藏在了我们的腿上，宝宝们和老师一起拍拍双腿，Mi，Mi，Mi，Mi。咦，我看到宝宝们的腰上藏了一个音阶宝宝，我们看看是谁啊，啊，是 Fa 宝宝。我们一起叉叉小腰，Fa，Fa，Fa，Fa。Sol 宝宝说它藏在了我们的肩膀上，宝宝们你们知道肩膀在哪里吗？宝宝们真棒，我们来一起拍拍肩膀，Sol，Sol，Sol，Sol。现在老师要看看 La 在哪里，咦，La 在我们的头顶，摸摸我的脑袋，La，La，La，La。现在还有最后一个最淘气的 Xi 宝宝，（伸手）原来 Xi 宝宝藏在了我们的手上，宝宝们举起手让老师看看 Xi 宝宝在哪里呀。现在我们找到了所有的音阶宝宝，我们一起跟着音乐用小手摸摸音阶宝宝在哪里。（放音乐）宝宝们都这么棒，现在有一位乐器宝宝想和我们一起玩这个游戏，我们来听一听这个乐器宝宝它能够发出什么声音，现在我们一起看一看这个乐器宝宝是谁，它的名字叫手摇铃，现在请宝宝依次来老师这里每个人拿两个手摇铃。现在宝宝们的手里都有手摇铃了，我们看看它是怎么样发出声音的？宝宝们跟着老师的节奏一起摇手摇铃，老师喊停的时候就要停下来，不要让它发出声音。1，2，1，2，1，2，停，嘘……再来一次，1，2，1，2，1，2，停，嘘……现在我们用手摇铃摸摸小脚，摸摸膝盖，摸摸双腿，摸摸小腰，摸摸肩膀，摸摸脑袋，举起双手。宝宝们真棒，现在我们和手摇铃一起跟着歌曲，找到音阶宝宝吧。（播放音乐）宝宝们做得真棒，把所有的音阶宝宝都找到了，玩具哪里拿的送回到哪里去，现在请宝宝们把手摇铃送回老师这里。"

2. 目的介绍和家庭活动延伸。

主班教师："音乐游戏可以提高宝宝的反应能力和身体的协调性，让宝宝了解不同的曲式风格，增强音乐感及表现力。回到家里家长可以带领宝宝跟着节奏感强的音乐，用乐器跟着音乐的节奏演奏。"

六、大运动环节

（一）活动名称

袋鼠妈妈运水果。（7~10 分钟）

（二）活动准备

自制的大树两棵、自制的水果图片若干。

（三）活动目标

1. 能够熟练沿着直线跑。

2. 体验与同伴和家人游戏的乐趣。

（四）活动过程

1. 游戏引领及规则介绍。

将大树上挂满水果并放在场地的一端（终点），家长和孩子在场地的另一端（起点）面对面地站立，同时幼儿将自己的脚踩在家长的脚上，家长用双手提住幼儿的双肩准备。说儿歌："袋鼠妈妈，有个袋袋，袋袋里面，装着乖乖，妈妈和乖乖，相亲又相爱。"

2. 游戏环节。

游戏开始后，幼儿与家长一起往前走，到达果树后家长抱起幼儿摘下一个水果，两人一起往回跑，以先回到起点为胜。

规则：在前进的过程中幼儿的脚必须踩在家长的脚面上。

3. 目的介绍和家庭活动延伸。

主班教师："这个活动可以训练宝宝沿着直线跑的动作，并让宝宝初步学会遵守游戏规则，同时体验与同伴和家人一起游戏的乐趣。回到家里，家长可以自制教具进行此类游戏。"

第五节　25~30个月幼儿亲子教育综合活动范例

范例一　25~30个月幼儿亲子教育综合活动教案

一、走线环节

(一) 活动名称

走线。(2~3分钟)

(二) 活动准备

鸭梨图片、音乐《安妮的仙境》。

(三) 活动目标

1. 舒缓宝宝情绪，让宝宝更好地进入课堂环境。
2. 培养宝宝正确的走路姿势。
3. 训练宝宝四肢力量及身体的协调性。

(四) 活动过程

1. 导入环节。

主班教师："小手小手拍拍，宝宝的小手拍起来。小手小手拍拍，宝宝的小手拍起来。现在我们一起来摸一摸我们前边的蒙氏线，小手拍拍，还可以用我们的小脚踩一踩蒙氏线。现在请家长辅助宝宝站在老师身后的蒙氏线上，下面我们来一起进行走线。"

2. 开始环节。

开始播放音乐《安妮的仙境》作为走线背景音乐。

主班教师："现在我们可以把双手张开做小燕子飞的动作。现在我们可以换一个动作，把手放在我们的肩膀上。"

3. 结束环节。

主班教师："音乐声渐渐小了，请家长带着宝宝坐到对面的蒙氏线上，宝宝宝宝坐下来，找个鸭梨坐下来，宝宝宝宝坐下来，找个鸭梨坐下来。"

4. 目的介绍和家庭活动延伸。

主班教师："走线可以舒缓宝宝情绪，让宝宝更好地进入课堂环境，培养宝宝正确的走路姿势，训练宝宝的四肢力量及身体协调性。回家后，家长可以带领宝宝利用家里的地板线进行走线训练。"

二、相识礼仪环节

(一) 活动名称

唱名。(5~7分钟)

(二) 活动准备

欢迎歌以及伴奏CD。

（三）活动目标

1. 帮助宝宝在语言的引导下说出自己的姓名、性别及年龄。
2. 帮助宝宝学习手势语和礼貌用语。
3. 培养宝宝的自我意识。
4. 增强宝宝的自信心、爱心及胆量。
5. 培养宝宝社会交往能力。

（四）活动过程

1. 导入环节。

主班教师："宝宝们好，我是你们的圈圈老师，我今年21岁了，我是一个活泼可爱的小女生，现在跟圈圈老师一起来唱欢迎歌欢迎一下圈圈老师。'圈圈老师，圈圈老师，欢迎你，欢迎你，我们大家拍手，我们大家拍手，欢迎你。'谢谢大家，圈圈真是个有礼貌的好老师。"

2. 开始环节。

主班教师："还有一位老师，我们看看她在哪里，我们一起用望远镜看看老师在哪里，老师在这里呀。那请这位老师介绍一下自己，我们一起唱欢迎歌来欢迎一下奇奇老师吧。（欢迎歌同上）。现在请老师左边的宝宝到老师身边进行自我介绍。你叫什么名字啊，你今年几岁啦，你是男孩还是女孩啊。伸出我们的小手，一起唱欢迎歌欢迎她。（音乐同上）谢谢大家，丽丽宝宝真是位有礼貌的好宝宝，接下来宝宝依次上前来进行介绍。"

3. 目的介绍和家庭活动延伸。

主班教师："唱名环节可以帮助宝宝在语言的引导下，说出自己的姓名、性别及年龄，帮助宝宝学习手势语和礼貌用语。回到家后，家长可以让宝宝在亲戚朋友面前进行自我介绍。"

三、精细动作操作环节

（一）活动名称

搭积木。（10~15分钟）

（二）活动准备

彩色积木若干。

（三）活动目标

1. 通过搭积木训练宝宝的搭建能力。
2. 训练宝宝三指抓握的能力。
3. 训练宝宝的小肌肉运动能力。

（四）活动过程

1. 导入环节。

主班教师："宝宝们智慧时间到了，下面是老师的工作时间。"主班教师去取工作毯（后退两步来到工作毯前半蹲状，两只手拿起工作毯），铺好工作毯，取教具（同工作毯的步骤）。

主班教师："宝宝们，今天老师带来的工作是搭积木。"（把教具放在身体右侧，依次把教具放在工作毯上），介绍："这些都是积木，请宝宝伸出三指做出捏、放的动作，现在我们一起来搭积木吧（重复捏、放）。我的积木搭好了，把它取下来。现在我们还可以换只手

试试。"(同上)

2. 宝宝自由操作。

主班教师:"我的工作做完了,现在收教具,收工作毯。"

"老师的工作做完了,下面是宝宝的智慧时间,请宝宝依次到前边来取工作毯,取完工作毯的宝宝依次到教具柜前取教具。"

3. 目的介绍和家庭活动延伸。

主班教师:"搭积木可以培养宝宝的搭接高物的能力、抓握能力以及手眼协调能力。回到家后家长可以利用家中的积木和宝宝一起进行搭建活动。"

四、语言环节

(一) 活动名称

膝上童谣。(5~7分钟)

(二) 活动准备

小黑板、膝上童谣《可爱小熊猫》。

(三) 活动目标

1. 培养宝宝听、说、理解、语言表达能力。
2. 训练宝宝听指令做动作的能力。
3. 增强宝宝模仿能力及反应能力。
4. 训练宝宝小肌肉灵活性。
5. 刺激宝宝前庭平衡觉。
6. 增强宝宝情感交流。

(四) 活动过程

1. 导入环节

主班教师:"现在请家长坐在地上做伸腿的动作,将宝贝放在自己的大腿上,手要护住宝宝的腋下。现在跟老师一起做分解动作(屈、伸)。"

2. 游戏环节

主班教师:"膝上童谣的内容已经写在了后面黑板上了,请家长带着宝宝和我一起做:快快看,快快看,这个熊猫多有趣,吃竹叶,滚皮球,还向我们招招手,黑眼圈,白肚皮,胖得像个圆球球。现在我们再来一遍。(同上)现在宝宝们都学会了,宝宝们都很棒!"

3. 目的介绍和家庭活动延伸。

主班教师:"膝上童谣,可以让宝贝感知韵律节奏,同时也可以刺激宝贝语言发展、前庭平衡觉,还可以增进亲子之间的感情。回到家后,家长可以利用今天学习的膝上童谣训练宝宝的韵律节奏,还可以增进与宝宝之间感情。"

五、音乐环节

(一) 活动名称

小毛驴。(7~10分钟)

(二) 活动准备

音乐《小毛驴》、沙锤。

(三) 活动目标

1. 增强音乐感知力和表现力。

2. 了解不同的曲式风格。

3. 学会正确使用乐器,并知道名称。

4. 通过音乐抒发情感。

(四) 活动过程

1. 导入环节。

(以故事形式进行音乐分解动作) 主班教师:"我有一头小毛驴从来也不骑,有一天我心血来潮骑它去赶集,我手里拿着小皮鞭,我心里正得意,不知怎么我哗啦啦啦摔了一身泥。"

2. 游戏环节。

主班教师:"现在我们跟着音乐一起来做一遍吧(歌曲同上),宝宝们都做得很棒。(乐器使用分解)今天还来了一位新朋友,宝宝们来晃一晃,听一听是什么声音?沙沙沙的声音,(沙锤)现在我们用沙锤敲一敲肩膀,敲一敲膝盖,敲一敲地板,再晃一晃。现在我们和沙锤一起随着音乐动起来吧!(音乐同上)宝宝们都做得很棒,现在我们伸出小手一起来为自己鼓鼓掌吧!"

3. 目的介绍和家庭活动延伸。

主班教师:"音乐活动可以增强宝宝的音乐感知力和表现能力,学会使用乐器并知道其名称,能够提高宝宝的反应能力和身体协调性。回到家里,家长可以利用生活中常见的物品,如塑料瓶里面装点沙子,当作沙锤,进行音乐互动。"

六、大运动环节

(一) 活动名称

抖动的小球。(7~10分钟)

(二) 活动准备

彩虹伞、海洋球。

(三) 活动目标

1. 增强身体协调性。

2. 刺激前庭平衡觉和触觉。

3. 体验与同伴和家人游戏的乐趣。

(四) 活动过程

1. 带领宝宝游戏。

宝宝在彩虹伞的四周进行游戏,听教师口令抖动彩虹伞,使彩虹伞上的海洋球跳动起来。(教师可用口令带动:小海浪,轻轻地吵;大海浪,重重地吵)反复进行五次,达到动作与口令统一。

2. 目的介绍和家庭活动延伸。

主班教师:"通过彩虹伞增强四肢力量和本体觉,培养宝宝坚持不懈的意志品质。回到家里,可以利用一些器材训练宝宝的大运动。"

范例二 25~30个月幼儿亲子教育综合活动教案

一、走线环节

(一) 活动名称

走线练习。(2~3分钟)

(二) 活动目标

1. 锻炼宝宝的平衡能力。

2. 舒缓宝宝的情绪，帮助宝宝快速进入活动。

(三) 活动过程

1. 导入。

(请家长带着宝宝沿着蒙氏线坐下，让宝宝坐到家长的怀里) 主班教师："宝宝们，伸出你的小手，拍一拍；伸出你的小手，拍拍腿；伸出你的小手，拍拍肩；伸出你的小手，拍拍拍。"(拍蒙氏线)

主班教师："咦？这里有一条线，宝宝知道这条叫什么名字吗？老师来告诉大家，它叫作蒙氏线。我们来摸一摸它。"

2. 基本部分。

主班教师："下面请家长带着宝宝到站到我的后面，让我们的脚跟贴着脚尖向前走。把我们的小手放到肚子上……把我们小手放到头上……音乐停啦，请家长带着宝宝回到自己的位置上。"

3. 家庭活动延伸。

主班教师："家长可以在家里沿着家里的地板线进行走线练习。"

二、相识礼仪环节

(一) 活动名称

我来介绍我自己。(5~7分钟)

(二) 活动准备

欢迎歌以及伴奏CD、小音箱。

(三) 活动目标

1. 锻炼宝宝大胆说话的能力。

2. 让宝宝知道自己的名字、年龄、性别，培养宝宝的自我意识。

(四) 活动过程

1. 导入活动。

主班教师："欢迎宝宝们来到阳阳老师的课堂，我是你们的阳阳老师，我是一个女孩子，我今年23岁啦。鼓鼓掌，欢迎阳阳老师。"

"现在我要请我们的宝宝到阳阳老师的旁边来做自我介绍，从我右手边的这位宝宝开始。"

"请问你叫什么名字呀……男宝宝还是女宝宝……多大了？我们给××宝宝鼓鼓掌，我们一起为宝宝唱欢迎歌。"

"宝宝好，宝宝好，我们大家欢迎你，我们大家欢迎你。"

2. 家庭活动延伸

主班教师："回到家后，家长也要带领宝宝去人多的地方，让宝宝进行自我介绍，也要多喊宝宝的名字，培养宝宝的自我意识。"

三、综合认知环节

(一) 活动名称

神奇的盒子。(10~15分钟)

（二）活动准备

不同颜色的盒子、小圆片、音乐。

（三）活动目标

1. 增强宝宝对颜色的认识，加深其对红、黄、蓝、绿的记忆。

2. 宝宝能够灵活运用二指捏，并且找对相应的颜色。

（四）活动过程

1. 导入。

主班教师："现在宝宝要学新本领啦，老师去取工作毯。"

2. 取工作毯。

主班教师："让我们的工作毯躺倒地上，用我们的小手把它铺平。"

3. 取教具。

主班教师："今天老师给宝宝们带来了不同颜色的小盒子，我们一起来看看都是什么颜色的小盒子。"

"哇！一共有四个颜色，我们一起去认识认识它。"

"这是红色……宝宝伸出你的食指，给老师指一指哪个是红色，哪个是……请宝宝用小手捂住你的小眼睛，3，2，1……睁开小眼睛……哇！看工作毯哪个颜色不见啦！宝宝说是绿色，是绿色吗？老师要揭晓答案啦！真的是绿色啊，恭喜我们的宝宝，答对啦，宝宝真棒。"

"下面老师要变魔法啦！看老师的手，3，2，1，哇！这是什么东西啊，是好多颜色的小圆片。这些小圆片找不到它们的家啦，需要宝宝们把它们带回家。它们的家在哪里呢，它们的家就是和它们颜色一样的小盒子。看，小盒子上面有一个洞洞，用我们小手把小圆片插进这个洞洞里。咦？小圆片不见了，因为它回家啦。"

4. 送工作毯。

主班教师："老师的工作做完了，工作毯哪里来的送回到哪里去，老师去送工作毯。"

5. 宝宝取教具。

主班教师："下面请听到名字的宝宝到老师这里取教具。"（放音乐）

6. 收教具。

主班教师："宝宝们，收教具的音乐响起来了，请家长帮助宝宝把教具送回到教具柜前，送完教具的宝宝将工作毯送回来。"

7. 家庭活动延伸。

主班教师："我们家长平时可以带宝宝认识更多的颜色，例如花草的颜色、汽车的颜色……"

四、语言环节

（一）活动名称

手指谣《电风扇》。(5~7分钟)

（二）活动准备

儿歌《电风扇》提示板。

（三）活动目标

1. 锻炼宝宝听、说的能力。

2. 加强宝宝的理解能力。

(四)活动过程

1. 导入。

主班教师:"宝宝们,夏天到了,真是好热呀,我们一起组装个电风扇吧!"

2. 基本部分。

主班教师:"电风扇怎样装呢?小手这样放(左手横在胸前),小手这样放(右胳膊肘立在左手上),电风扇的支架搭好了。那它有几片叶子啊?有三片(右手中间三根手指伸出),我们把电风扇打开(按眉心),电风扇转起来了(晃右手)。哇!感受到风了呢(双手由上至下波浪式滑下),终于消汗了(双手先后从脑门滑下),真是好舒服啊(双手做"棒!棒!"状伸出去)

"宝宝们好棒!接下来我们完整做一遍。电风扇,三片叶。按钮一按呼呼转。吹吹风,消消汗,心情美丽真舒畅。"

3. 家庭活动延伸。

主班教师:"家长平时也要多和宝宝交流,学习更多的手指谣,也可以带宝宝看绘本,锻炼宝宝听、说以及理解能力。"

五、音乐环节

(一)活动名称。

拍拍手碰碰脚。(7~10分钟)

(二)活动准备

音乐、串铃。

(三)活动目标

1. 知道乐器的名称,并学习使用乐器。

2. 提高对音乐的感知力。

(四)活动过程

1. 导入。

主班教师:"宝宝们,又到了我们的音乐环节啦,我们站起来一起跳跳舞吧。"

2. 基本部分。

(1)分解舞蹈的动作;

(2)跟音乐互动;

(3)介绍乐器串铃;

(4)乐器分解动作,乐器互动。

3. 收教具。

主班教师:"宝宝们,串铃要回家啦,我们跟它说再见。"

4. 家庭活动延伸。

主班教师:"家长在家也可以带宝宝听节奏感强的音乐,也可以带宝宝认识更多的乐器,如手摇铃等。"

六、大运动环节

(一)活动名称

找一找。(7~10分钟)

(二）活动准备

彩虹伞、欢快的音乐。

(三）活动目标

通过走、跑、跳，促进宝宝大肌肉能力的发展。

(四）活动过程

1. 导入：出示彩虹伞。

主班教师："今天老师给大家带来了宝宝们最喜欢的朋友，猜一猜它是谁呀？没错，它就是彩虹伞。掌声请出彩虹伞。"

2. 基本部分。

把彩虹伞铺到亲子垫上，学小兔跳，跳到红颜色上；学小猫走，走到黄颜色上；学小马跑，跑到蓝颜色上。让宝宝找一个喜欢的颜色，坐下，让彩虹伞盖住腿，再打开，再盖上。

3. 收彩虹伞。

让宝宝躺倒彩虹伞下，闭上眼睛，收走彩虹伞。

4. 家庭活动延伸。

主班教师："家长在家可以利用桌子凳子带着宝宝爬，或者带宝宝去公园跑一跑。"

范例三 25~30个月幼儿亲子教育综合活动教案

一、走线环节

(一）活动名称

走线。(2~3分钟)

(二）活动准备

背景音乐、蒙氏线。

(三）活动目标

1. 舒缓宝宝情绪，让宝宝更好地进入环境中来。
2. 培养宝宝正确的走路姿势。
3. 训练宝宝的四肢力量及身体的协调性。

(四）活动过程

1. 活动导入。

主班教师："宝宝们你们好，我是你们的鑫鑫老师，今天由我带着大家一起活动。宝宝们伸出手，小手小手拍拍，我的小手伸出来，小手小手拍拍，宝宝的小手伸出来。"

"宝宝们看，这是什么？伸出我们的小手拍一拍，摸一摸，这是蒙氏线，宝宝们伸出我们的小脚，小脚小脚踏踏，我的小脚踏起来；小脚小脚踏踏，宝宝的小脚踏起来。用我们的小脚来踏一踏我们的蒙氏线。"

"下面请家长辅助宝宝站到老师身后的蒙氏线上，我们跟随音乐走线（放舒缓的音乐），宝宝们把双手打开（走半圈）。现在我们来换一个动作，把手放在肚子上（走半圈）。现在再把我们的双手放在肩上（走半圈）。随着音乐声音慢慢地变小，请家长和宝宝坐在蒙氏线后面的小苹果上。"

2. 目的介绍和家庭活动延伸。

主班教师："走线可以舒缓宝宝的情绪，让宝宝更好地进入活动中，培养宝宝正确的走路姿势。回家后,请家长辅助宝宝在家里的地板线练习走线。"

二、相识礼仪环节

(一) 活动名称

唱名。(5~7分钟)

(二) 活动准备

手绢、音乐《丢手绢》。

(三) 活动目标

1. 在语言的引导下说出自己的姓名、性别及年龄。
2. 学习手势语和使用礼貌用语。
3. 增强自我意识。

(四) 活动过程

1. 活动导入。

主班教师:"宝宝们,问好时光到啦。我们一起玩个游戏,宝宝们跟着音乐拍拍手,老师拿着小手绢围着宝宝走。当音乐停下来,宝宝看看身后,如果有手绢的宝宝就把它拿上来交给老师。"

播放《丢手绢》的音乐,主班教师拿着手绢轻轻丢到配班老师身后,配班教师拿起小手绢交到教师手里。"谢谢配班老师,请你做一下自我介绍吧!"

配班教师:"我是桃子老师,今年22岁了,我是一个可爱的小女生。"

主班教师:"桃子老师你真棒!下面请我们大家欢迎一下桃子老师。桃子老师,桃子老师,欢迎你,欢迎你,我们大家拍手,我们大家拍手,欢迎你,欢迎你。"(两只老虎的调)

桃子老师:"谢谢!"

主班教师:"桃子老师真有礼貌!"

继续播放《丢手绢》的音乐,主班教师拿着手绢轻轻丢到宝宝身后,宝宝拿起小手绢交到主班教师手里,主班教师接过手绢说:"谢谢宝宝!告诉大家你叫什么名字?今年几岁了?"

宝宝介绍自己:"我叫×××,今年2岁了,我是小男生!"

主班教师:"宝宝你真棒!宝宝回到自己的座位上,我们再继续进行游戏。"所有的宝宝都上来介绍完自己,结束游戏。

2. 目的介绍和家庭活动延伸。

主班教师:"这个游戏可以增强宝宝的语言能力,培养宝宝的社会交往能力。回到家中,家长可以让宝宝在亲戚面前介绍自己,锻炼宝宝的自信心和胆量。"

三、综合认知环节

(一) 活动名称

认识颜色。(10~15分钟)

(二) 活动准备

工作毯、教具小汽车(红色、黄色)、球(红色、黄色)。

(三) 活动目标

让宝宝学会分清红色、黄色小汽车。

（四）活动过程

1. 活动导入。

主班教师："智慧时间到了，老师去取工作毯，铺好。老师现在去取教具，用托盘。今天老师给大家带来的工作是认识颜色。老师要看看哪个小宝宝最聪明。"

教师出示两辆小汽车："宝宝看，这是两辆小汽车，大家看看有什么不同？是不是小汽车穿的衣服不同呢？"

教师又出示红色的小球，告诉宝宝："这是一个小球，宝宝看看这个小球和这个小汽车的衣服是不是一样的？它们都穿着红色的衣服。"

教师分别指着小球和小汽车告诉宝宝这个是红色的小球，这个是红色的小汽车，这些都是红色的。说完，主班教师把手里所有的红色玩具拿出，展示给宝宝看，让宝宝感知红色。主班教师又拿起黄色的小汽车，告诉宝宝："这些都不是红色。"

主班教师出示黄色的小汽车和小球，告诉宝宝："这是黄色的小汽车。这是黄色的球，这些都是黄色的。"说完，主班教师把手里所有的黄色玩具拿出，展示给宝宝看，让宝宝感知黄色。

"老师的工作做完了，工作毯哪里拿的送回到哪里，现在老师去送教具，收工作毯，现在老师去送工作毯。"

2. 宝宝自由操作。

主班教师："现在是宝宝的工作时间，请宝宝们依次到工作毯架前取工作毯。取完工作毯的宝宝依次到教具柜前取教具。进行自由操作。"

每人取红和黄的玩具，家长和宝宝一起玩，家长可用语言提示宝宝："把红色的小球给妈妈。"当宝宝拿对后，家长立即亲亲宝宝，给予奖励，然后再鼓励宝宝："把黄色的小汽车给妈妈。"当宝宝拿错时，家长可用身体语言，如摇摇头、摆摆手，告诉宝宝拿错了，再扶着宝宝的手去拿黄色的小汽车。

主班教师出示红色和黄色的大卡片，让宝宝把手中相应的颜色放到指定的卡片上。宝宝学会分别红色和黄色。

3. 目的介绍和家庭活动延伸。

主班教师："这个活动是让宝宝们认识颜色，锻炼宝宝的思考能力。家长回到家中，让宝宝在生活中找出红色和黄色的物件，巩固对这两个颜色的认识。"

四、语言环节

（一）活动名称

蛋炒饭。(5~7分钟)

（二）活动准备

手指谣《蛋炒饭》。

（三）活动目标

1. 培养宝宝听说理解力和语言表达能力。
2. 增强宝宝模仿力和反应能力。
3. 训练宝宝小肌肉灵活性。

（四）活动过程

1. 活动导入。

主班教师:"宝宝们,接下来到了语言环节,老师给大家带来一个手指谣,手指谣的名字叫《蛋炒饭》。宝宝们,我们先伸出一只小手,看看,把我们的小手变成平底锅,准备好我们的平底锅,开始炒饭啦!首先,我们伸出一根手指头,变呀变,变成一个小油壶,往里放点油;然后我们再伸出两根手指头,拿出一个蛋,往锅里打个蛋;我们再伸出三根手指头,往里撒点盐;哇!我们的蛋炒饭快熟啦,快拿出四根手指头变成小锅铲,翻一翻;最后,伸出五根手指头,端上我们的蛋炒饭。哇!可真香呀!来我们吃一口,a——m,一口蛋炒饭。宝宝们,我们再来一遍吧!"

"准备一个平底锅。一根手指放点油,两根手指打个蛋,三根手指撒点盐,四根手指翻一翻,五根手指端上来,a——m,一口蛋炒饭,宝宝们真棒!"

2. 目的介绍和家庭活动延伸。

主班教师:"这个活动可以增强宝宝的语言表达能力,锻炼手指的灵活力。回家后家长可以带宝宝学做简单的手指摇。"

五、音乐环节

(一) 活动名称

我爱蹦蹦跳。(7~10分钟)

(二) 活动准备

音乐、串铃。

(三) 活动目标

1. 增强音乐感和表现力。
2. 学习使用乐器,并知道乐器名称。
3. 提高反应力和集体的协调性。

(四) 活动过程。

1. 活动导入。

主班教师:"接下来到了音乐环节,今天老师带来了一个新朋友,我们来看看它是谁呢?它是串铃,请宝宝们来这里一人取一个。我们在胸前晃一晃,我们再举起来摇一摇。接下来我们跟着音乐来一段。宝宝们真棒!现在请宝宝把教具交给老师。"

2. 目的介绍和家庭活动延伸。

主班教师:"音乐活动可以培养宝宝的反应力和身体的协调性,让宝宝认识乐器使用乐器,可以增强宝宝音乐感和亲和力。回到家中,家长也可以利用一些铃铛或者其他带声响的玩具来带宝宝做音乐游戏。"

六、大运动环节

(一) 活动名称

彩虹伞。(7~10分钟)

(二) 活动准备

彩虹伞一把、红色和黄色标牌各一块、节奏明快的背景音乐。

(三) 活动目标

刺激宝宝的视觉,感受集体游戏的快乐。

(四) 活动过程

主班教师:"让宝宝有个愉悦的心情,感受集体的乐趣。我们现在做个小游戏。"主班教师拿出彩虹伞,"大家一起把它铺开跟着音乐做游戏。"配班老师播放音乐《跟着我来》。

找颜色:打开彩虹伞,铺在地上,主班教师手拿红色标牌:"红色,红色在哪里?宝宝快去找红色。"宝宝找到彩虹伞上的颜色站在红色上;主班教师手拿黄色标牌:"黄色,黄色在哪里?宝宝快去找黄色。"宝宝找到彩虹伞上的颜色站在黄色上。

踩泡泡:让宝宝站在伞中间,主班教师抖动彩虹伞,说:"这是个五彩的海洋,好多海浪呀,宝宝们一起来踩泡泡吧!"

游戏反复进行,让宝宝理解集体游戏的快乐。

收伞:"宝宝们,我们来一起卷花卷:卷卷卷卷卷花卷,卷成一个小花卷;卷卷卷卷卷花卷,卷成一个大花卷。花卷卷好了,宝宝们肚肚也饿了,我们一起回家吃饭吧!"

教师收拾好彩虹伞,让宝宝坐在红苹果上,结束今天的课程。

七、再见环节

家长和宝宝都坐下后,主班教师伸出手,舞动手指头说:"宝宝的小手在哪里?给老师看看你们的小手!宝宝请你拍拍手,拍拍手;宝宝请你站起来,站起来;宝宝请你转个圈,转个圈;宝宝请你挥挥手,说再见!各位家长和宝宝们,今天的活动结束了,我们下节课再见!"

第六节 31~36个月幼儿亲子教育综合活动范例

范例一 31~36个月幼儿亲子教育综合活动教案

一、走线环节

(一)活动名称

持物走线。(2~3分钟)

(二)活动准备

音乐《身体音阶歌》、蓝牙、音箱、托盘若干、小皮球若干、蒙氏线。

(三)活动目标

1. 提高专注力。

2. 增强身体的协调性和平衡能力。

(四)活动过程

1. 语言引导。

主班教师:"宝宝们好!请宝宝们伸出我们的双手,跟老师一起做。伸出我的小手拍拍拍拍,拍拍我的肩膀,拍拍拍拍,拍拍我的肚子,拍拍拍怕,拍拍我的双腿,拍拍拍拍。宝宝们看我们眼前有一条长长的线,它叫什么呢?老师告诉你们,它的名字叫作蒙氏线,让我们伸出双手摸一摸它,感知一下,伸出双脚踏一踏它。"

2. 教师带领宝宝走线。

主班教师:"请家长带领各自的宝宝站到老师身后的蒙氏线上,我们开始走蒙氏线。每一位宝宝分发一个托盘,音乐响起开始走线,请宝宝双手端着托盘保持平衡走;下一个转弯处,请宝宝拿一个皮球放在托盘上走线,注意保持身体平衡;下一个转弯处变换动作,双手持盘走线,音乐暂停后宝宝要站在原地不动,音乐响起后开始走线继续,重复两次;音乐声渐渐小了,请各位家长带领各自的宝宝坐到蒙氏线对面的水果垫子上。"

3. 目的介绍和家庭活动延伸。

主班教师:"持物走线可以训练宝宝的专注力和意志力,同时还可以训练宝宝的四肢协调性和走路的平衡能力。家长可以带着宝宝在操场上和公园中的空地上沿着地板砖练习走线,可以自由地变换动作来练习。"

二、相识礼仪环节

(一)活动名称

唱名。(5~7分钟)

(二)活动准备

欢迎歌、小音箱欢迎歌伴奏。

(三)活动目标

1. 能主动进行自我介绍。
2. 增强自信心和胆量。
3. 提高社会交往能力。

(四)活动过程

1. 语言引导。

主班教师:"宝宝们好,我是小张老师(双手打招呼),我今年22岁了(左右手比2),我是一个可爱的女孩子(双手放在下巴上做花状)。请宝宝们一起来唱欢迎歌欢迎一下我。小张老师,小张老师,我们大家欢迎你;拍拍小手,拍拍小手,我们拍手欢迎你。谢谢宝宝们,小张老师真有礼貌(大拇指点赞)。"

主班教师:"我们的配班老师哪里去了?我们来把她找出来吧。拿出我的望远镜,看一看配班老师在哪里呢?找到了,在这里。我们请配班老师来做个自我介绍吧。"

配班老师:"宝宝们你们好,我是小王老师。我今年21岁了,我是一个可爱的女孩子。"

主班教师:"让我们一起来欢迎小王老师吧。小王老师,小王老师,我们大家欢迎你;拍拍小手,拍拍小手,我们拍手欢迎你。"

配班老师:"谢谢大家!"

2. 宝宝自我介绍。

主班教师:"小王老师真有礼貌!现在请宝宝们来做自我介绍。首先请我左手边的宝宝来到前面,(引导宝宝说出自己的名字、几岁了、是男孩子还是女孩子)让我们一起来唱欢迎歌,欢迎这位宝宝。"唱完欢迎歌,引导宝宝说"谢谢",教师和其他宝宝回应"宝宝你真有礼貌"。以此类推,直至全部介绍完成。

3. 目的介绍和家庭活动延伸。

主班教师:"唱名可以帮助宝宝运用语言说出自己的姓名、性别及年龄,还可以增强宝宝的自信心和胆量,提高社会交往能力。家长可以带着自己的宝宝在亲戚面前或者公园等人多的地方让宝宝来练习做自我介绍。"

三、综合认知环节

(一)活动名称

几何嵌板橱。(10~15分钟)

(二) 活动准备

几何嵌板橱、工作毯。

(三) 活动目标

1. 通过视觉和触觉的共同作用，认识圆形、正方形、三角形。

2. 锻炼手部肌肉的控制力。

(四) 活动过程

1. 活动导入。

主班教师："智慧时间到了，现在我去取工作毯。"（双手拿工作毯，单腿屈膝跪下，工作毯置于胸前10～12cm）

主班教师铺工作毯。（从左向右铺，三指按、铺，抚平三次）

主班教师："现在我去取教具，介绍教具。今天我带来的工作是几何嵌板橱。"展示三指，依次将圆形、三角形、正方形用三指取出来，介绍图形。

进行三段式教学："这是圆形、这是三角形、这是正方形，现在请宝宝们告诉我这是？（圆形）这是？（三角形）这是？（正方形）现在请宝宝们指出哪个是圆形，哪个是三角形，哪个是正方形。"

主班教师："现在我把它们送回家。"伸出二指感知圆形外边，然后右手感知嵌板橱，将圆形放入嵌板橱内，双手二指做错误订正。伸出二指感知三角形外边，然后右手感知嵌板橱，将三角形放入嵌板橱内，双手二指做错误订正。伸出二指感知正方形外边，然后右手感知嵌板橱，将正方形放入嵌板橱内，双手二指做错误订正。依次按完，展示。

2. 宝宝自由操作。

主班教师："我的工作做完了，工作哪里拿的送回哪里去，现在我去送工作毯。"收工作毯，左手握工作毯底端右手握一端转90°收起。收好工作毯轻拍三下，送工作毯。

主班教师跪坐在工作毯架前，"现在是宝宝的工作时间，请宝宝依次到工作毯架前取工作毯，取完工作毯的宝宝到教具柜前取教具，进行自由操作。"

3. 目的介绍和家庭活动延伸。

主班教师："通过练习几何嵌板橱的工作，可以锻炼宝宝手部精细动作的能力，锻炼手部肌肉的控制力和培养幼儿的逻辑思维。家长可以带领宝宝在家用积木来进行手部肌肉的训练。"

四、语言环节

(一) 活动名称

手指谣。(5～7分钟)

(二) 活动准备

儿歌《饭团子》提示板。

(三) 活动目标

1. 理解手指谣的内容。

2. 能够做出相应的动作。

3. 体验到手指谣带来的乐趣。

(四) 活动过程

1. 活动导入。

主班教师:"宝宝们,老师给大家带来了好吃的饭团子,让我们一起动手做一做吧。老师先做一个,宝宝们要仔细看哦!饭团子,饭团子,骨碌碌碌碌;饭团子,饭团子,圆溜溜溜溜;饭团子,饭团子,香喷喷喷喷;饭团子,饭团子,肚里装。老师吃到了好吃的饭团子,宝宝们想不想吃呢?我们一起来做一做吧。"

动作分解:"饭团子,双手握在一起,捏一个饭团子,换个方向再捏一次,骨碌碌碌碌,饭团子跑走了。我们再来捏一个,饭团子,饭团子捏好了,我们来摸一摸这个饭团是不是圆溜溜溜溜的,饭团子捏好了,我们来闻一闻,香喷喷喷喷,饭团子,饭团子,肚里装,拍拍我们的小肚子。宝宝们会捏饭团子了吗?我们来试一试吧。"

主班教师:"饭团子,饭团子,骨碌碌碌碌;饭团子,饭团子,圆溜溜溜溜;饭团子,饭团子,香喷喷喷喷;饭团子,饭团子,肚里装。宝宝们吃到饭团子了吗?"

2. 目的介绍和家庭活动延伸。

主班教师:"手指谣可以培养宝宝的听说理解能力,增强宝宝的模仿能力和反应能力。家长可以在家带领我们的宝宝做简单的手指谣练习。"

五、音乐环节

(一) 活动名称

两只老虎。(7~10分钟)

(二) 活动准备

儿歌《两只老虎》伴奏及歌词提示板、沙锤。

(三) 活动目标

1. 理解音乐的节奏。
2. 通过音乐抒发情感。
3. 提高反应能力,增强身体的协调性。

(四) 活动过程

1. 活动导入。

主班教师:"宝宝们,老师给大家带来了一位新朋友,它可是森林之王,你们知道它是谁吗?它有一首好听的儿歌,让我们一起来听一听吧。"

主班教师示范一遍:"两只老虎,两只老虎,跑得快,跑得快;一只没有耳朵,一只没有尾巴,真奇怪,真奇怪。"

动作分解:"张开双手,我们都变成大老虎,跑得快,跑得快,一只没有耳朵,指一指哪里是耳朵,一只没有尾巴,双手摊开,真奇怪。"

主班教师:"让我们连起来再做一遍吧。两只老虎,两只老虎,跑得快,跑得快;一只没有耳朵,一只没有尾巴,真奇怪,真奇怪。"

2. 乐器使用分解+乐器互动。

主班教师:"今天我们还有一位新朋友,看,是沙锤,我们摇一摇它,会发出沙沙沙的声音,我们带它和小老虎一起玩吧。两只老虎,两只老虎,跑得快,跑得快;一只没有耳朵,一只没有尾巴,真奇怪,真奇怪。"

3. 目的介绍和家庭活动延伸。

主班教师:"通过儿歌的训练,可以训练宝宝的四肢协调性和节奏性。家长可以给宝宝听一些节奏鲜明的儿歌,带动宝宝的节奏感。"

六、大运动环节

（一）活动名称

钻隧道。（7~10分钟）

（二）活动准备

欢快的音乐、彩虹伞。

（三）活动目标

1. 增强四肢力量和钻爬的能力。

2. 体验游戏带来的乐趣。

3. 增加独自完成任务的胆量。

（四）活动过程

1. 活动导入。

主班教师："宝宝们让我们手拉手开起小火车。"

教师和家长撑起彩虹伞，宝宝们手拉手站好。抖动彩虹伞，"小火车开动了，我们遇到了大风。"快速抖动彩虹伞，"风停了，小火车要钻隧道了。"家长撑起彩虹伞，变成隧道的样子，让宝宝钻进去，钻出来。"小火车出来了。又经过一个隧道，小火车准备好了吗？"宝宝再次钻出隧道。"目的地到了，我们去放风筝吧。"教师收起彩虹伞。

2. 目的介绍和家庭活动延伸。

主班教师："钻隧道游戏可以训练宝宝的四肢力量和胆量，家长可以在家陪宝宝玩捉迷藏等游戏。"

范例二　31~36个月幼儿亲子教育综合活动教案

一、走线环节

（一）活动名称

走线。（2~3分钟）

（二）活动准备

音乐《早晨》、蒙氏线。

（三）活动目标

1. 舒缓情绪，在活动中情绪安定愉快。

2. 能按照教师指令完成走线活动。

3. 提高身体的协调性和平衡能力。

（四）活动过程

1. 导入。

主班教师："宝宝们大家好，让我们伸出自己的小手，拍拍我的小手，一二三四，拍拍我的肩膀，一二三四，拍拍我的肚子，一二三四。"

"宝宝们，看见前面的线了吗？这是蒙氏线。我们用小手拍拍蒙氏线，用小脚来踏踏蒙氏线。"

2. 走线。

主班教师："下面请家长们协助宝宝站在老师身后的蒙氏线上，我们开始走线。双侧平举，走到半圈时候换下一个动作。我们换一个动作，掐着我们的小腰，当走到开始坐着的位置时,停止走线。音乐声慢慢变小了,请宝宝们到自己的小熊坐下。"

3. 目的介绍和家庭活动延伸。

主班教师:"走线可以帮助宝宝舒缓情绪,让宝宝更好地进入活动中,培养宝宝正确的走路姿势,训练宝宝的四肢力量和身体的协调性。回家以后,可以在家里的地板上练习走线,也可以自己做一条蒙氏线练习走线。"

二、相识礼仪环节

(一) 活动名称

唱名。(5~7分钟)

(二) 活动准备

欢迎歌、魔法棒。

(三) 活动目标

1. 能说出自己的姓名、性别及年龄。
2. 提高社会交往能力。

(四) 活动过程

1. 主班教师唱名。

(1) 打招呼+自我介绍。

主班教师:"大家好,我是慧慧老师,今年24岁了,我是一个可爱、漂亮的女孩子。"

(2) 唱欢迎歌。

主班教师:"下面让我们唱一首欢迎歌,欢迎一下慧慧老师吧。慧慧老师,我们欢迎你。"

(3) 致谢。

主班教师:"谢谢大家,慧慧老师真有礼貌。"

2. 配班教师唱名。

(1) 打招呼+自我介绍+唱欢迎歌+致谢。

主班教师:"我的配班老师在哪里呢?让我用我的魔法把她召唤出来吧!下面让我的配班老师做下自我介绍吧。"

(2) 配班老师做介绍。

配班教师:"大家好,我××老师,今年×岁了,我是可爱的女孩子。"

主班教师:"让我们唱一首欢迎歌欢迎一下××老师吧。"

合:"××老师,我们欢迎你。"

配班教师:"谢谢大家。"

主班教师:"××老师真有礼貌。"

3. 宝宝唱名。

主班教师:"下面我用我的魔法棒,点到谁,谁就要做自我介绍。"

宝宝:"大家好,我叫××,今年×岁了,我是××的女/男孩。"

主班教师:"让我们唱一首欢迎歌欢迎一下××宝宝吧!"

合:"××宝宝,我们欢迎你。"

宝宝:"谢谢大家。"

主班教师:"××宝宝真有礼貌。"

宝宝依次做自我介绍。

4. 目的介绍和家庭活动延伸。

主班教师："唱名可以帮助宝宝在语言的引导下，说出自己的姓名、性别及年龄，还可以提高宝宝的社会交往能力。回家以后，可以在家人、朋友或其他宝宝面前，让宝宝做自我介绍，有利于培养宝宝的人际交往能力。"

三、精细动作操作环节

（一）活动名称

倒珠子。（10~15分钟）

（二）活动准备

杯子、珠子、托盘、音乐《早晨》。

（三）活动目标

1. 训练手眼调能力，感知不同物品倒的难易程度，感知物品往低处流。
2. 提高活动的专注力。

（四）活动过程

1. 导入。

主班教师："智慧时间到了。"

2. 取工作毯。

主班教师："现在老师去取工作毯。"（右手在上，口冲左）取完之后，铺工作毯。

3. 取教具。

主班教师："现在老师去取教具。"

4. 操作部分。

主班教师："宝宝们，今天老师带来的工作是倒珠子。（依次展示教具，将教具用托盘拿上来，放在工作毯上，报工作名称）这是装满珠子的杯子，这是空杯子。（右手向前，手掌摊开，握，摊开，握，3次；左空右满，左手托底，右手持把，说'倒'之后再倒，倒完后，展示空杯子）我还可以换只手试试。"（徒手展示，摊开手，握，2次，如上步骤）

5. 送教具和工作毯。

主班教师："现在老师去送教具，现在老师收工作毯，拉，卷，口冲左，右手拍，拍，送工作毯。"

6. 宝宝自由操作。

主班老师跪坐到教具前，"现在是宝宝的工作时间，请宝宝依次到工作毯架前取工作毯，取完工作毯的宝宝依次到教具柜前取教具，请宝宝自由操作。"

主、配班老师跪坐在蒙氏线的短边处，观察宝宝操作（时间自定）。两人分别进行个别指导。主班教师掌控时间，示意配班教师放音乐。主班老师到教具柜前宣布："收教具的音乐响起来了，请家长辅助宝宝将教具送到教具柜前，收完教具的宝宝将工作毯送回工作毯架前。"

温馨提示：取放教具及工作毯时引导宝宝用礼貌用语。

7. 目的介绍和家庭活动延伸。

主班教师："倒珠子可以训练宝宝手眼协调能力，还能培养宝宝的专注力。回家以后，我们可以在家让宝宝倒珠子或用杯子倒水，以培养宝宝的手眼协调能力和专注力。"

四、语言环节

(一) 活动名称

我们的一家。(5~7分钟)

(二) 活动准备

手指谣《我们的一家》。

(三) 活动目标

1. 培养宝宝听说理解力、语言表达力。
2. 增强宝宝的模仿力。
3. 训练宝宝听指令做动作的能力。

(四) 活动过程

1. 动作分解。

主班教师:"下面我先做一遍示范,请家长和宝宝认真看。"

"大拇指是爸爸,爸爸开汽车,滴滴滴。(手握拳,竖起大拇指,左右摆动)

食指是妈妈,妈妈洗衣服,哗哗哗。(伸出食指,交替交叉)

中指是哥哥,哥哥拍篮球,嘭嘭嘭。(中指交替向下敲)

无名指是姐姐,姐姐学跳舞,啦啦啦。(无名指往左面摆,左手在上右手在下,往右摆时则相反)

小小手指就是我,我在敲小鼓,咚咚咚。"(小指交替向下敲)

"下面我来分解做动作,一句一句地学。"

"大拇指是爸爸(手握拳,竖起大拇指),爸爸开汽车(左右摆动),滴滴滴(大拇指下按,像点头一样)。我们来做一遍。"

食指是妈妈(伸出食指),妈妈洗衣服(左右摆动),哗哗哗(两个食指交替交叉)。我们来做一遍。

中指是哥哥(伸出中指),哥哥拍篮球(左右摆动),嘭嘭嘭(两根中指像拍球一样向下拍)。一起来一遍。

无名指是姐姐(伸出无名指),姐姐学跳舞(左右摆动),啦啦啦(向左摆,左手在上,右手在下。向右摆则相反)。

小小手指就是我(伸出小指),我在敲小鼓(左右摆),咚咚咚(小指交替向下敲)。

"我们一起来一遍。"

2. 儿歌互动。

主班教师:"我们从头,第一句,慢点来一遍,一句一句来。"

"我们完整地从头来两遍。"

3. 目的介绍和家庭活动延伸。

主班教师:"手指谣可以培养宝宝的听说理解力和语言表现力,增强宝宝的模仿能力,训练宝宝听指令做动作的能力。回家以后,我们可以在家和宝宝一起做手指谣,训练宝宝的手指灵活性。"

五、音乐环节

(一) 活动名称

吹泡泡。(7~10分钟)

（二）活动准备

音乐《吹泡泡》、乐器沙锤。

（三）活动目标

1. 增强对音乐的感知力和表现力。

2. 提高反应力和身体的协调性。

（四）活动过程

1. 动作分解。

主班教师："到了我们该动起来的环节了，让我们先来听一段音乐吧。"（播放音乐《吹泡泡》）"让我们先做一下动作吧！你吹泡泡（手指指向别人，双手放在嘴边），我吹泡泡（双手指向自己，再双手放在嘴边），吹得泡泡满天飞（双手划过头顶分别向两边划），五彩缤纷的泡泡（拍手），跟着太阳飞上天（双手划过头顶分别向两边划）。"

2. 乐器的分解。

主班教师："今天，老师请来了一位新朋友，它的名字叫作沙锤，它可以发出沙沙沙的声音，我们手拿着沙锤，左右有节奏地左右摇晃。好，下面我们跟着音乐一起有节奏地来摆动我们手里的小沙锤吧！"（左右晃动）

3. 目的介绍和家庭活动延伸。

主班教师："这个活动可以增强宝宝的音乐感和表现力，还可以提高反应能力和身体的协调性。沙锤发出沙沙沙的声音，可以引起宝宝对乐器的兴趣。回家以后，家长和宝宝可以在家用不同的音乐做动作，可以用沙子装在瓶子里当沙锤。"

六、大运动环节

（一）活动名称

穿山洞。（7~10分钟）

（二）活动准备

彩虹伞。

（三）活动目标

1. 练习爬的动作。

2. 增强身体协调性。

3. 体验游戏带来的乐趣。

（四）活动过程

1. 带领宝宝游戏。

主班教师："接下来请家长和宝宝退到蒙氏线往外，老师要摆器械。请家长们帮我拉一下彩虹伞，拉起边缘，放下。请宝宝站成一排。请家长将彩虹伞拉成一个长方形，中间留一条，当山洞，宝宝依次从老师这边钻，都钻完之后，山洞马上就要消失（收彩虹伞）。请宝宝站在家长的身边，宝宝们玩得都好开心呀。"

2. 目的介绍和家庭活动延伸。

主班教师："穿山洞可以锻炼宝宝'爬'这个动作，提高宝宝的大运动能力。回家以后，在家也可以玩这个活动，或者也可以利用'爬'这个动作让宝宝玩运东西（取和送），来提高宝宝的大运动能力。"

范例三 31~36个月幼儿亲子教育综合活动教案

一、走线环节

(一) 活动名称

走线。(2~3分钟)

(二) 活动准备

轻音乐。

(三) 活动目标

1. 舒缓情绪,提高专注力。
2. 增强身体的协调性和平衡能力。

(四) 活动流程

1. 活动导入。

主班教师:"现在请宝宝拿起自己面前的球,然后请家长和宝宝站在老师身后的蒙氏线上,我们一起进行练习走线(放音乐,进行走线至中间位置)。现在请宝宝将球放在头上(继续走线,并说活动目的)。随着音乐渐渐地变小,请家长和宝宝坐到老师对面的蒙氏线上。"

2. 目的介绍和家庭活动延伸。

主班教师:"走线可以舒缓宝宝的情绪,让宝宝更好地进入课堂环境,走线可以培养宝宝正确的走路姿势,同时还可以训练宝宝的四肢力量及身体的协调性。回到家中家长可以带着宝宝沿着地板线继续练习,还可以增加道具进行走线练习,比如可以让宝宝头顶着一本书,或者端着一个杯子进行走线练习,进一步提高宝宝的专注力和平衡能力。"

二、相识礼仪环节

(一) 活动名称

唱名。(5~7分钟)

(二) 活动准备

欢迎歌。

(三) 活动目的

1. 学习手势语和使用礼貌用语。
2. 帮助宝宝在语言的引导下,说出自己的姓名、性别和年龄。
3. 增强自我意识。

(四) 活动过程

1. 活动导入。

主班教师:"宝宝们好,我是你们的王老师,现在请宝宝们伸出双手欢迎一下我吧。"

(唱欢迎歌)"王老师你好你好吗?王老师你好你好吗?我们在这里欢迎你啊,我们在这里欢迎你。"

(双手下摆并鞠躬)"谢谢大家,现在王老师要拿出望远镜看一看还有哪位老师,呀,是李老师。"

(李老师进行自我介绍)"现在请宝宝们伸出双手欢迎一下李老师吧。"

(唱欢迎歌)"李老师你好你好吗?李老师你好你好吗?我们在这里欢迎你啊,我们在这里欢迎你。"

主班教师："宝宝的唱名时间到了，现在请宝宝们依次来到王老师的身边。（请其中一名宝宝坐到身边）宝宝你叫什么名字？你是男孩还是女孩？你几岁了？（宝宝进行回答）现在请宝宝们伸出双手欢迎一下××宝宝吧。（唱欢迎歌）××宝宝你好你好吗？××宝宝你好你好吗？我们在这里欢迎你啊，我们在这里欢迎你。"（依次进行下去，进行唱名）

2. 目的介绍和家庭活动延伸。

主班教师："唱名可以帮助宝宝在语言的引导下，说出自己的姓名、性别和年龄，可以培养宝宝的社会交往能力和自我意识，唱名还可以让宝宝学习手势语和使用礼貌用语，同时增强宝宝的自信心、爱心和胆量。回到家后家长可以让宝宝在亲戚朋友面前进行唱名。"

三、综合认知环节

（一）活动名称

给玩具找家。（10~15分钟）

（二）活动准备

各种家具的图片，玩具小兔、小狗、小猫等若干。

（三）活动目的

1. 认识常见家具，知道爱护它们。
2. 学会使用礼貌用语。

（四）活动过程

1. 情境导入。

主班教师说："宝宝，小动物们找不着自己的家了，你来帮帮它们好吗？"

2. 引导宝宝游戏。

主班教师拿起玩具小兔说："我的家在沙发上。"请宝宝把小兔放到沙发上。宝宝找（放）对后，就给予鼓励："宝宝真棒！帮小兔找到了自己的家，小兔说谢谢你！"并引导宝宝说"不用谢"。再依次拿起其他小动物玩具，分别请宝宝放到不同的家具上（里）。

3. 目的介绍和家庭活动延伸。

主班教师："通过这项活动，让宝宝认识各种家具的名称。教会宝宝正确使用礼貌用语'谢谢''不用谢'等。家长回家后还可以提供机会，让宝宝帮助擦家具，同时教育宝宝爱护家具，并使之保持清洁。"

四、语言环节

（一）活动名称

手指谣。（7~10分钟）

（二）活动准备

手指谣儿歌，并把手指谣写到白板上，便于家长吟诵。

（三）活动目的

1. 培养宝宝的听说理解力和语言表达力。
2. 增强宝宝的模仿能力和反应能力。
3. 训练宝宝小肌肉的灵活性。

（四）活动过程

1. 活动导入。

主班教师:"现在请家长和宝宝坐在老师对面的蒙氏线上,我们一起进行语言环节。首先和老师学一下分解动作。(教师示范)拍拍小手(双手拍),点点头(双手叉腰做点头动作);拍拍小手(双手拍),招招手(双手抬过头做招手动作);拍拍小手(双手拍),弯弯腰(双手叉腰做弯腰动作);拍拍小手(双手拍),摸摸脚(弯腰双手摸双脚);拍拍小手(双手拍),睡觉觉(双手合并放在耳边做睡觉姿态);拍拍小手(双手拍),蹦蹦跳(双手掐腰蹦蹦跳三下);拍拍小手(双手拍),身体棒(双手大拇指举向前)。好,现在我们要一起来一遍(重复做一遍)。宝宝们真棒,我们再来一遍。"(重复再做一遍)

2. 目的介绍和家庭活动延伸。

主班教师:"语言环节可以培养宝宝的听说理解力和语言表力,增强宝宝的模仿能力和反应能力,语言环节还可以训练小肌肉的灵活性和宝宝听指令做动作的能力。回到家后家长也可以选择其他手指谣带领宝宝继续练习。"

五、音乐环节

(一)活动名称

刷牙歌。(7~10分钟)

(二)活动准备

《刷牙歌》、沙锤。

(三)活动目标

1. 增强音乐感及表现力。
2. 学习正确使用乐器并了解其名称。
3. 通过歌曲学习,知道早晚要刷牙。

(四)活动流程

1. 活动导入。

主班教师:"现在请家长和宝宝坐到老师对面的蒙氏线上,我们一起进入音乐环节。我们每天早上起床都要洗脸、刷牙,所以老师今天给大家带来一个刷牙歌,在听音乐之前呢,我们先学习一下动作。(教师示范动作,宝宝学习)小牙刷手中拿(右手举起晃四下),张开我的大嘴巴(右手臂在上,左手臂在下,在胸前拍四下),牙刷火车出发了(右手由右向左晃四下),喊喊喳喳呜(左手由左向右晃四下),上刷刷下刷刷(右手上下晃四下),左刷刷来右刷刷(右手左右晃四下),牙刷火车嘴里跑(右手由右向左晃四下),喊喊喳喳呜(左手由左向右晃四下),刷完牙笑哈哈(右手抬至脸颊,左手抬至脸颊),露出牙齿白花花(举起双手至头顶上方晃动)。现在我们配合着音乐来一遍。"(重复做一遍动作)

"今天宝宝们表现得太棒了,所以老师就给大家带来的新的朋友。现在我们把它请出来吧。(拿出沙锤)它的名字叫作沙锤,请宝宝们和老师一起说'沙锤沙锤沙锤'。(教师给每一位宝宝发沙锤)好,现在就请宝宝拿起自己的沙锤晃一晃,沙锤发出动听的声音,但是怎么可以让它停下来呢?宝宝们要仔细看,停。(教师示范)原来手动沙锤就会响起来,手不动沙锤就会停下来。"

"好,现在我们要配合着音乐和刚才的动作一起来一遍。(重复上面的动作)宝宝们真棒,我们都是会刷牙的好宝宝。"

2. 目的介绍和家庭活动延伸。

主班教师:"音乐环节可以培养宝宝的音乐感及表现力,还可以锻炼宝宝的反应能力和身体协调性，同时让宝宝正确地使用乐器并了解其名称。回到家后家长可以带领宝宝继续进行练习。"

六、大运动环节

（一）活动名称

彩虹伞。(7~10分钟)

（二）活动准备

彩虹伞、欢快的音乐。

（三）活动目标

1. 锻炼四散跑的动作。

2. 锻炼宝宝身体的灵活性。

3. 巩固对颜色的认知。

（四）活动过程

1. 活动导入。

主班教师："老师给宝宝们带来了好朋友，猜猜它是谁（彩虹伞）？宝宝坐到彩虹伞上面，家长们配合我抖动彩虹伞，轻轻地海风吹来了，小海浪来啦，大海浪来啦，大海浪走了。宝宝到彩虹伞下面来，我们来玩捉小鱼，一网不抓鱼，二网不抓鱼，三网要抓鱼啦，哇，抓到一条小鱼，宝宝你叫什么名字呀？我们继续抓小鱼。"

"宝宝躺在彩虹伞下面休息休息，家长们把彩虹伞举高放下，宝宝摸一摸彩虹伞，彩虹伞飞走啦。"

2. 目的介绍和家庭活动延伸。

主班教师："彩虹伞可以培养宝宝前庭平衡刺激觉，锻炼宝宝身体的灵活性，刺激宝宝对颜色的认知。妈妈在家可以用床单和爸爸配合锻炼宝宝身体的灵活性。"

七、再见环节

（一）活动名称

宝贝再见。(5~7分钟)

（二）活动准备

舒缓音乐。

（三）活动目标

1. 给宝宝创设舒缓的休息环境。

2. 培养宝宝良好的倾听习惯。

（四）活动过程

主班教师："现在请我们要慢慢地躺下，然后闭上眼睛，一起休息一下。（音乐再响，舒缓）本次活动通过走线、唱名、综合认知环节、语言环节、音乐环节等对宝宝进行综合性的潜能开发，回到家中家长可以利用生活中常见的物品进行练习。"说完之后，喊宝贝起来："起床啦，到宝宝们起床的时间了，好，现在请家长和宝宝坐在老师对面的蒙氏线上。（唱再见歌）小宝宝们，小宝宝们，再见吧，再见吧，下次还在这里等着你，等着你。宝宝们，再见。"

参 考 文 献

[1] 庞丽娟，李辉．婴儿心理学［M］．杭州：浙江教育出版社，1998．

[2] 陈帼眉．学前心理学［M］．北京：人民教育出版社，2001．

[3] 孟昭兰．婴儿心理学［M］．北京：北京大学出版社，2001．

[4] 劳拉．E. 贝克．儿童发展［M］．南京：江苏教育出版社，2002．

[5] 卡尔·威特．卡尔·威特的教育．［M］．刘恒新，译．北京：京华出版社，2004．

[6] 鲍秀兰．0～3岁儿童最佳的人生开端［M］．北京：中国发展出版社，2006．

[7] 王秀园．儿童心理魔法书［M］．上海：华东师范大学出版社，2006．

[8] 但菲．婴儿教育及其机构现状分析［J］．沈阳师范大学学报（社会科学版），2006（01）：42-44．

[9] 多里斯·伯尔根，吕蓓卡·雷德，路易斯·托雷利．教保小小孩［M］．南京：南京师范大学出版社，2006．

[10] 张民生．0～3岁婴幼儿早期关心和发展的研究［M］．上海：上海科技教育出版社，2007．

[11] 阿黛尔·法伯，伊莱恩·玛兹丽施．如何说孩子才会听，怎么听孩子才肯说［M］．北京：中央编译出版社，2009．

[12] 张雅莲．0～3岁亲子助长游戏［M］．长春：吉林科学技术出版社，2009．

[13] 戴蒙，勒纳．儿童心理学手册第二卷·认知、知觉和语言［M］．6版．林崇德，董奇，译．上海：华东师范大学出版社，2009．

[14] 琳达·杜威尔·沃森．婴儿和学步儿的课程与教学［M］．北京：人民教育出版社，2009．

[15] 周念丽．0～3岁儿童多元智能评估与培养［M］．上海：华东师范大学出版社，2010．

[16] 陶红亮．0～3岁婴幼儿游戏方案［M］．长春：吉林科学技术出版社，2010．

[17] 兰西斯·伊尔克，卡罗尔·哈柏．你的1岁孩子［M］．崔运帷，译．南昌：江西科学技术出版社，2012．

[18] 伊萨．儿童早期教育导论［M］．北京：中国轻工业出版社，2012．

[19] 孙云晓．习惯决定孩子一生［M］．北京：北京师范大学出版社，2013．

[20] 但菲．0～3岁婴儿的保育与教育［M］．北京：高等教育出版社，2013

[21] 曹桂莲．0～3岁儿童亲子活动设计与指导［M］．上海：复旦大学出版社，2014．

[22] 蒙台梭利．童年的秘密［M］．方舟，译．北京：中华工商联出版社，2015．

[23] 文颐．婴儿心理与教育［M］．北京：北京师范大学出版社，2015．

［24］张家琼，李丹. 0～3岁婴幼儿家庭教育与指导［M］. 北京：科学出版社，2015.

［25］文颐. 0～3岁婴儿的保育与教育［M］. 北京：高等教育出版社，2016.

［26］秦旭芳. 0～3岁亲子教育活动指导与设计［M］. 北京：中国人民大学出版社，2017.

［27］周弘. 赏识你的孩子［M］. 广州：广东科技出版社，2019.

［28］洪秀敏等. 婴幼儿托育机构设置标准的国际经验与启示［M］. 北京：北京师范大学出版社，2020.

［29］徐小妮. 0～3岁婴幼儿早期教养指导模式初探［D］. 上海：华东师范大学，2006.

［30］刘懿. 0～3岁亲子园课程之解析［D］. 上海：华东师范大学，2008.

［31］刘丽云. 早教机构中教师对家长指导能力的研究［D］. 重庆：西南大学，2010.

［32］田甜. 郑州市0～3岁早教机构发展现状的调查研究［D］. 开封：河南大学，2012.

［33］杨娜. 巴彦淖尔市0～3岁早教机构的现状分析及发展策略研究［D］. 呼和浩特：内蒙古师范大学，2012.

［34］程芳. 武汉市早教机构开展早教活动的研究［D］. 武汉：华中农业大学，2013.

［35］徐若燕. 0～3岁私立早教机构家长参与教育的现状研究［D］. 昆明：云南师范大学，2014.

［36］刘娟. 呼和浩特市早教机构课程设置研究［D］. 呼和浩特：内蒙古师范大学，2014.

［37］陈旭梅. 0～3岁亲子园课程评价的研究［D］. 太原：山西大学，2015.

［38］高彩红. 深圳市D区0～3岁婴幼儿早期教育公共服务发展策略研究［D］. 武汉：华中师范大学，2015.

［39］胡荷花. 0～3岁婴幼儿亲子教育的问题与对策［D］. 荆州：长江大学，2016.

［40］于真. 0～3岁婴幼儿家庭教养需求分析及社区指导方案建构［D］. 上海：上海师范大学，2016.

［41］刘斯. 0～3岁亲子园早教课程实施现状及对策研究［D］. 黄石：湖北师范大学，2017.

［42］刘婷. 0～3岁早期教育机构课程设置的个案研究［D］. 武汉：华中师范大学，2017.

［43］张燕. 城市地区0～3岁婴幼儿家长托育服务需求调查［D］. 金华：浙江师范大学，2019.

［44］任丽晓. 0～3岁婴幼儿家长养育需求研究［D］. 南京：南京师范大学，2019.

［45］尹坚勤. 江苏省教育机构0～3岁早期教养现状调查［J］. 早期教育（教师版），2009（04）：14-15.

［46］刘懿，卢筱红. 0～3岁亲子园课程的实践研究［J］. 教育学术月刊，2011（02）：79-82.

［47］曹秀英. 298例0～3岁儿童智能发育测试结果分析［J］. 江苏医药，2013，39（19）：2356-2357.

[48] 仇琪，武俊青. 0~3岁婴幼儿早期教养的理论和实践[J]. 中国儿童保健杂志，2014，22（03）：281-283.

[49] 仇琪，武俊青，周颖，等. 上海市徐汇区0~3岁婴幼儿家庭早期教养现况调查及因素分析[J]. 中国儿童保健杂志，2014，22（09）：985-987.

[50] 张航空. 儿童照料的延续和嬗变与我国0~3岁儿童照料服务体系的建立[J]. 学前教育研究，2016（09）：14-22.

[51] 蔡迎旗，谢娜. 武汉市0~3岁婴幼儿家庭教养现状及改进建议[J]. 学前教育研究，2017（12）：37-48.

[52] 古施施. 0-3岁早期教育指导服务现状综述[J]. 人人健康，2019（02）：292-293.

[53] 李雨霏，袁瑜翎，王玲艳. 0~3岁婴幼儿母亲育儿压力现状与影响因素[J]. 学前教育研究，2019（09）：68-80.

[54] 石卷苗. 浙江省0~3岁婴幼儿托育服务体系建设——儿童早期教育服务模式探索[J]. 社会与公益，2020（02）：62-65.

[55] 姚明秋. 0~3岁婴幼儿亲子教育的原则与技巧[J]. 中国德育，2020（04）：38-40.

[56] 李彩彦，李树燕，李琳. 云南省0~3岁婴幼儿早教机构的调查研究[J]. 昆明学院学报，2020，42（01）：111-121.